Travel, Migration and Interaction in Early Modern Asia

移動と交流の近世アジア史

守川知子 編著

北海道大学出版会

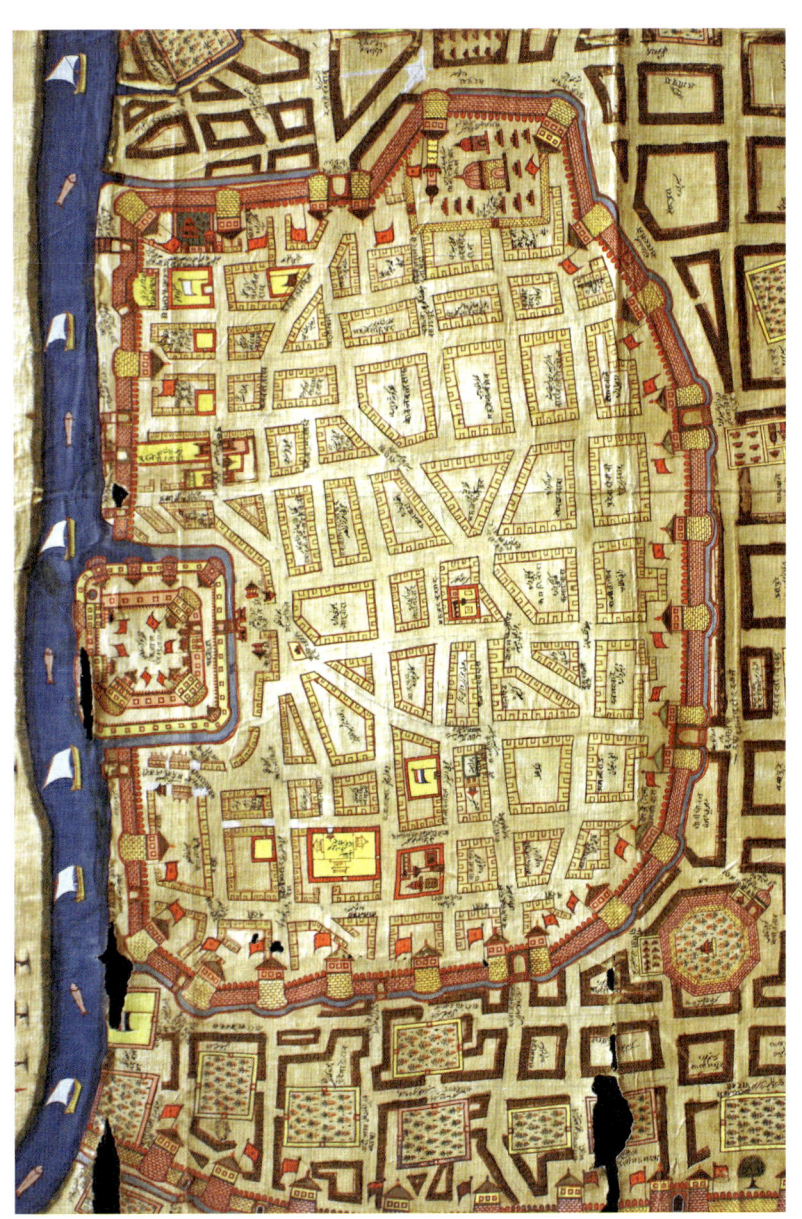

口絵 スーラト絵図(マハーラージャ・サワーイー・マーン・スィング2世博物館所蔵, 長島弘 撮影)

序

　本書は，近世期のアジアを対象に，「移動・移住・旅」という地域社会を越えた人びとのダイナミックな動きを通して，人びとの交流およびネットワークのあり方を，ペルシア語やトルコ語，漢文，オランダ語，英語といった多言語による多様な一次史料を用いて描き出すものである。
　「大航海時代」が始まり，「ヨーロッパ」と「アジア」が邂逅する時代，これを本書では「近世」と措定するが，この時代については，たとえアジアであろうとも，これまでは主にヨーロッパの視点から語られてきた。トメ・ピレスやジョアン・ロドリゲス，ルイス・フロイス，ケンペルなど，「彼ら」ヨーロッパ人の目線で見た日本やシャムやインドやペルシアが「アジア」として語られ，その地域像が提示されてきたにすぎない。確かに，ヨーロッパ人の見た「東インド」や「アジア」もまた，「アジア」の人たちにはない，重要な視点や独自の観察眼を有しており，アジア史研究において「彼ら」の手になるヨーロッパ諸語の史料が有用であることは言うまでもない。しかしながら，ヨーロッパの人びとには，アジアに対して特有の「偏見」や「無知」「蔑視」があったこともまた事実であり，「アジア」やそこに暮らす人びとの実態解明にはヨーロッパ語の史料に依拠するだけでは限界もあった。
　一方，アジア史研究の側にも突き詰めて考えるべき問題がある。西洋からの他称である「アジア」という地域概念は，「ヨーロッパを除く地域」という点からも非常に広範で，ユーラシア大陸とインド洋を大きく包摂する地域である。しかしながら，昨今の歴史研究上の区分では，その中には，東アジア，東南アジア，南アジア，中央アジア，西アジアと，さらに細かい地域区分がなされている。現代研究は，より専門分化が進んで中国，日本，タイ，ベトナム，イラン，トルコなどのように「各国論」に終始し，地域研究（エリア・スタディーズ）の枠から抜けきれないでいる。このように，「アジア史」の中が地域ごとに分断されてしまったことは，「歴史」を考える上ではきわめて大きな障壁として

立ちはだかる。

　たとえば、歴史的には、イランとアフガニスタンの「違い」を明確に説明することは困難である。現代の国際社会の中での「アフガニスタン」という国家は、西アジアとされることもあれば、南アジアに分類されることもある。だが、歴史的に見た場合、そもそもアフガニスタンとはそのどちらなのか、あるいは中央アジアの範疇に入るのか。このように、現代の国境をもとにした「一国史」で考えた場合、アフガニスタンの「アジア史」内での帰属が問題となろう。「アフガニスタン」（もともとは「アフガン人の地」という意のペルシア語）という地域は、しかし、ヒンドゥークシュ山脈が北東部から中央部にかけて伸びていることから、近代的な「国境」が画定される以前は決してひとつのまとまりある世界ではなく、山脈西端の山塊を取り囲んで北辺、南辺、西辺と地域文化は分かたれ、それぞれに独自の文化圏を形成していた。南側に多く暮らすパシュトゥーン人、北方のタジク系やウズベクやトゥルクメンといったテュルク系など、住む場所に応じて人びとの出自や言語も異なったのである。イラクもまた然りである。近現代の「作為的な国境」が生まれる前は、バスラを中心としたペルシア湾岸地域と、イラン高原との交通路で結ばれたバグダード、そしてシリアのアレッポとつながる北方のモースルは、明らかに異なる文化圏・生活圏であり、それぞれがひとつの行政区でもあった。モースルの東に位置するスライマーニーヤやアルビールなどのクルド系が多く暮らす都市やその周辺地域に至っては、バグダードやバスラとのつながり以上に、国境を越えたトルコ側やイラン側の山岳地帯やその地のクルド人たちとの親和性がはるかに大きい。

　アジアをグローバルに考える。現代の「国境」に囚われた概念や通念を打ち壊す。そのためにはどうしたらよいのだろうか。そのひとつの方法として、時間を遡って「地域」を超越した人びととの交流を見ることは、新たな歴史的地域概念を提唱するにあたって大いに有用であろう。そこで本書では、「アジアの近世」という時代を措定し、この時代に「アジア」という地域内において、そこに暮らす人びとが、海や陸の「道」を通じて、宗教や出自、「国籍」に関係なく各地に移動・移住し、他の地域とも活発かつ密接に結びつい

ていたことを検証しようと考えるに至った。

　本書は,「近世」(early modern)の時代区分論を直截的に問うものではないが,「大航海時代」とおおむね同じ時期の, 15世紀の末頃から19世紀をアジアにおける「近世」と措定している。この時代には,アジアもまた,地域再編の時代を迎えていた。ティムール朝のゆるやかな解体(カラコユンル朝やアクコユンル朝も含む)から,それらの領域でのシャイバーン朝やサファヴィー朝の成立(それぞれ1500年と1501年),ティムールの末裔であるバーブルの「南下」と北インドでのムガル朝の成立(1526年),オスマン朝のセリム1世によるカイロ占領とマムルーク朝の滅亡(1517年)など, 15世紀末から16世紀初頭にかけては西アジアから中央アジア,北インド一帯で大きな政治変動が生じている。中国でも15世紀中葉以降の「北虜南倭」と称される「外憂」により, 16世紀には明朝が衰退期を迎え始めている。弱体化した明朝から清朝への移行は,アジアの西部域の政治変動に1世紀ほど遅れるものの,ユーラシア大陸の「アジア」の全域で新たに勃興したその後の諸政権は, 16〜17・18世紀を通じてさらに周辺地域を包摂し拡大しながら,比較的長期の安定した支配を現出した。

　近世から近代への移行時期は,各地域によって異なるため一概には定義づけられないが,おおむねウェスタン・インパクトが強まる18世紀後半から19世紀と考えておこう。いずれにしても,「近世」なる時代区分については,本書では暫定的に設けるにとどめており,むしろ今後の「近世アジア」研究のパイロット・スタディーと位置づけたい。

　さて,この近世期の特徴は何か。ひとつは,「大航海時代」に象徴されるように,地球規模で人びとの移動や交流が活発化することであろう。「移動」には,人の移動と,それに伴うモノや情報の移動など様々なものがあるが,本書の主たる対象は,その根幹たる「人の移動」である。「人の移動」には,「旅」のように一時的に滞在するものや,「移住」のように赴いた先で定着するものがある。また,トランスナショナルな越境移動やディアスポラなども「移動」の一形態であるが,「近世アジア」を考えるにあたっては,「越境者」という表現はそぐわない。彼らには「越境」という概念や意識はなく,ただ

自身が暮らす生活圏の世界から、「聞き知っている」程度の未知の世界へと足を踏み出したにすぎないからである。「聞き知っている」というのは、ネットワークやそれに伴う情報の伝達があってはじめて成立するが、本書の各論は、最初からネットワークありきの議論を行うことはしない。そうではなく、それぞれの「彼ら（彼女ら）」の移動の足跡を辿ることにより、当時の人びとの「ネットワーク」形成の経緯や方法、文化圏や生活圏の位相の相違といった「地域性」が浮かび上がってくる構造になっている。「ヒンドゥークシュ山脈の南麓地域」や「イラン高原地域」のように地形や気候風土から生じる「地域性」や、近世期の彼らが移動し得た距離や空間の「限界点（域）」が存在していたこともまた看過してはならないであろう。

　蒸気船や鉄道が用いられる19世紀になると、交通や移動の規模は格段に大きくなる。中央アジアや東南アジアからのメッカ巡礼者が急増し、海外の華僑・華人が増大するという事実は、まさに「移動（移住・旅）」がもはや命を賭すものではなく、非日常な行為から日常化したことのあらわれであろう。交通革命によって「移民の世紀」とも呼ばれる19世紀は、世界規模での「大人口移動期」であり、本書の対象とするには大きすぎるテーマでもある。

　「アジアの近世」のもうひとつの特徴は、多様な言語（ことば）による一次史料の増加である。大航海時代と歩を一にすることにより、ポルトガル語やスペイン語、英語、オランダ語、フランス語などのヨーロッパ諸語による「アジア認識」の史料が増えることはもとより、西アジアや中央アジアにおいても、それまで書きことばとして支配的であったペルシア語に加え、オスマン語やチャガタイ語の史料が立ち現われてくる。特に、西アジアや中央アジア地域の歴史を考えるにあたっては、これらのテュルク系言語の書きことばとしての作興は、近世が始まる画期と考えてもよいのではなかろうか。言語を通じてひとつのまとまりある「地域社会」の再編が始まり、近世期を通じてそれぞれにその完成を見たと言えるのである。

　最後に、「移動から見たアジアの近世」を主題とする本書の最大の特徴を述べたい。近世期のアジアについては、近年では国内外を問わず、海域史（Maritime History）研究がきわめて盛んに行われている。「大航海時代」とい

うことばに象徴されるように，ヨーロッパ人のアジアへの進出や，アラブ人，イラン（ペルシア）人のインド洋海域での活動，華人の東南アジアへの進出など，近年の近世海域史研究は隆盛を極めていると言っても過言ではなかろう。

ただし，「移動」という観点から見ると，人の移動は，何も海域世界でのみ活性を極めたわけではなく，陸域世界においても，人の移動や交流が途絶えることなくつづいていた。もっとも，「陸のシルクロード衰退論」などに見られるように，アジアの大陸部は，人の移動や交流が廃れたように受け止められている。その背景には，近世期の陸域世界の研究が，オスマン朝，サファヴィー朝，ムガル朝，シャイバーン朝と，各王朝や政権ごとに分断される傾向にあることが大きく，先述の「地域」の分断以上に，「国家（王朝）」による研究域の分断の弊害が少なくはないのである。しかしながら，先述のように，この時代に確固たる「国境」が存在していたわけではなく，人びとが王朝や政権の支配領域を越えて，半ば「自由に」移動し，旅していたという事実に，我々は目を向ける必要があろう。本書は，これまで照射・検討されることの少なかった，このようなアジアの陸域世界での移動や旅の様子も詳らかにする。海域世界と陸域世界の双方をつなぐ試みとしても，本書は位置づけられるのである。

本書の9本の論考は，西はオスマン朝から東は明朝までの「アジア地域」を対象としている。執筆者はいずれもアジア史（東洋史）の専門家であり，「移動（移住・旅）」をテーマに，「近世」という時代性を強く意識しつつ，歴史研究の基本たる一次史料にもとづいた，新たな「地域像」を提示しようと試みている。以下，大きく3部に分かれた本書の各章について簡単に紹介しよう。

第Ⅰ部の論考は，移動の中でも単一方向型である「移住」に焦点をあてたものであり，政治的理由や経済的理由による「移住」を取り上げる。いずれも西から東への移住となるが，第1章，第2章がイラン方面からデカン高原や東南アジア大陸部への「海上の移動」かつ自発的な移動・移住を扱うのに対し，第3章はホラーサーンのメルヴ（マルヴ）からマーワラーアンナフ

ルのブハラ（ブハーラー）へ向かう「陸上の移動」であり，かつ政治権力による「強制移住」を取り上げる。

　第 1 章の守川知子（拙論文）「インド洋海域世界のイラン人――シャムにわたった人びとを中心に」は，シャムへ派遣された 17 世紀末のサファヴィー朝使節団の記録を中心に，西アジアから東南アジアへ進出したイラン系の人びとについて考察する。本章では，イラン人の活動域となる「海のペルシア語文化圏」の時間的・空間的展開についても言及される。

　第 2 章の真下裕之論文「近世南アジアにおける人的移動の記録と記憶――デカンのムスリム王朝の出自説をめぐって」は，15 世紀末にデカン高原西部に興ったアーディル・シャーヒー朝の創設者の出自に関する記録をもとに，近世の先駆けとも言えるこの時代の，イランからペルシア湾・アラビア海を経由してデカンへわたる人びとの移動を取り扱う。なかでもアーディル・シャーヒー朝の創設者ユースフがイラン西北部（もしくは東アナトリアかコーカサス）出身の「トルコ人」（もしくはチェルケス人等）であり，「奴隷」身分から身を起こし，戦乱の世を離れてデカンに渡ることで軍人として出世する様子がポルトガル語やペルシア語の同時代史料から抽出され，跡づけられていく。同出自説の中に見られる「トルコ系奴隷」，「軍人」，「馬商人」といった諸要素は，ペルシア湾岸から南アジアへの軍馬や軍人の移動といった当時のネットワークや地域間交流を色濃く反映する。

　第 3 章の木村暁論文「マンギト朝政権の対シーア派聖戦とメルヴ住民の強制移住」は，アジアの陸域世界を中心とした移住，それも政治権力による市井の人びととの強制移住を扱う。18 世紀の後半，ブハラを拠点とするマンギト朝はスンナ派正統主義（シーア派禁制）のもと，イランのメルヴに侵攻し，シーア派住民をブハラに連行した。連行されたシーア派イラン人たちは，表面上はスンナ派への「改宗」を受けいれたものの，シーア派の信仰を秘匿する「タキーヤ」を行うことで，自由人として市壁内の居住が許され，養蚕業や絹織物業に従事した。彼らの存在や「移住者」としてのアイデンティティの保持が，19 世紀のシーア派メルヴ人たちの文芸復興や，ブハラ・ハン国内でのスンナ派・シーア派の宗派問題を惹起する過程を，同時代の複数の言

語による叙述史料や韻文史料を用いて鮮やかに描き出す。

　第Ⅱ部は，一過性の移動，すなわち「旅」をテーマとしている。旅には数年間のものもあれば，あるいは一生のほぼすべてが「旅」という場合もある。この第Ⅱ部からは，数週間の旅から生涯にわたる旅まで，「地域」を越えたダイナミックな「移動」や，「地域」性を反映した(すなわち「地域」を越えない)「移動」の諸側面が描かれる。対象となる地域は，西アジアから北インド，中央アジア，そして中国の福建である。いずれも主人公たちの生きた，当時の政治的な時代背景が強く投影された「旅」となっている。

　第4章の今松泰論文「オスマン海軍提督のアラビア海からの帰還——北インド，中央アジア，イランを通って」は，オスマン海軍提督のセイディー・アリー・レイスが16世紀中葉にアラビア海での任務にあたり，まさに表題にあるように，北インド，中央アジア，イランをめぐってバグダードに戻る2年7ヵ月におよぶ「大旅行」を，彼の自著であるオスマン語の著作『諸国鏡』から追う。ペルシア湾からアラビア海への海路と，内陸部の陸路の双方を経験し，自然との格闘やポルトガル艦隊との戦闘，在地集団の襲撃など，「多大な困難を伴」いつつも，様々な人びとと邂逅する様子が描かれる。アフマド・シャーヒー朝，ムガル朝，シャイバーン朝，サファヴィー朝と，この地域の当時の主要な国々をすべて訪れ，ときに政治状況に翻弄され，ときに土地の為政者と良好な関係を保ち歓待されながら彼は旅をした。この稀有な体験を記した『諸国鏡』は，当時の旅の様相や，各地の地域性を映し出す貴重な記録となっている。

　第5章の間野英二論文「ミールザー・ハイダルの生涯と彼のバダフシャーンへの旅」では，16世紀のモグールの王子ミールザー・ハイダルが残した回想録から，彼が生涯のほぼすべてを「旅」に費やした点が明らかにされる。しかも，その「旅」は，逃亡，招聘，追放，命令，征服活動など多岐にわたり，中央アジアから北インドにかけて東西南北を股にかけたものである。一方で，彼の「旅」は，モグール，シャイバーン朝，サファヴィー朝，ムガル朝といった諸政権が乱立する当時の政治状況を反映し，駆け引きや陰謀の渦巻く危険なものであった。もっとも，各地をわたり歩いたにもかかわ

らず，ミールザー・ハイダルは安全のうちに目的地にたどり着くことができており，そこには血縁という紐帯があったことが示唆される。支配階級が婚姻・血縁関係を通じてゆるやかに結ばれ，まとまりあるひとつの世界を形成していたという指摘は，ひと言では表しがたいこの「地域」を考える上で重要な論点である。

　第6章の三木聰論文「明清交替期の地方士大夫と旅——福建寧化県の李世熊を中心として」は，明朝崩壊という動乱期に生きたひとりの地方士大夫（知識人）の記録から，17世紀中葉という時代に光を照射する。11回も受験しながら科挙に合格することなく半生を過ごした李世熊は，明朝の滅亡と明の忠臣たる師の刑死を契機に45歳で「入山」するにいたる。しかし，入山以前のその前半生では，科挙受験を目的とした福州への旅や，知人らとの交流のために，潮州や南京，蘇州，建昌へ，ときには省を越えて旅しており，積極的に「地域」社会を飛び出して「同業」者と交友を深めていた。知識人らの強固で恒常的な交流の軌跡からは，政治的な混乱の中にあっても，人びとのあいだには「知」のネットワークが存在したことが明らかとなる。

　第Ⅲ部は，移住者らの都市への居住・定住と，その際に彼らが形成したコミュニティについて問い直す。移住者たちは，移住先でどうなったのか。第Ⅲ部は，3論考ともに比較的長いスパンで移住者たちの「その後」を追う。

　第7章の長島弘論文「1730年前後作製のスーラト絵図を読み解く」は，インド西北の国際商業都市スーラトを描いた絵図から，18世紀初頭のスーラトが多様な人びとによって構成されていたことを明らかにする。縦横2メートルにおよぶカラフルな大絵図の中でも，とりわけ目を惹く黄色に着色された建造物（城，県知事やシャー・バンダルの邸，隊商宿，第1位の船主商人，オランダやイギリスの商館，サイイドらの墓廟）を対象に，スーラトの多様性や国際的な商業都市性を問う。絵図を読み解くことにより，西アジアやアラビア半島，中央アジア，ヨーロッパなど，各地からの移住者らで成り立つ近世の国際商業都市の様相がヴィヴィッドに描かれる。他方，同絵図では人口の多数を占めるヒンドゥー教関連の施設が少ないなど，ムガル朝下の港市スーラトの特性が浮き彫りにされる。

第8章の重松伸司論文「17～18世紀初頭のインドにおけるアルメニア商人とイギリス東インド会社——「1688年協約」をめぐって」は，近世期のイギリス東インド会社のインド洋海域世界での活動を，彼らがアルメニア商人と結んだひとつの協約から解き明かす。17世紀末，イギリス東インド会社はインド洋西部域から東部域へ拡大・展開を模索するが，その際，会社側が頼り「利用」したのは，それ以前からインド洋全域で各地に拠点を持ち，広範囲にわたって活動していたアルメニア人ネットワークであった。同時に，従来「随伴的」と見なされていたアルメニア商人が，実際にはイギリス東インド会社と「競合的互恵関係」にあったことが，協約の全容や居留地の時間的・空間的推移から明らかにされる。

　第9章の島田竜登論文「バタヴィアのモール人」は，インド洋海域の東端に建設されたオランダの植民都市バタヴィアを舞台に，そこに移住したモール人たちの来歴や，彼らの居住区，人口，職業などを，オランダ東インド会社の人口統計資料等を用いて余すところなく解明する。彼らは主に，商人もしくはオランダ東インド会社の船員としてバタヴィアへ移住し，市壁内外の一街区に集住した。彼らの人口数は決して多くはないものの，17世紀中葉には，モール人の中から，カピタン，マヨールという高位の役職者が選出され，一定程度の自治を認められるまでになった。しかし，18世紀末のオランダ東インド会社の南アジアでの拠点喪失により，バタヴィアのモール人はその数を減らし，アラブ人らに取って代わられてしまうのである。

　以上，本書の各論はいずれも，移動・移住・旅をテーマに，躍動感にあふれる「近世アジア」を切り取るものであり，西アジアから東アジアまで縦横無尽な人びとの移動や交流の諸相が描かれる。本書の特徴のひとつは，西アジアや中央アジアで優勢なイラン系やトルコ系のみならず，アルメニア人やモール人といった人びとや，シーア派，パールスィー教徒など宗教マイノリティにも焦点があてられる点である。いずれも本書以外では，なかなか目にすることのない人びとであろう。一方，本書には，政治的なエリート層や君主階級以外にも，商人や船員，士大夫，サイイド（聖裔），市井の人びとなど，

様々な社会階層の者たちが登場する。また,「移動」のあり方も,個人の「旅」から集団での強制移住,当時の政治を反映した移動や商業・交易のための自発的な移動まで多種多様である。彼らの移動域もまた広く,陸域世界や海域世界に特化したものから陸と海を結ぶものまで,それに伴い,移動手段も馬やラクダなどから大海や河川の大小の船まで,実に様々である。本書の各論考を通じて,広範囲な「アジア」における「人と地域」の関係性を捉え直すことができよう。

　本書のもうひとつの特徴は,いずれの論考も一次史料(原典)に依拠していることである。加えてその言語は,ペルシア語,オスマン語,チャガタイ語,ウズベク語,ポルトガル語,オランダ語,英語,フランス語,ロシア語,漢文と幅広く,また,扱う史資料は,旅行記や回想録,自伝といった叙述史料から,会社文書,契約文書,年譜,詩,そして絵図ときわめて多岐にわたっている。「史料が少ない」と言われてきた近世期のアジア史であるが,これらを見る限り,多言語にわたる史料を駆使すれば,様々な史実を見つけ出し,これまで描かれなかった歴史に光を当てることができるのだ,という点に改めて気づかされるのではなかろうか。

　アジア全域を広くカヴァーした本書により,新たな「近世アジア史像」が示されると同時に,本書が,一次史料を重視する文献史学の指標となることを期待したい。

　本書は,科学研究費基盤(B)「シーア派ネットワークの展開と近世アジア世界の再検討」(平成24～27年度,代表: 守川知子)の一環として,2014年9月20, 21日に北海道大学で開催したシンポジウム「人の移動・移住とその記録——陸と海の近世アジア」(共催: 北海道大学東洋史談話会)をもとにしている。このシンポジウムでは,本書の執筆者9名全員が「移動・移住」をテーマとした研究報告を行った。個々の報告はいずれも新たな視点や切り口による刺激的で斬新なものであり,議論は白熱した。それまでは「中央アジア史」「中国史」「南アジア史」など,専門を分けて考えがちであったところ,陸域アジアであれ,海域アジアであれ,それぞれの関心や対象が交錯し,

これまでにない，より大きな枠組みでの「アジア」が浮かび上がった。本書はこのシンポジウムの集大成であるが，そのときの「刺激」や喧々諤々の議論が本書の各論でも大いに活かされていると確信している。

　本書の出版にあたっては，北海道大学大学院文学研究科の平成27年度図書出版助成を受けた。また，北海道大学出版会の上野和奈氏には，原稿のチェックやコメントなど，多大なご尽力をいただいた。氏の懇切丁寧なコメントとともに，ときに優しく叱咤・鼓舞されることは，未熟な編者にとって大いに励みとなり，また孤独な作業の中，ともに本書を作り上げる行程は新たな発見も多く，実に楽しい作業であった。氏がいなければ，本書は日の目を見なかったかもしれない。この場を借りて，心からの感謝を申し上げたい。

　細分化の進む今日のアジア史研究において，本書が足がかりとなり，アジア全域を見渡すきっかけとなることを願うと同時に，「アジア」という地域や「近世」という時代について考える問題提起の一冊となれば幸いである。

　　2016年1月　雪の札幌にて

　　　　　　　　　　　　　　　　　　　　　　　　　　守　川　知　子

目　次

序

第Ⅰ部　移　住

第1章　インド洋海域世界のイラン人
　　　　　――シャムにわたった人びとを中心に………守川知子……3

　はじめに　3
　1．インド亜大陸のイラン人　5
　2．シャムにわたったイラン人　9
　3．イラン―インド―シャム　17
　4．ペルシア語とインド洋海域世界　20
　おわりに　23

第2章　近世南アジアにおける人的移動の記録と記憶
　　　　　――デカンのムスリム王朝の出自説をめぐって
　　　　　………………………………………………真下裕之……33

　はじめに　33
　1．15世紀末デカンを取り巻く歴史的状況　34
　2．アーディル・シャーヒー朝創設者ユースフの出自に関する記録　39
　3．15世紀後半インド洋西部海域における人的移動の断面　48
　おわりに　52

第3章　マンギト朝政権の対シーア派聖戦と
　　　　　メルヴ住民の強制移住………………………木村　暁……59

　はじめに　59
　1．マンギト朝政権下のスンナ派正統主義とシーア派禁制　61
　2．シャームラードのメルヴ征服と住民の強制移住　66
　3．移住者のその後　73
　おわりに　78

第Ⅱ部　旅

第4章　オスマン海軍提督のアラビア海からの帰還
――北インド，中央アジア，イランを通って
.... 今松　泰 …… 89

はじめに　89
1. セイディー・アリー・レイスが辿った道　90
2. 旅の危険と苦難　100
3. セイディー・アリーの旅のスタイル　105
おわりに　113

第5章　ミールザー・ハイダルの生涯と
彼のバダフシャーンへの旅 .... 間野英二 …… 123

はじめに　123
1. ミールザー・ハイダルの生涯　124
2. ミールザー・ハイダルのバダフシャーンへの旅　135
おわりに　143

第6章　明清交替期の地方士大夫と旅
――福建寧化県の李世熊を中心として …… 三木　聰 …… 153

はじめに　153
1. 李世熊と明清交替　154
2. 李世熊と科挙の旅　160
3. 李世熊と交遊の旅　165
おわりに　173

第Ⅲ部　居住

第7章　1730年前後作製のスーラト絵図を読み解く
.... 長島　弘 …… 185

はじめに　185
1. スーラト絵図の書誌的先行研究　186
2. 絵図にみえる公的施設・公邸　189

3．絵図にみえるバーザール・
　　　大商人の邸宅・ヨーロッパ諸国の商館　　195
　4．絵図にみえる宗教施設　　202
　5．絵図から読み取れたこと　　204
　　おわりに　　207

第8章　17～18世紀初頭のインドにおけるアルメニア商人と
　　　　イギリス東インド会社──「1688年協約」をめぐって
　　　　　　　　　　　　　　　　　　　　　　　　重松伸司……215
　　はじめに　　215
　1．課題と史料　　216
　2．「1688年協約」　　219
　3．イギリス東インド会社の居留地とその通時的変動　　229
　4．17世紀におけるアルメニア人の活動　　234
　　おわりに　　242

第9章　近世バタヴィアのモール人………………島田竜登……249
　　はじめに　　249
　1．先行研究　　254
　2．島嶼部東南アジアにおける西南アジアからの来航商人　　258
　3．バタヴィアのモール人人口　　261
　4．バタヴィア居住モール人の職業と自治　　266
　　おわりに　　270

人名索引………………………………………………………………275
地名索引………………………………………………………………278
事項・書名索引………………………………………………………281

第 I 部

移　住

mobility / migration

第1章　インド洋海域世界のイラン人
―― シャムにわたった人びとを中心に

守川知子

[ペルシアでの人口減の理由の一つは]この一世紀来おおくのペルシア人が家族ともどもインドへ移住していることである。タメルラン(ティムール)が率いたタタール人の子孫であるインドのイスラム教徒に比して、ペルシア人は風采も立派で頭はよく、礼儀をわきまえて比べものにならぬほどだから、彼らは皆インドへ進出していく。イスラム教を奉じるインドの王たちの宮廷はどれもペルシア人で一杯で、なかでもゴールコンダやヴィジャープルの宮廷は著しい。誰か一人がかの地で成功すると、自分の家族や友人を呼びよせ、彼らもまた幸運が招きよせる地へ喜んで出掛けていくが、とくに人びとに満ちあふれ、衣食の費用が他所より安上がりなところならばなおさらである。

(J. シャルダン『ペルシア見聞記』[1])

はじめに

　冒頭の一文は、1670年代のイラン(ペルシア)の様子をフランス商人のシャルダンが描いたものである。シャルダンが述べるように、15〜16世紀来、インド洋海域世界には多くのイラン系の人びとが進出し、各地を往来し、あるいは新天地(特にインド亜大陸)に移り住みながら、陸域世界である西アジアとインド洋の海域世界を結びつつ展開していた。バフマニー朝(1347-1538年頃)に仕えたマフムード・ガーワーン(1481年没)や、ゴールコンダ王国(クトゥブ・シャーヒー朝)(1496-1687年)とムガル朝(1526-1858年)に仕えたミール・ジュムラ(1663年没)、17世紀のムガル宮廷内で絶大な権勢を誇った

イゥティマードッダウラの一族らは，その出自をイランに持ち，この時代にインド亜大陸にわたってかの地の宮廷で「宰相」にまで昇進して活躍した人物である[2]。イラン系の人びとがインドに進出していくこの事象については，上記の個々人を対象としたもののみならず，イラン人のインド移住全体を扱ったF. エルシャードやS. スブラマニヤム，ムガル朝への移住者に特化した羽田正やA. ダードヴァルといった先達らによる豊富な研究蓄積がある[3]。その中で，たとえばスブラマニヤムはインド洋海域世界全体を見渡した上で，15世紀初頭から17世紀半ばの3世紀にわたるイラン人の海外進出を3期に分けている。第1期(15世紀初～1575年頃)は主にインド洋西部の海岸線に沿うものであり，紅海，東アフリカ，インド北西部のグジャラート，そしてデカンへ，第2期(1575年頃～1650年頃)は南アジアへ，第3期(1650年頃～18世紀中葉)になると，東南アジアの大陸部，インドネシア西部といったインド洋東部へとさらに彼らの活動域は拡大する[4]。

　本章は，これまでの先行研究をふまえつつ，インド洋海域世界の東部，特にシャムを対象に，イラン人の海外進出を検討するものである[5]。主に使用する史料は，サファヴィー朝(1501-1736年)のシャー・スレイマーン(在位1666-94年)がシャムのアユッタヤー朝(1351-1767年)への返礼使節として派遣した使節団の随行員が著した『スレイマーンの船』というペルシア語の報告書である[6]。使節団一行は，1685年から1688年の丸3年をかけてペルシア湾からシャムまでインド洋を広く旅したが，同書では，銃兵隊書記官であった「ペルシア語話者」で「イラン人」たる著者が実際に目撃したシャムやインド洋の諸相が描かれており，その中には，現地で目にした，あるいは耳にした同胞である「イラン人(Īrānī)」への言及がしばしばなされている。加えて同書では，同胞たる「イラン人」の出身地のニスバ(由来・帰属名)が維持され，明記もされている。すなわち，この史料に現れるイラン出身者は，「イラン人(Īrānī)」もしくは「イラン(Īrān)の人」と呼ばれる場合もあるが，さらに下位の州名や都市名を付して呼ばれているのである。ここから，「イラン」を出て広く他地域に展開していった人びとは，彼らの故郷やゆかりの地を記憶の媒体として残したことがうかがわれると同時に，ムガル朝下の

「イラン人」と同様に，それらの地域名や都市名から，彼らの出身地が明らかとなる。本章ではこの出身地を分析することにより，彼らが「イラン」のどの地域からインド洋世界の東端へ進出していったのかを検討し，あわせて彼らの活動から見えてくることを中心に，「イラン人」の海外進出の全体像に迫りたい。なお，本章で扱う「イラン人（イラン系）」は，ペルシア語史料では「イラン人（Īrānī）」，またヨーロッパ語史料では「ペルシア人（Persian）」と呼ばれる人びとであり，基本的にペルシア語話者を想定している。

インド洋東部のシャムを対象に，出身地であるイラン国内の地域性にも目を配ることで，近世期のイラン人のインド洋世界への進出を総体的に捉え直すことができよう。

1. インド亜大陸のイラン人

まず，インド亜大陸への「イラン人」の移動を先行研究から整理しておこう。イランからデカン高原へは，マフムード・ガーワーンのように15世紀からイラン人の移住が進んでいたが，なかでも1501年のサファヴィー朝の成立とシーア派国教化の後は，同じくシーア派のバフマニー朝や，ニザーム・シャーヒー朝（1490-1636年），ゴールコンダ王国への移住者が増加し，関係が強化された。これらの王朝が並立したデカンへは，サファヴィー朝のシャー・タフマースプ（在位1524-76年）治世後半が最も移住者が多かったとされる[7]。

一方，1526年に北インドでムガル朝が成立すると，サファヴィー朝下のイランからの移住者が飛躍的に増大した。デカン高原のいくつかの王朝のようにシーア派信仰を同じくするわけではないにもかかわらず，ムガル朝に移住するイラン人が増加した背景には，インドの経済的豊かさに加えて，ムガル朝の宮廷用語がペルシア語であったことや，宮廷儀礼や慣習などイラン的な文化を共有する「ペルシア語文化圏」としての言語的・文化的親和性があったためである[8]。1556年頃から1780年頃までのムガル朝下の高位高官に関するペルシア語の列伝『アミールたちの事績』では，宮廷人士738名

表1・1　ムガル朝宮廷のイラン人高官(166名)の出身地

出身地		人数	出身地		人数
北東部 92	ホラーサーン	5	中央部 32	テヘラン	8
	マシュハド	20		カズヴィーン	5
	ヘラート	20		イスファハーン	10
	ニーシャープール	11		アルデスターン	2
	ハーフ	19		カーシャーン	3
	トゥーン	3		サーヴェ	4
	トルバト	4	南東部 21	ケルマーン	1
	サブザヴァール	7		ヤズド	14
	ジュヴァイン	1		スィースターン	1
	イスファライーン	1		コヘスターン	1
	ダシュテ・バヤーズ	1		カンダハール	4
カスピ海南岸 7	アーモル	1	南部 11	シーラーズ	10
	ギーラーン	6		ラール	1
北西部 2	タブリーズ	1	南西部 1	シューシュタル	1
	シールヴァーン	1			

羽田(1995)およびHaneda(1997)をもとに作成。

のうちイラン系移住者は198名で、全体の26.8％を占めている。時代ごとでは、16世紀には58名、17世紀には119名、18世紀には21名という数字が挙がり、移住者は圧倒的に17世紀が多い[9]。17世紀前半に絞りつつも対象をさらに広げたダードヴァルの研究によると、イラン人移住者461名の内訳は、アクバル(在位1556-1605年)時代末期に98名、ジャハーンギール(在位1605-27年)の時代に256名、シャージャハーン(在位1628-1658年)の治世下では107名となっており[10]、ジャハーンギールの時代、すなわち17世紀の第1四半世紀で半数以上を数える。この中には、先にデカン高原の王朝下で仕官し、後にムガル朝に移った者も少なくはないが、いずれにせよ、ムガル朝のエリート層ではイラン人がつねに2～3割を占めていたことや、イラン人全般の移住は17世紀初頭に顕著だったことが明らかにされている[11]。

　表は、羽田およびダードヴァルによるムガル朝下の「イラン人」の出身地ごとの内訳である。表1・1は『アミールたちの事績』に基づいたものであり、ムガル宮廷内の主にエリート層を中心としている[12]。一方表1・2は、

表1・2 17世紀前半にムガル朝に移住したイラン人とその出身地

	計	高官	詩人	学者	スーフィー	職人	商人	旅行者
北東部	74(16.2%)	26	32	5	2	3	4	2
カスピ海南岸	28(6.1%)	4	15	5	0	3	0	1
北西部	36(7.9%)	7	15	2	0	5	5	2
西　部	27(5.9%)	3	17	4	0	2	0	1
中央部	155(33.9%)	40	60	9	8	17	12	9
南東部	34(7.4%)	4	17	2	1	7	2	1
南　部	46(10.1%)	3	20	7	4	10	1	1
南西部	9(2.0%)	2	2	3	1	0	0	1
不　明	48(10.5%)	13	23	0	3	5	0	4
計	457	102	201	37	19	52	24	22

Dadvar(1999)をもとに作成。

17世紀前半の半世紀を対象に，エリート層に限ることなく網羅的にムガル朝下の「イラン人」を集めたものである[13]。これらをもとに，移住者を出身地や職業の点から見てみよう。

表1・1では，ホラーサーン地方(北東部)の諸都市の出身者は，全体の55.7%を占める92名に上る。さらに，ギーラーンやマーザンダラーンといったカスピ海南岸部は7名(4%)，イスファハーンとテヘランやカズヴィーンなどのイラン高原中央部は32名(19.3%)，一方のイラン南方は全体で33名(19.9%)であり，うちシーラーズやシューシュタルといった南部・南西部のペルシア湾沿岸は12名，ヤズドやケルマーンといった南東の内陸部は21名を数える。

一方表1・2では，確認し得た457名のうち，中央部のイラン高原からの移住者が155名とおよそ3割を占める。この数字は，先の羽田の分析とは大きな開きがある。羽田の対象が16世紀や18世紀を含むのに対し，ダードヴァルが主に17世紀前半のみを対象としていることも一因であろうが，それ以上に，後者が詩人伝なども用いて，「宮廷人士」というエリート層のみならず，詩人や職人，「旅行者」にまで移住者の対象を広げたことが要因としては大きかろう。

表1・2によると，確かにイラン中央部にあたるイラン高原からの移住者

が圧倒的に多数を占める。しかし都市ごとに見ていくと，実際にはその中の64名はイスファハーン出身である。またカズヴィーン出身者も20名を数え，彼らだけで中央部出身者155名のうちの5割を超える。ここに，タブリーズ出身の30名を加えると，移住者全体の25%がサファヴィー朝の都（タブリーズ，カズヴィーン，イスファハーン）たる町の出身ということになる。これら3都市の出身者の比率は，高官で36%，詩人は19%，学者は13.5%，スーフィーは21%，職人は30.7%，商人は45.8%となっており，高官や職人，そして母集団は少ないながらも商人層で特に高かったことがわかる。なお，学者のうち医者(7名)だけに注目すると，その出身地はカズヴィーン，カーシャーン，イスファハーン，マシュハド，ギーラーン，シーラーズと実

図1　17世紀頃のイラン高原とその周辺の諸都市

に多様であるが[14]、いずれも都もしくは地方の中心都市である点は看過し得ない。西アジアでは、技芸・学術のすべてが都や主邑に集中する傾向にあるが、官僚であれ手工業であれ、そのような一級の技術を有する者がムガル朝の宮廷でも優遇される傾向にあったことがうかがわれよう。

以上から、北インドのムガル宮廷では、エリート層ではホラーサーン出身者が顕著であり、職業を問わず全体で見るとイラン高原の出身者が多くなること、ただし、その中でもタブリーズ、カズヴィーン、イスファハーンといったサファヴィー朝の都の出身者が4分の1を占めること、そして職業別に見ると、史料の性格にもよるとはいえ、圧倒的に詩人が多かったことをここで確認しておきたい。

2. シャムにわたったイラン人

つづいて、『スレイマーンの船』の記述をもとに、シャムの「イラン人」について見ていこう。

1. アユッタヤー朝下のイラン人

シャムのアユッタヤー朝にイラン人がわたったことが確認されるのは、概ね16世紀の末から17世紀の初頭であり、同朝のナレースワン王(在位1590-1605年)かソンタム王(在位1611-28年)の時代に相当する[15]。『スレイマーンの船』によると、この時期、30人ほどのイラン人がシャムに移住したが、その理由は、アユッタヤーが「ヒンドゥスターン[インド]の諸港の大半と近く、海を通じて中国や日本の間に位置」し、「象の売買によって莫大な利益」を得ることができたからだとされる[16]。すなわち、アユッタヤーの地の利と富が、イラン人を惹きつけたのである。巨利を求めてシャムに住み着いた「30人ほどのイラン人」は、「各々に家や位階が与えられ、限りない厚遇や敬意を受けることとなり、それぞれに相応の官職が与えられた」とあることから[17]、ムガル朝やデカンの諸王朝と同じく(あるいはそれら以上に)、シャムに移住したイラン人たちは当初から「宮廷人士」や「高官」として厚遇さ

れた。結果，数代のちのナーラーイ王(在位 1656-88 年)は幼少時からイラン人の家に出入りし，イラン料理のムスリムの調理人をインドから呼び寄せるほどその衣食住の慣習に慣れ親しみ[18]，1656 年には「イラン人たち(Īrāniyān)」の援助を得て，クーデターで兄や叔父を追い落とし，王位に就いたのであった。ナーラーイ王は即位後，「宰相」や「顧問」に，小さい頃から慣れ親しんだ「イラン人」を 3 人つづけて登用するほど，シャムのイラン人たちと関係を築いていた。

さて，『スレイマーンの船』の著者が「イラン人」として記録しているのは，主として著者が通過した地とシャムの都であるアユッタヤーやロップリーに移住した者たちである。ここでは同史料からうかがい知ることの可能なアユッタヤー朝下の「イラン人」を，試みに列挙する。

 アブドゥッラザーク・ギーラーニー(宰相・顧問)
 アーガー・ムハンマド・アスタラーバーディー(宰相・顧問)
 シューシュタリー(宰相・顧問)
 ハーッジー・ホージャ・ハサン・アリー・ホラーサーニー(宰相(？)・イラン人統括官)
 ハーッジー・サリーム・マーザンダラーニー(対イラン大使)
 名前不詳[19]の父子(メルギー長官)
 サイイド・マーザンダラーニー(ペップリー長官)
 ホラーサーン出身のサイイド・ダルドマンディー(詠唱者)
 ギーラーン出身者(侍医)
 サイイド・シーラーズィー(商人)
 マーザンダラーニー(商人)
 アスタラーバードとマーザンダラーン出身の 200 名(傭兵)
 ほか，百人隊長，厩舎・象舎長官，通詞(時事記録官)，商人，詩人など

アブドゥッラザークは，イラン人移住者の子としてシャムで生まれた第 2 世代であり，ナーラーイ王とともに成長した[20]。おそらく彼が中心となっ

て，ナーラーイ王の「クーデター」とも言える即位を援けたのであろう。その功績として，「宰相(vazīr)」の地位を与えられたものと思われる。なお，この「宰相」職は，「プラクラン」と呼ばれる交易や徴税に携わる財務局の長(大蔵・外務大臣)を指す。彼はこの立場を利用し，王を差し置いてアユッタヤーの交易権益を欲しいがままにし，1662年にはオランダ東インド会社のシャム交易の権利を廃することさえ行った[21]。この事件がもとで，彼は失脚し投獄されることになるが，次に「宰相」となったのもまた，アーガー・ムハンマド(1679年頃没)というイラン系の人物であった。その死後はシューシュタル出身者の子孫(シューシュタリー)が引き継ぎ，そしてサファヴィー朝の使節団が訪れた1685年末から1687年初にかけては，ホージャ・ハサン・アリーがシャムの「イラン人たち」を統括する立場にあった。

　これらのイラン人は，アユッタヤーやロップリーに大邸宅を構えていたようである。たとえば，ロップリーの王宮近くの邸宅は，風呂，絨毯，家財など「贅を尽くしたもの」であり，1687年秋の2度目のフランス使節来訪時に，使節団内のイエズス会士らにあてがわれた。その「かつてペルシア大使が随行者一同と居住していたペルシア風の邸」は，神父らが「貸与された家の家具が余りに豪華で贅美を尽くしていることに不満」を言うほどであり，「邸には周囲にクッションをめぐらした応接用の立派なホールがあって，四つの部屋がそれに面しています。ホール正面には庭があり，庭の片方には実務用に使える母屋，もう片方には寝室を幾つも用意できる母屋があります」と伝えられている[22]。いかに大きく，かつ立派な邸宅を「イラン人たち」が構えていたかがうかがわれよう。

　一方のアユッタヤーには，この当時，島の外に，ポルトガル人区，日本人区，オランダ人区，中国人区，マレー人区などが点在していたが[23]，実はこの中に「イラン人区」は確認されていない。しかし，当時のアユッタヤーの絵図には，島の中心に「Rue des Maures(モール人街)」なる一画があり，おそらくはここが「イラン系」の人びとの暮らす地区だったのではないかと推察される。1690年にシャムを訪れたケンペルは，当時のアユッタヤーの島の市壁内について次のように述べている。なお，ここでケンペルが言う「ヒ

ンドゥスターン人」と「モール人」は，いずれもインド方面から渡来したムスリムであり，特に後者はペルシア語話者であるイラン系の人びとを指す。

町を入って最初の通りは，曲がっている市壁に沿って西へ延びている。この通りには最も立派な家々があり，かつてはイギリス，オランダ，フランスに属するものや，フォールコン[24]が暮らしていた邸もあった。中央の通りは，北に延びて王宮に通じており，人家が最も建てこんでいる。小売商や職人，手工業者らの店であふれている。これら二つの通りには，中国人（Chinese），ヒンドゥスターン人（Hindostanians），モール人（Moors）が住む100軒もの石造りの家がある[25]。

ここに挙げられる「中国人，ヒンドゥスターン人，モール人」の家は，間口・奥行ともにきわめて小さいが，シャムで一般的な竹などの木造ではなく，石造りの2階建てだとされる。これらは，おそらくは通りに面した「店舗」であり，「中国人，ヒンドゥスターン人，モール人」は，アユッタヤーの目抜き通りに店を構えることが可能なほど，いずれも国際交易に従事していた（もしくはそのコネクションがあった）と考えられるのである。何よりも，このアユッタヤーでは，「数ある民族の中で，モールたち（Mores）が最も身を立てて安定している」と，1687年のフランス特使ルベールは看破している[26]。彼はつづけて次のように言う。

かつて宰相（Barcalon）がモール人だったことがある。おそらくシャムの国王は，ムハンマドの教え（Mahométanisme）を信奉している近隣諸国の最も強力な中で，こうすることによって自らの交易活動をより確立することができると考えたためであろう。こうして宮廷や地方の主だった役職はいずれもモール人の手中にあった。シャムの王は，自らの金で彼らのためにいくつものモスクを建設させ，彼らの主要な祭り［アーシューラーのこと］の費用を今も負担している。（中略）それゆえシャムには［現在］3000人から4000人のモール人たちがいる。

ここにあるように，イラン人たちは王都のアユッタヤーやロップリーにモスクを建設し，ムハッラム月のアーシューラーなどのシーア派特有の哀悼行事を行っていた。サファヴィー朝の使節団もまた，滞在中にアーシューラーの哀悼行事に参加している。ロップリーの王宮近くの寺院をモスクに転用することや哀悼行事の催行は，先のアーガー・ムハンマドの申し出によるものだったと伝えられていることから[27]，アーガー・ムハンマドは信仰面においても王に対して自分たちの主義主張を押し通せるほどの立場だったということが明らかとなろう。

だが，「最も豊かな外国人である」イラン人の繁栄も長くはつづかなかった。辣腕をふるったアーガー・ムハンマドの死後，その息子はナーラーイ王の弟と組んで王を追い落とそうとした嫌疑をかけられ，捕縛され島送りにされた。サファヴィー朝の使節団一行がシャムを訪れたときにはすでに，息子たちの生死は知れなかったという[28]。さらに，残りのイラン人をまとめるホージャ・ハサン・アリーは，『スレイマーンの船』の著者の表現では「未熟(bī rushd)」とされており[29]，実際には，1680年代後半にはアユッタヤー朝下のイラン人の力は急速に削がれ，かつ衰えていたのである。

2. 職　業

次に，アユッタヤー宮廷下のイラン人たちの役職や職業を見てみよう。すると，宰相，メルギー(ベンガル湾東岸の港)やペッブリー(シャム湾西北の町)の地方(港市)長官，宮廷侍医から，百人隊長，厩舎長官，傭兵といった軍事に携わる者まで，アユッタヤー宮廷にかかる要職にある者たちが多いことが明らかとなる。ルベールが「宮廷や地方の主だった役職はいずれもモール人の手中にあった」と述べるがごとくである。この点は，ムガル朝の場合とほとんど変わりがなく，冒頭のシャルダンの引用にあるように，「ペルシア(イラン)人」が容貌や能力の面からインドのみならず，東南アジアでも重宝され，各地の宮廷で重用されている様子がうかがえる。

さらに，医者もまた確認される。ムガル朝には，「ハキーム」という医者を示す称号を付されたイラン系の人々が散見され，君主の侍医を務めるなど

高官として厚遇された[30]。シャムの場合は表立っては見えないが，唯一，ギーラーン出身のイラン人がナーラーイ王の侍医を務めていたことがわかっている。ナーラーイ王のもとには中国系をはじめ複数の外国人の医者がいたが[31]，イラン人の医者もいた点は，ムガル朝と同じくイラン出身者の「技芸・学識」が重んじられたと見なせよう。

またアユッタヤーの宮廷で重要な職の一つは傭兵である。アユッタヤー朝では日本人や中国人をはじめ，外国人傭兵が用いられていたが，1630年に日本人が排斥された後は，イラン人が傭兵として台頭した。アーガー・ムハンマドは宰相職にあった際，ヒンドゥスターンで不遇をかこっていた200名のアスタラーバードとマーザンダラーンの出身者を傭兵として招聘している[32]。これら「モール人」の騎馬傭兵たちは，中国系タタール人(Tartares-Chinois)の10倍以上（隊長は7.5倍）の俸給を受け取っていることから[33]，乗馬が可能なイラン人たちが高給で迎えられている様が浮かび上がる。なかには「イラン人」ではないものの，イランから渡来したことが明らかな「軍人」がいる。それは，使節団がロップリーに滞在していたときに落馬事故にあって死亡した「イラン出身のグルジア人(Gurjī)の若者」である[34]。この「グルジア人」は，明らかにサファヴィー朝の宮廷に仕えた者たちの子孫であり，その騎乗能力を買われてアユッタヤーで傭兵として雇われていたと見なしてよかろう[35]。

これらのイラン人たちは，確かにアユッタヤー宮廷において要職にあったが，実際には彼らは官職にあると同時に，船を艤装して大規模な交易活動に従事していたため，「商人」でもあった。1679年のイギリス人の報告書には，アユッタヤーにはテナッセリム経由でベンガルとマスリパトナム（コロマンデル海岸の港）から多量のキャラコがもたらされることが記されており，「この相当の規模の貿易は現在完全にペルシア人とモール人によって独占されてい」ることや，かつてのこの取引の主体であったオランダ人を凌駕して，「彼らは現在事実上この国のあの地域[ベンガル湾]および貿易の支配者」であることが述べられている[36]。彼らがベンガル湾交易に従事していたことを裏づけるように，シャムにとっての玄関口にあたるメルギーの長官はイラン系

のムスリム父子であり，さらにはセイロン島やニコバル諸島にも「イラン人の商人」が進出していたことが『スレイマーンの船』からは明らかとなる[37]。

17世紀後半のシャムにこれら多様な「イラン出身」の人びとが暮らしていたという事実からは，象であれ，キャラコであれ，巨利を求めて渡来した人びとが，17世紀に急速に「特権階級」としてアユッタヤー宮廷に浸透していく様子がうかがえる。彼らの中には，サイイド（聖裔）やハージー（メッカ巡礼成就者）も散見される。ムガル朝の場合は，その史料的性格から商人の活動については不明瞭な点が多く，表1・2に挙がる商人はわずか24名にすぎない。もっとも，インド亜大陸に移住したイラン人たちが交易に従事し，巨万の富を築いたことは疑うべくもない事実である[38]。しかし，インド以上に，シャムに移住したイラン人たちは，そのほとんどが宮廷の要職を預かる「宮廷人士」であり，「軍人（傭兵）」であり，そして「医者」や語学力を生かした「通詞」として活躍すると同時に，自前で船を仕立てて国際交易を牛耳る「豪商」だったのである。

3. 出身地

上記の者たちは名前に出身地を示す「ニスバ」が付されており，そこから彼らの「故地」が明らかとなる。すなわち，上記の者たちの場合では，ギーラーン，アスタラーバード（現在名はゴルガーン），マーザンダラーン，ホラーサーン，シューシュタル，そしてシーラーズである。ここに挙がる出身地がシャムに渡来したイラン人の故地すべてではないであろうが，わざわざ明記される上記の六つの地名からは興味深い事実が浮かび上がる。ギーラーン，マーザンダラーン，アスタラーバード，ホラーサーンは，いずれもカスピ海の南岸（すなわちイラン北部）からイラン北東部にかけての地域名である。一方のシューシュタルやシーラーズは，ペルシア湾に比較的近いイラン南部の地名である。このほか，使節団の一行がマスカットからチェンナイへ向けて出航した船の中で，「マーザンダラーン出身のイラン人」がメッカ巡礼後に同船したものの風にあおられて海に落ちて溺死する，という事件が発生しているが，ここでも「マーザンダラーン」の出身者が確認される[39]。反面，イ

スファハーンやカズヴィーンといった都出身のニスバを有する者はいない。この，イラン北東部出身者と，イラン南部出身者が目立つのはいかなる理由によるのだろうか。

彼らは，インド洋海域世界を闊歩するにあたって「地縁」を利用していたのではなかろうか。このことを裏づける事例として，以下の2点を挙げたい。一つは，アーガー・ムハンマドがインドから「イラン出身(mardum-i Īrān)の200名，とりわけアスタラーバードとマーザンダラーンの者たち」を傭兵として招聘したことであり，もう一つは，アーガー・ムハンマドの没後に起こったイラン人コミュニティ内での「内紛」である。まず，アスタラーバードは，言うまでもなく，アーガー・ムハンマドの故地であり，200名もの同郷のイラン人をインドから調達し得たことから，彼が同郷者のネットワークをシャム＝インド間に有していたことが明らかとなる。さらに，おそらくはこの「地縁」による「イラン人」の導入が引き金となり，三代目のイラン人宰相シューシュタリーに対してホラーサーン系が反対し，国王の委託交易からも手を引き，同じくホラーサーン系のホージャ・ハサン・アリーを擁立するという事件が起きる[40]。この場合の「国王の委託交易」はイラン人がシャムで築き上げていたベンガル湾交易のことであり，同じ「イラン人」であっても，シューシュタル出身者のもとでは交易の発展(や独占)が望めなかったホラーサーン系が反発した，というのがこの「内紛」の真相であろう。

ホラーサーン系ネットワークについてはインド側(特にゴールコンダ王国とムガル朝)のことも含めてさらなる検討の必要があるが，いずれにせよ，17世紀後半のシャムでは，「イラン人」たちは，北方のホラーサーン・マーザンダラーン系と，南方のシーラーズ・フーゼスターン系に分かれて活動していたと思われると同時に，この時代は特に，北方系の人びとがインド洋海域世界に広くそのネットワークを張り巡らしていたと推察されるのである。

なお，サファヴィー朝が使節を派遣する契機となった1682年のシャムからの使節は，メッカ巡礼成就者で「マーザンダラーニー」というニスバを持つ。サファヴィー朝への使節派遣は，彼らによる交易路拡大の一環であったと捉えることもできよう。

3. イラン―インド―シャム

　イランは，言うまでもなく「内陸国」である。確かにその南方にはペルシア湾があり，古来，スィーラーフやバスラ，ホルムズなどの港を擁してきたが，政治の中心地は概ねイラン高原内の内陸部にあった。このような地理的環境の中，イランからインド洋海域世界に向かうには，インドに出ることが必須となる。

1. 東南アジアへの道と「中継地」としてのインド

　サファヴィー朝使節団のシャム往復のルートについてはかつて拙稿で詳しく述べたが[41]，改めてその行程を示すと，以下のようになる。

　イスファハーン→バンダレ・アッバース→マスカット→チェンナイ→メルギー→テナッセリム→ジャラング→ペッブリー→「スーハーン」[バンコクの誤りか]→アユッタヤー→ロップリー→アユッタヤー→パッタニー→マラッカ→コチ→スーラト→ムンバイ→バンダレ・アッバース→イスファハーン

　この中で，陸路はわずかにイスファハーン＝バンダレ・アッバース間しかなく，使節団一行は，行程のほぼ大半を，主に船を用いて移動した。バンダレ・アッバース港からはイギリス船を利用してチェンナイ（3～4週間滞在）まで行き，さらに別のイギリス船でベンガル湾を東進し，マレー半島北部のメルギーに上陸する。メルギーから先は，「サンブーク」と呼ばれる小舟に乗り換えて川を航行し，およそ半年をかけてアユッタヤーとロップリーに到着した。帰路は，アユッタヤーでスーラト船を賃借し，シャム湾からマラッカ海峡とマラバール海岸のコチ（8ヵ月滞在）を経由して西北インドのスーラトに行くも，当時のムガル朝とイギリス東インド会社の対立からスーラトには入れず，イギリス船でムンバイへ送られ，そこでの3ヵ月半の滞在後，一行はようやくバンダレ・アッバースに帰港した。帰路は風待ち等のために，

1年4ヵ月以上を費やしている。

　サファヴィー朝の使節団が1680年代に利用したルートは，上で見たようにインド洋を横断する「海の道」である。とはいえ，ペルシア湾からシャムまでの直接の航路はなく，一旦，インド亜大陸の東西海岸のいずれかに停泊せざるを得なかった。それゆえ，まずは海路であっても，イランからインドに出ることが重要となる。海路の場合の出航地は，ペルシア湾北岸のバンダレ・アッバースや湾奥部のバスラであり，季節風にあわせてイランや内陸部の人びとはこれらの港からインド亜大陸西岸のスーラトやマラバール海岸の諸港へ旅立った。

　一方，イランからインドへ陸路で向かうには，イランの東半分に広がるカヴィール砂漠とルート砂漠のために道は限定され，かつ政治状況の影響を大いに被った。イラン高原の主邑からインドへ向かう陸路は，アルボルズ山脈南麓の「ホラーサーン街道」を通って北東部の要衝マシュハドへ行き（イラン北道），その後，ヘラートからカンダハールへとアフガン山塊の西端を通ってムルターン，デリーに抜けるものと，イラン高原中央部から南東に向かい，カヴィール砂漠やルート砂漠南端のヤズドやケルマーンを経て（イラン南道），同じくカンダハールを通って北インドに向かうものがある。いずれの行程も，イラン高原と北インドを結ぶ場合は，カンダハールが重要な通過点となる[42]。

　このカンダハール・ルートは古来利用されてきたものであるが，サファヴィー朝とムガル朝のあいだでは，カンダハールをめぐってしばしば争奪戦が繰り広げられたことや，両王朝間の交易では，陸路に比して海上交通の方が比較的安全かつ安価で時間を要さなかったため，人の移動や交易には主にバンダレ・アッバースとスーラトを結ぶ海路が利用された[43]。

　陸路であれ，海路であれ，イランからシャムへ行くためにはインドを経由しなければならない。17世紀のシャムにおいて，イラン料理の調理人や傭兵など，技芸を有するイラン人をインドから調達しなければならなかった背景には，このような地理的要因や行路上の制約があったことを忘れてはなるまい。

2. ホラーサーン系の人びと

　海路の利便性には及ばないまでも、サファヴィー朝とムガル朝のあいだで陸路の発展が促され、人の往来が頻繁になると、イランからの人の流れがわずかではあるが変化する。それが、表1・1にあるとおり、ムガル朝下のエリートの中での「ホラーサーン出身者」の存在である。彼らは、エリート層では全体の半数以上を占めるに至っている。このホラーサーン出身者の活躍は、ホラーサーン系とシューシュタル系という指導者争いの「内紛」に顕著なように、ムガル朝以上にシャムにおいて際立って見られた。すなわち、サファヴィー朝の成立と相前後してのムガル朝の成立により、北インドと中央アジア・イラン東北部とのルートがより安全に通じるようになると、ホラーサーンやカスピ海南岸の人びとは交易や新天地を求めてイラン北道を通って北インドに流入した。そして、この人的移動は17世紀に頂点を迎える。特に陸路を利用するこれらの人びとのうち、後発組など一部はさらなる新天地を求めてベンガル湾をわたり、東南アジアの大陸部や島嶼部に進出した。その結果が、シャムにおける「ホラーサーン系」の躍進である。

　シャムでは、「ホラーサーン」がイランを代表する場所として認識されていたことがうかがわれるエピソードを挙げてみよう。サファヴィー朝使節団の一行がロップリーで初めてナーラーイ王と謁見した際、王は、サファヴィー朝皇帝(スレイマーン)は「ホラーサーンでご健在か？」と尋ねている。この下問に対して、使節団の者たちは、「彼ら[シャムの人びと]はイランがホラーサーンの一部に限られていると思っているようだ」との感想を抱き、サファヴィー朝の都はホラーサーンから遠く離れたイスファハーンであることを即座に訂正して返答している[44]。このように、ナーラーイ王は都の地名を知らなかったばかりか、「イラン」ではなく、「ホラーサーン」が国土だと思っていたのであり、ひいては当時のシャムでは「イラン」という言葉以上に「ホラーサーン」の知名度があったのである[45]。アユッタヤー朝の当時の王の周辺がいかに多くのホラーサーン系で占められていたかの指標となる話である。

3.「モール人」

サファヴィー朝使節団の直後にアユッタヤーを訪れたルベールとケンペルは,「モール人(Mores/Moors)」という表現をしばしば用いている。ルベールは,王の外国人傭兵隊である30人のモール人について,「土地の者,もしくはもとはムガルの諸国家(des Etats du Mogol)からの子孫」と述べており,別の箇所では,シャム王がペルシアに向けて派遣した「アギ・セリム(Agi Selim)」について,「これはモール人(un More)の名前である」と記す[46]。このアギ・セリムこそは,対イラン大使であったハージー・サリーム・マーザンダラーニーのことである。ここから,1680年代末から1690年代にはすでに,シャムで2世,3世となっていた「イラン人たち」が,ヨーロッパ人からはもはや生粋の「イラン人(ペルシア人)」とは見なされていないことが明らかとなる。特に,イランで数年間を過ごし,「ペルシア」を熟知していたケンペルが「ペルシア人」ではなく,「ヒンドゥスターン人とモール人」と言っていることは,その何よりの証左であろう。彼らの言う「モール人」は,明らかにペルシア語を話すムスリムではあるが,その「出身地」はイランではなく,完全に「インド」に取って代わられているのである。「モール人」という呼称がヨーロッパ人のあいだで流布すればするほど,シャムとイランとの地理的な隔たりやそれらの「中継地」となるインドの存在が浮かび上がり,「イラン人」の末裔たちと「故地イラン」との茫洋とした心理的な距離感が露呈されるのである。

4. ペルシア語とインド洋海域世界

イラン人のインド洋への進出は,「ペルシア語」を置き土産とした。最後に,この点を検討したい。

1. インド洋海域世界の中のペルシア語

本章で対象としている時代よりも遡るが,14世紀半ばにイブン・バットゥータがセイロン島を訪れた際,彼は同地のペルシア語に関する興味深い

事実をいくつか伝えている。その最たるものは，スリランカの君主が「ペルシア語を理解できた」ことであろう[47]。そのような言語環境の中，彼の伝えるスリランカの事物には，ペルシア語の名称が少なくない。たとえば，アダムが「バーバー(父/bābā)」と呼ばれ，イヴは「マーマー(母/māmā)」と呼ばれるほか，「ダラフト・ラワーン(生命の樹/derakht-rawān)」，「ダルワーザ(門/darwāza)」，「ブーザナフ(猿/būzana)の谷」など，彼の旅行記からは，いくつものペルシア語の語彙がセイロン島で用いられていたことが明らかとなる[48]。さらに，15世紀初頭に鄭和(1433年没)がスリランカのゴールに残したとされる三言語碑文は，漢文，タミル語，そしてペルシア語の三言語で刻まれている[49]。すなわち，本章が対象とする時代よりも早い段階から「ペルシア語」がこの地方の「共通語」であったと考えられるのである。

　また，さらに東方へ目を向けてみると，15世紀末から16世紀の初頭にはすでにアユッタヤーの名称が「サルナウ(Sarnau)」や「ハルナウズ(Xarnauz)」，すなわちペルシア語の「シャフレ・ナーウ(shahr-i nāv)」に由来する語としてアラブ人やポルトガル人には知られていた[50]。このほか，「ナーホダー(船主)」「バンダル(港)」「シャー・バンダル(港の長官)」など，海上交易に関連する語彙の多くがペルシア語で広まっている。

　この現象は，14世紀にインド洋の東部海域から中国にかけて確認される多数の「イラン人」とも密接にかかわることである[51]。なかでもイブン・バットゥータは，杭州でのモンゴル人の長官による饗宴について，「長官の息子は歌手や楽師たちを引き連れて，別の船に乗った。歌手や楽師たちは，シナ語やアラビア語，ペルシャ語で歌を唄っていた。長官の息子はペルシャ語の歌がお気に入りであったので，彼らがその一つの詩を唄うと，同じ詩を繰り返し唄うよう命じた」と伝えているが，その詩は，まぎれもなくシーラーズのペルシア語詩人サアディー(1291年頃没)の作品である[52]。当時，本当に杭州にまでペルシア語の詩が伝わっていたかは定かではないが，少なくともイブン・バットゥータが見聞したインド洋海域世界でペルシア語が流布していたことは疑うべくもないだろう。

　「海のペルシア語文化圏」とも称し得る，ペルシア語が共通とされるこの

ような世界があったからこそ、その後のイラン人のインド洋海域世界への進出もスムーズに進んだに違いない。彼らの海域世界への進出が時代的にどこまで遡れるのかはわからないが[53]、少なくとも 14 世紀に見られたイラン系の人びとが、15 世紀以降のさらに活発になる彼らの海域世界での活動の足がかりを築いたことは確かである。

さらに後世に目を向けると、1796 年に長崎で編纂された『訳詞長短話』には、南京語や安南語、オランダ語・ポルトガル語に加えて「モウル語」編が設けられているが、この「モウル語」とは、その内容から判断するに、明らかにペルシア語である[54]。長崎の通詞が利用した「ことば」の中に、アラビア語ではなく、「ペルシア語」があったということは、14 世紀以降 18 世紀に至るまで、海域世界で交易を行う人びとのあいだでペルシア語話者が相当数存在していた事実を示している。

2. シャムとペルシア語

14～18 世紀にペルシア語がインド亜大陸の宮廷用語のみならず、インド洋海域世界において「共通語」として用いられていたと想定される中、東南アジアのペルシア語環境として、シャムではペルシア語話者であるイラン人のプレゼンスが異なった事例を最後に一つ示しておきたい。

ムガル朝でペルシア語の詩人が重宝されたことについては、先の表 1・2 からも明らかである。「詩を書くことを切望したペルシアの人間は誰であれ、インドへ旅立ち、そこで自らの運を試そうと思うことは何ら不思議ではな」く、17 世紀のイランで活躍した哲学者かつ詩人のある人物は、インドについて、「偉大なるインド、それはあらゆる欲求を満たすメッカなり」と韻文で謳っている[55]。ムガル宮廷にわたったイラン人の職業は、大別すると、行政官（宮廷人士）、学者、職人、詩人、商人などであるが、この中でも全体の半数近くを「詩人」が占めている。また、17 世紀末のペルシア語詩人伝からは、インドを訪れたことのある文人が 16%（903 人中 143 人）を占めるとされる[56]。これらの数字は、ペルシア語を操れる「詩人」こそがムガル宮廷で重宝されたことを伝える。

しかしながら，シャムでは必ずしも事情が同じであったとは言えないのである。確かに，上述の「シャムのイラン人」の中に，「詩人」として名の挙がる者も散見される。だが，インド亜大陸の，特にムガル宮廷にわたった者と比較すると，東南アジアへの詩人の移住者は大きく目減りする。その理由として，『スレイマーンの船』には次のような興味深い話が載せられている。

イランで食い詰め，新天地を目指してシャムにやってきたひとりのイラン人は，熟思の末，頌詩を詠んで褒美にありつこうとした。その頌詩の中には，王の所有する象を暗喩で称える句もあった。しかし，この頌詩が国王のもとに届けられたところ，彼の思惑とは正反対に，褒美をもらうどころか「嘘つき」というあだ名がつけられ，侮蔑を浴びて散々に貶められてしまった。なぜなら，シャムでは「嘘」や「虚言」が非難の対象とされており，誇張や大げさに語ることでさえも「嘘」と見なされたからである[57]。

つまり，アユッタヤー宮廷では，詩人のように誇張して語る者は社会的に尊敬されなかったのである。北インドやデカン高原は，「ペルシア語文化圏」との関わりで論じられることも多く，宮廷語としてペルシア語という共通語を有していた。そのため，ムガル朝やデカン高原の諸王朝に，イラン人が移住する理由も首肯しやすい。しかしながら，ムガル宮廷に多く見られた詩人は，その社会的な意味合いからシャムではなりを潜めざるを得ず，場合によっては不名誉な存在とされてしまう。シャムとペルシア語の関係は，「ペルシア語文化圏」のインド洋海域世界への拡がりを考える上でも重要な点であり，先の事象は，ペルシア語文化圏のある種の「地理的限界」をも示していると言えるのではなかろうか。

おわりに

「ペルシア人は風采も立派で頭はよく，礼儀をわきまえて比べものにならぬ」という，冒頭に掲げたシャルダンの評は，17世紀後半のイランからインドにかけての時代と地域を的確に反映している。その上でこの評は，インドのみならず，高官として，また豪商として「イラン人」が集団で活躍したシャムにも適用可能である。

一方，本章での検討の結果，イラン人の海外移住に関して，大きく次のような仮説が成り立つ。サファヴィー朝の成立以前から，特に南方のイラン人はペルシア湾から出航し，インド北西岸のグジャラートや南西岸と交易・交流し，特に南インドのデカン高原に成立した諸王朝と深い関係を形成した。その後，サファヴィー朝やムガル朝などの成立とともに，ホラーサーン方面からカンダハールを経由して北インドに向かう陸路もまた活性化し，インドには大勢のイラン人が移住した。彼らの一部はやがてベンガル湾や東南アジア方面にも進出する。このような時代の趨勢の中，17世紀にシャムに集団で移住したイラン人たちは，自身の地縁ネットワークを駆使しながら，インド洋交易に従事した。

　だが17世紀後半ともなると，イランから直接東南アジアにやって来るわけではなく，「ヒンドゥスターン（インド）」が人材供給地となっていた点は留意したい。傭兵にしろ調理人にしろ，イラン系の「有能な」人材を求める先は，この時代，イランではなくインドであった。そのことは，ムガル朝下でイラン人たちが登用された時期が17世紀前半に集中していることや，エリート層で18世紀に新たにイランから移住した者はわずか21名にすぎないこと，そして何よりも，幾度かの使節の往来にもかかわらず，アユッタヤー朝とサファヴィー朝の同盟交渉や交易の活性化が実を結ばなかったことに如実に表れているのである。

　同様に注意すべき点として，シャムに暮らす人びとが「イラン人」であることを繰り返し強調した『スレイマーンの船』の著者の思惑とは異なり，17世紀末のシャムの「イラン人」たちにおいては，「イラン（Īrān）出身」というアイデンティティは薄れつつあり，実際の出立地である「ヒンドゥスターン（Hindustān）」すなわち「インド」が「故地」となっていた可能性がある。それゆえ，ヨーロッパ人の目には，彼らは「ペルシア人」ではなく，ムスリムでありペルシア語を話す「モール人」という新たな範疇に置かれたのではなかろうか。

　だが，このことは逆に，『スレイマーンの船』というサファヴィー朝下のイラン人が実際に見聞した書物がなければ，シャムをはじめとするインド洋

東海域の「イラン人」の活動は明らかにならなかったと言うこともできよう。ムスリム＝アラブ人という図式が多く見られる中，ペルシア語話者で生粋のイラン人である著者が見たからこそ，シャムにわたった彼らもまた，イランとのコネクションを維持すべく，自分たちの祖先はイラン人だということを強調したのである。事実，彼らは「故地」であるイランとの軍事的・経済的関係を強化するために，少なくとも2度にわたってサファヴィー朝に使節を派遣した。シャムにおけるこのような事象に鑑みると，かなり薄れてはいたかもしれないが，広くインド洋海域世界に展開した近世期のイラン人たちは，移住者の2世や3世までは，ペルシア語という言語やシーア派という信仰とともに，自分たちの出身地である「イラン人」としてのアイデンティティを持ちつづけた。そして，そのような地縁・血縁を頼りに，彼らは各地へ進出していったのだと思われる。加えて，彼らの海外進出はスブラマニヤムの分類にある15世紀からではなく，それ以前にも広くインド洋海域世界で見られた現象であり，ペルシア語や「イラン出身」という「イラン（ペルシア）・ブランド」の上に築かれたものであったことは看過すべきではない。

　シャムにわたったイラン人たちの東南アジアでの繁栄が崩れた要因は，ナーラーイ王が交易活動を自身の手中に収め，独占交易を始めたことにあるかもしれない[58]。これにより，多くの外国人がシャムを離れたとルベールは記している。しかしながら，それ以上に，イラン人たちの団結力や組織力の弱さが，オランダやイギリスの東インド会社という組織で進出してきたヨーロッパ人や，その間隙をついてアジアのみならず広く世界中にネットワークを構築したアルメニア人に国際競争において敗北した主たる要因だったのではなかろうか。サファヴィー朝が佳境を迎える17世紀中葉に彼らの海外進出はピークを迎えたものの，その後，1687年のゴールコンダ王国の滅亡やサファヴィー朝そのものの滅亡（1722年に都イスファハーンが陥落）により，「イラン人」の存在はインド洋海域世界からはほとんど見られなくなってしまうのである。

　このような盛衰が認められはするものの，様々な人びとが行き来した近世期のアジアにおいて，イラン人もまた，イラン人としてのアイデンティ

を保ちつつ，インド洋世界で縦横無尽に活躍していたという事実は，改めて強調しておきたい。

1) シャルダン, J.,『ペルシア見聞記』(岡田直次訳注)，平凡社東洋文庫，1997年，23頁。
2)「商人王(malik al-tujjār)」と呼ばれたマフムード・ガーワーンについては，Sherwani, H. K., *Maḥmūd Gāwān: The great Bahmani wazir*, Allahabad: Kitabistan, 1942 (rev. New Delhi: Munshiram Manoharlal, 1985)が詳しくその生涯を追い，一方のミール・ジュムラの事績については，Sarkar, J. N., *The Life of Mir Jumla*, Calcutta: Midland Press, 1951があり，イゥティマードッダウラの一族については，Khan, M. A., "Position of I'timad-ud daula's Family during the Reign of Shah Jahan," *Proceedings of the Indian History Congress*, 39, 1978, pp. 437-457などが詳しい。
3) Ershād, F., *Muhājirāt-i tārīkhī-yi Īrāniyān ba-Hind*, Tehran: Pazūheshgāh-e 'Ulūm-e Ensānī va Moṭāle'āt-e Farhangī, 1986, repr. 2000; Subrahmanyam, S., "Iranians Abroad: Intra-Asian Elite Migration and Early Modern State Formation," *The Journal of Asian Studies*, 51(2), 1992, pp. 340-363;羽田正「西アジア・インドのムスリム国家体」歴史学研究会編『講座世界史 2 近代世界への道──変容と摩擦』東京大学出版会，1995年，75-190頁; Haneda, M., "Emigration of Iranian Elites to India during the 16-18th centuries," *Cahiers d'Asie central(L'Héritage timouride Iran–Asie central–Inde XVe–XVIIIe siècles)*, 3-4, 1997, Tashkent & Aix-en-Provence, pp. 129-143; Dadvar, A., *Iranians in Mughal Politics and Society 1606-1658*, New Delhi: Gyan Publishing House, 1999; Mashita, H., "Iranians in the Early Modern India," *JCAS Symposium Series*, 17, 2005, pp. 291-303.
4) Subrahmanyam, S., *The Portuguese Empire in Asia 1500-1700: A Political and Economic History*, London and New York: Longman, 1993, pp. 23-24;長島弘「海上の道──15-17世紀のインド洋，南シナ海を中心に」『講座世界史 1 世界史とは何か──多元的世界の接触の転機』東京大学出版会，1995年，264-265頁。
5) シャムのイラン人については，Aubin, J., "Les Persans au Siam sous le règne de Narai (1656-1688)," *Mare Luso-Indicum: L'Océan Indien, les pays riverains et les relations internationals XVIe – XVIIIe siècles*, 4, 1980, pp. 95-126の金字塔的研究のほか，Marcinkowski, M. I., *From Isfahan to Ayutthaya*, Singapore: Pustaka Nasional Pte Ltd, 2005などを参照のこと。
6) Muḥammad Rabī' b. Muḥammad Ibrāhīm, *Safīna-yi Sulaymānī*, Farūqī, 'A. ed., Tehran: Enteshārāt-e Dāneshgāh-e Tehrān, 1977/78.『スレイマーンの船』の詳細については，守川知子「サファヴィー朝の対シャム使節とインド洋──『スレイマーンの船』の世界」『史朋』46, 2013年，1-34頁参照。
7) Subrahmanyam(1992), p. 352.
8) 羽田(1995), 93-97頁。ペルシア語文化圏については，森本一夫編『ペルシア語

が結んだ世界——もうひとつのユーラシア史』北海道大学出版会，2009年，および近藤信彰編『ペルシア語文化圏史研究の最前線』東京外国語大学アジア・アフリカ言語文化研究所，2011年の各論を参照のこと．
9) 羽田(1995)，85頁および Haneda(1997), p. 131.『アミールたちの事績』は，以下のペルシア語刊本がある(Navvāb Ṣamṣām al-Dawla Shāh Nawāz Khān, Ma'āthir al-umarā, Mawlawī 'Abd al-Raḥīm ed., 3 vols., Asiatic Society of Bengal, 1888-91)．
10) Dadvar(1999), p. 370.
11) Subrahmanyam(1992), pp. 345-347; Dadvar(1999); 羽田正「三つの「イスラーム国家」」『岩波講座世界歴史　イスラーム・環インド洋世界』岩波書店，第14巻，2000年，59-80頁．
12) 羽田(1995)，88頁; Haneda(1997), p. 133. 165名(計算間違いがあるため，正しくは166名)を数える「タージーク(イラン系)」の出身地は，「東部」「中央・北部」「西部」の三つに分類され，「東部」(113名)はホラーサーンからスィースターンやヤズドまで，「中央・北部」(49名)はカスピ海南岸からイスファハーン，シーラーズまでを含み，「西部」(3名)はコーカサスからシューシュタルにかけての地域区分となっている．なお，「タージーク」のほかに，テュルク系の人びとが14名，サファヴィー家が10名，その他不明が9名いる．
13) ダードヴァルによる内訳は，中央部：187名，東部および北東部：70名，西部や北西部：64名，南部：48名，北部：28名，南西部：9名，南東部：1名，不明54名の計461名である．氏の地域区分は以下のとおり．「中央部」：イスファハーン，カズヴィーン，ヤズド，カーシャーン，ケルマーン，コム，テヘラン，ザンジャーン，ダームガーン，サーヴェ，「北部」：アスタラーバード，アーモル，サーリー，ラシュト，ルードバール，ラーヒージャーン，「東部」・「北東部」：マシュハド，トルバト，カーイン，ハーフ，ゴナーバード，サラフス，サブザヴァール，ニーシャープール，クーチャーン，「西部」・「北西部」：アルダビール，ハルハール，タブリーズ，ハマダーン，トイセルカーン，ネハーヴァンド，ロレスターン，「南部」：シーラーズ，ネイリーズ，カーゼルーン，ジャフロム，ダーラーブ，ホルムゼガーン，「南西部」：フーゼスターン，クーヘギールーエ，「南東部」：スィースターン，バルーチェスターン．
14) Dadvar(1999), pp. 185-192. 一方のカーディー(法官)2名は，16世紀末から17世紀初頭にかけてムガル朝に移住しているが，いずれもシューシュタル出身である．かつて筆者は16世紀のマシュハドのシーア派化について論じたが，その中で，マシュハドへの移住を奨励されたシーア派法学者らの中に，「本場」レバノンからのアラブ人法学者に交じって，シューシュタル出身者が活躍することを指摘した[守川知子「サファヴィー朝支配下の聖地マシュハド——16世紀イランにおけるシーア派都市の変容」『史林』80(2)，1997年，19-29頁]．上述のカーディーのうち1人(Nūr Allāh Shūshtarī)は，1584年にムガル朝へ渡っているが[Dadvar(1999), pp. 192-194]，これは，十数年間をマシュハドで同郷の師らに師事し，学問的研鑽を積んだ後のことである．16～17世紀のシューシュタルの学問状況については，今後さらに検討を加

えたい。
15) タイの最初のイラン人としては「シャイフ・アフマド」という人物の伝承が広まっているが，この人物についてはあくまでも「伝説」の域を出ないため，ここでは扱わない。その根拠については，特に守川(2013)，3頁，注11を参照されたい。
16) *Safina*, p. 92；守川(2013)，3頁。
17) *Safina*, p. 92.
18) *Safina*, pp. 65-67.
19) 息子の名前はムハンマド・サーディクである[*Safina*, p. 38]。言うまでもなく，ムスリム名である。
20) *Safina*, p. 95.
21) Ruangsilp, B., *Dutch East India Company Merchants at the Court of Ayutthaya: Dutch Perceptions of the Thai Kingdom, c. 1604-1765*, Leiden: Brill, 2007, pp. 20-21.
22) タシャール『シャム旅行記』(鈴木康司訳)，岩波書店，1991年，511，533頁。神父らは不満を言うものの，結局はその一つを礼拝堂に，他方を観測所に利用している。
23) たとえば第2回フランス使節団の一員であったルベール所収の絵図やそれを基にしたJ. N. Bellinの絵図など[De la Loubère, S., *Du Royaume de Siam*, Amsterdam, Vol. 1, 1690; Prèvost, A., *L'Histoire Générale des Voyages*, Paris, 1751, Vol. 9, plate 4]。
24) フォールコンはギリシア系のキリスト教徒で，ナーラーイ王のもとで頭角を現し，王の「最高顧問」の地位にまで登るが，フランスやカトリックへの過度な偏りから，王が病床につくと，次王ペートラーチャらによって処刑された。
25) Kaempfer, E., *A Description of the Kingdom of Siam*, 1690, repr. Bangkok: Orchid Press, 1998, p. 44. なお，この箇所の日本語訳は，ケンペル『日本誌――日本の歴史と紀行』(今井正訳)，霞ヶ関出版株式会社，1973年，118頁に見られるが，訳語に問題があるため，今回は改めて訳出した。
26) *Du Royaume de Siam*, pp. 337-338.
27) *Safina*, p. 75.
28) *Safina*, pp. 54-55.
29) *Safina*, p. 55. イラン人に敵対的なフォールコンの画策と相まって，段取りの悪さゆえに，サファヴィー朝使節団はナーラーイ王との謁見に時間を要した。
30) *Ma'āthir*, Vol. 1, pp. 558-565, 568-573, 577-579, 599-600；羽田(1995)，92-93頁などを参照。たとえば医者の家系出身のハキーム・サドラー・シーラーズィーは，サファヴィー朝では芽が出なかったため，1602年にインドに移住し，敬虔な「シーア派(Imāmīya)」でありつつも，アクバルからシャージャハーンにいたるまで名医として仕えた。彼のマンサブ(位階)は3000を下らず，300人の侍女を雇い，朝から晩まで彼女らに仕事を宛がっていたという。その数年後にはメッカ巡礼を行い，余生はラホールやカシュミールで安穏のうちに過ごした。
31) ルベールは，アユッタヤー宮廷の中国人の医者についてはその治療法にまで踏み込んで縷々述べているが，イラン人の医者については一言も触れていない[*Du Royaume de Siam*, pp. 189-194]。一方，『スレイマーンの船』は，毎朝王の健康状態を診るた

めに、「中国、シャム、ヒンド出身の何人かの医者と1人のギーラーン出身の医者」がいると伝え、また、サファヴィー朝使節団の一行がテナッセリムに到着したときに、重篤の大使のためにアユッタヤーの宮廷から派遣されてきた2人の医者は、「シャムの者」と「中国の者」であった[*Safina*, pp. 40, 136]。

32) *Safina*, p. 98.『スレイマーンの船』には「200名」とあるが、ルベールは、ナーラーイ王の外国人護衛部隊の一つは「30名ずつのモール人からなる2部隊」だと述べているので、実際には200名には達しなかったかもしれない[*Du Royaume de Siam*, p. 375]。

33) *Du Royaume de Siam*, pp. 375-376.

34) *Safina*, p. 68.

35) サファヴィー朝下で軍人として活躍したグルジア人については、前田弘毅『イスラーム世界の奴隷軍人とその実像——17世紀サファヴィー朝イランとコーカサス』(明石書店、2009年)で詳細に検討されている。

36) 長島弘「スーラト—アユタヤ—長崎——ジョージ・ホワイトのシャム貿易報告書(1679年)の紹介を中心として」『調査と研究』25(1)、1994年、215、217頁。彼らはベンガル湾交易のみならず、17世紀を通して何度か日本へ交易船を送り出していたことが明らかにされている[長島弘「17世紀におけるムスリム商人の日本来航について」『東西海上交流史研究』1、1989年、1-29頁；長島(1995)、255-262頁]。

37) *Safina*, pp. 37, 173, 184.

38) 羽田(1995)、90-93頁のほか、17世紀前半にゴールコンダ王国で手広く活動したミール・ジュムラについては、和田郁子「ミール・ムハンマド・サイードと港市マスリパトナム——ゴールコンダ王国時代のミール・ジュムラによる交易活動と港市支配」『西南アジア研究』68、2008年、40-62頁参照。

39) *Safina*, p. 18. マスカットからチェンナイへは、マーザンダラーンとは方向が異なるので、この人物は少なくともインド在住だと考えられる。

40) *Safina*, p. 101.

41) 守川(2013)、6-19頁。

42) カンダハールの戦略的重要性については、Jabbari, H., *Trade and Commerce between Iran and India during the Safavid Period(1555-1707)*, Delhi: Indian Bibliographies Bureau, 2004, pp. 174-180を、また、カンダハールから先のムルターン、およびムルターンを拠点にイランや中央アジアで活躍するムルターン商人については、Dale, S., *Indian Merchants and Eurasian Trade, 1600-1750*, Cambridge University Press, 1994, pp. 46-75を参照のこと。

43) Dale(1994), p. 46.

44) *Safina*, pp. 60-61.

45) ロップリーの宮殿の北側には、かつてはモスクか教会であったとされるワット・サオ・トーン(Wat Sao Thong)寺院と、その傍らに"Pichu"と"Khotchasan"と呼ばれる建物があり、この建物がサファヴィー朝使節団の滞在場所であったとされる。"Khotchasan"は、「ホラーサーン」の転訛である。なお、「ホラーサーン」の知名度が古く

からあった事例として，14世紀のイブン・バットゥータが，インド洋の東海域において，「ホラーサーン」という語を多用することも挙げておこう。訳注者の家島によると，彼の中では，「ホラーサーン」は両イラクを除くすべてのイラン地域であり，「ホラーサーン人」はイラン人と同意だという［イブン・バットゥータ著，イブン・ジュザイイ編『大旅行記』（家島彦一訳注），平凡社東洋文庫，1996-2002年，第7巻，104頁］。

46) *Du Royaume de Siam*, pp. 296, 336.
47) 『大旅行記』（家島訳注），第6巻，283-284頁。「アイリー・シャカルワティー（アールヤ・チャクラヴァルッティ）」は官位名のため，実際の統治者の名前は不明とされる。この政権は，セイロン島最北端のジャフナを拠点とし，14世紀半ばにはプッタラムにいたる島の北西部を支配していた。
48) 『大旅行記』（家島訳注），第6巻，282-296頁。なお，イブン・バットゥータは，アダムの足跡があるとされたアダムスピーク（スリーパーダ山）に参詣するに際し，病気のためひとり遅れていた「ホラーサーン出身の男」と同道している［『大旅行記』（家島訳注），第6巻，285頁］。
49) 同碑文については，さしあたり，Perera, E. W., "The Galle Trilingual Stone," *Spolia Zeylanica*, Vol. 8, 1913, pp. 122-132，および大隅晶子「コロンボ国立博物館所蔵の鄭和碑文について」『東京国立博物館研究誌』551，1997年，53-72頁参照。
50) De Campos, J., "Early Portuguese Account on Thailand," *Journal of the Siam Society*, 7, 1959, pp. 9-11; Subrahmanyam(1993), p. 24. しかし，ペルシア語由来のこの語の意味は，通説となっている「新しい町（shahr-i nou）」からの転訛ではなく，『スレイマーンの船』の著者が言うように，多数の船やボートが行き交う町の意である「船の町（shahr-i nāv）」が正しかろう［*Safina*, p. 85］。
51) イブン・バットゥータの旅行記からは，スリランカで活躍するシーラーズ出身のシャイフや，ザグロス山中のロレスターン地方出身の「ローリー（アラビア語ではルーリー）」，フーゼスターン出身の「フーズィー」，さらにはベンガル地方の聖者「タブリーズィー」や「ダームガーニー」，スマトラ島の法官として高位にあった「シーラーズィー」や「イスファハーニー」，中国の泉州の法官「アルダビーリー」や大商人の「タブリーズィー」，シャイフの「カーゼルーニー」など，インド洋東部で活動するイラン人は枚挙にいとまがない。なお，注釈者（家島）は，イブン・バットゥータはセイロン島を除き，実際にはベンガル湾およびそれ以東のスマトラ島や中国を訪れておらず，これらの地に関してはインドで集めた伝聞情報だと述べる［『大旅行記』（家島訳注），第6巻，282-444，447-448頁，第7巻，14-119，311-329頁］。
52) 『大旅行記』（家島訳注），第7巻，43-46頁。長官はモンゴルのウリャンハイ部のクルタイ（忽剌台）とされる。この人物が杭州（江浙行省）の「長官」に就任したのは1329（天暦2）年のことである。
53) 9世紀から10世紀のインド洋海域世界に関するアラビア語の物語集である『中国とインドの諸情報』（インド・シナ物語）や『インドの驚異譚』のインフォーマントはいずれも「イラン人」である。インド洋海域世界でのイラン系の人びとの活躍におい

て，10世紀の段階から13世紀頃にかけて断絶があるのか，あるいはインド洋交易も活発であったサーサーン朝(226-651年)まで遡及し得るのかは，今後さらに検討しなければなるまい。同様に，「海のペルシア語文化圏」についても未だ手つかずの部分が多く，緊要な検討課題である。

54) 『訳詞長短話』については，長島弘の先駆的研究がある［長島弘「『訳詞長短話』のモウル語について——近世日本におけるインド認識の一側面」『長崎県立国際経済大学論集』19(4)，1986年，133-168頁；長島弘「『訳詞長短話』(第五巻)のモウル語復元試論」『長崎県立国際経済大学論集』20(1)，1986年，57-86頁；髙山百合子「トンキン通事魏龍山『訳詞長短話成立の背景』」『筑紫女学園大学・筑紫女学園大学短期大学部紀要』8，2013年，227-239頁］。

55) Yar-shater, E., "Safavid Literature: Progress or Decline," *Iranian Studies*, 7(1/2), 1974, pp. 219-220; Savory, R., *Iran under the Safavids*, Cambridge University Press, 1980, pp. 205-206.

56) 近藤信彰「イラン，トゥラン，ヒンド——ペルシア語文化圏の発展と変容」『岩波講座世界歴史　イスラーム・環インド洋世界』岩波書店，第14巻，2000年，104頁。

57) *Safina*, pp. 45-46. ただし，ここで挙げられる王の象を詠んだ句は，「満月顔」という象の名と象使いのもつ三日月形の鉤棒を掛け合わせたにすぎず，素人目にもよい出来とは思えない代物である。また，ナーラーイ王はイラン叙事詩の『王の書』を翻訳させていたため［*Safina*, pp. 123］，ペルシア詩全般に問題があったわけではないだろう。

58) *Du Royaume de Siam*, pp. 338-339.

第2章　近世南アジアにおける
　　　人的移動の記録と記憶
──デカンのムスリム王朝の出自説をめぐって

真　下　裕　之

　は　じ　め　に

　ムガル朝(1526-1858年)史の研究者J. F. リチャーズはかつて，15世紀末から19世紀初頭にかけての時代を世界史上の近世と位置付け，その時代を特徴付ける要因の一つとして，地球規模の海上交通路の出現を挙げた[1]。しかしその時代における南アジアの「地球規模の海上交通路」の内実について我々の知識が十分でないことには注意を払うべきである。まして海上交通がもたらした人的移動とこれにともなう物的・心的所産の移動が南アジア史の展開に及ぼした影響については，なお多くの研究の余地が残されている。
　デカン地方とその外港を擁するインド西岸部は，インド洋西部海域を介して西アジア，アフリカの諸地域とのあいだに密接な通交を有していた。この通交圏に生じた人的移動の数々は，15世紀末という近世の画期をまたいで，17世紀においてもなおデカン史の推進力でありつづけた(その中には，途中から参入したポルトガル，オランダ，イギリスなど欧州諸国の当事者たちも含まれる)。
　デカンという新天地で成功をつかみ取ったこのような人々について，歴史上の記録は必ずしも十分でない。しばしば離散者として故地を離れた人々が，記録に値する成功者となるまでの懸隔は，彼らにまつわる記録を混濁させている。彼らの史実には種々雑多な記憶がからみついており，これらの記憶を刻み込んだ記録の数々から，その史実を完全に復原することはきわめて難しい。

しかし記録が記憶を取捨選択する過程であることを考慮すると，その記録の数々は，彼らの史実に付着した多数の記憶から，当事者にとって有意のものが選び取られた結果とみるべきだろう。それゆえこれらの記録には，その史実性は別として，同時代の近世南アジアにおいて意味をなし得た記憶の数々が刻み込まれていることになる。

本章の目的は，デカンのムスリム王朝の出自をめぐる記録に焦点を当てることにより，そこに刻み込まれた記憶の意味を通して，インド洋西部海域をめぐる人的移動が濃厚に作用した，近世南アジアのデカンという歴史環境の特性を探り当てることである。以下では，問題となるデカンのムスリム王朝が成立する15世紀末のデカンを取り巻く歴史的状況を確認した上で(第1節)，そのムスリム王朝の創設者の出自に関する諸史料の記述を整理し(第2節)，その歴史的意味を考察する(第3節)。

1. 15世紀末デカンを取り巻く歴史的状況

北インドに覇権を確立していたデリー・スルターン朝は，13世紀末，南方へと戦線を拡大した。デリー・スルターン朝の第2王朝ハラジー朝(1290-1320年)の君主ジャラールッディーンが1291年，中部インドに遠征を敢行したのを皮切りに，1296年には同朝の軍がヤーダヴァ朝の首都デーヴァギリにまで侵攻した。ハラジー朝はさらにグジャラート地方のチャウルキヤ朝，マールワー地方のパラマーラ朝を滅亡させた(それぞれ1304年，1305年)後，1310-11年の南インド遠征では，カーカティーヤ朝，ホイサラ朝，パーンディヤ朝に痛撃を与えた。ヤーダヴァ朝も含め，南インドのこれらの諸王朝は，14世紀前半までに，ハラジー朝およびその後継者たるトゥグルク朝(1320-1413年)，ないしヴィジャヤナガル王国の攻勢によって順次消滅することになる。かくのごとく14世紀前半までに，北インドにおけるデリー・スルターン朝の覇権はデカン地方へと及び，その政治情勢を大きく変えるに至っていた。

このような政治史の展開に関与した北インド由来の人々は，デリー・スル

ターン朝の主たる担い手であったトルコ人ばかりではない。13世紀後半以降，北西辺境から断続的に侵入を繰り返し，北インドに定着していた少数のモンゴル人もそれには含まれたし，民族的属性の詳細は定かでないものの，史料には「アフガーン人」も姿を見せる。さらに，上記1310-11年の南インド遠征を指揮したハラジー朝の将軍マリク・カーフールのごとく，インド由来の改宗ムスリムたちもこれに加わっていた。

　1346年にトゥグルク朝支配下のグジャラート地方およびデカン地方で勃発した反乱は，その翌年にバフマニー朝(1347-1538年頃)の成立を導くことになる。この反乱の当事者たちは，トゥグルク朝の南方遠征を担ったトルコ人およびアフガーン人の軍団指揮官であった。創設当時のバフマニー朝の有力者にはインド語由来の名を帯びる者も散見されるが，王家の出自そのものは判然としない。王朝自身は，その名称にあるとおり，イランの伝説上の帝王バフマンに自らを付会したが，これは無論，この王家をイラン由来の人々と見なす根拠にはならない。王朝の当事者に献じられた歴史叙事詩『諸王の勝利』が，イランの叙事詩『シャー・ナーマ』の韻律に倣ったペルシア語で著されたことと，その著者イサーミーがデリー出身の史家であったこととを考え合わせると，バフマニー朝のイラン的出自説は，北インド由来のペルシア語文化とこれに付随するイラン的政治文化が南インドに持ち込まれた結果と見なすべきである。13世紀末に始まるデリー・スルターン朝の南進は，このように，政治権力の最前線の拡大のみならず，これに関与した多様な人々の移動，および特定の言語文化の波及という側面をも有していた。

　さてバフマニー朝は15世紀末に事実上分解し，その領域から五つのムスリム王朝，すなわちバリード・シャーヒー朝(1487頃-1619年)，イマード・シャーヒー朝(1487-1574年)，アーディル・シャーヒー朝(1490頃-1686年)，ニザーム・シャーヒー朝(1490-1636年)，クトゥブ・シャーヒー朝(1496頃-1687年)が順次成立した。これらの王朝は，北隣グジャラート地方のアフマド・シャーヒー朝や，ハーンデーシュ地方のファールーキー朝，そして南隣のヴィジャヤナガル王国をも巻き込んで合従連衡を繰り返したが，17世紀後半までにそれらの領域はいずれも，ムガル朝の支配下に入った。

図2　16世紀前半デカン地方の諸王朝

　バフマニー朝以降の諸王朝は以上のごとく，北インドに由来するムスリム政権の展開という歴史的背景を有していたが，その担い手となった人々に焦点を当てると，北インドとは異なる様相を看取できる。それはインド洋西部海域を経て南アジアに向かった人々の役割の大きさである。これらの人々には，渡航先の南アジア各地で，学者・文人ないし宗教者として才気を働かせた者から，軍人や宮廷の従僕として活躍し，強大な政治権力を握るに至った者まで多様な人材が含まれる。これら外来の人々はその時代，デカン在来の人々(Daknī)と区別して「外来人(Gharīb)」と呼ばれたが，この概念上の区

分はときに政治的党派の区分にすり替わり，バフマニー朝政局の不安定要因と化していく。15世紀のデカンは以上のごとく，陸と海の両翼から及ぶ人的移動のせめぎ合いの場であった。

さてインド洋西部海域をめぐる人的移動の源は，主に東部アフリカ（ハバシュ）[2]，アラビア半島[3]，イランであったが，このうちデカン地方において大きな影響力を持ったのはイラン由来の人々である[4]。もちろん，民族的に区分すれば，それが様々な要素から成り立っていたことはいうまでもなく，そのうちの最も主たる要素として，イラン系の人々とトルコ系の人々を挙げることに異論は生じまい。

前者の代表的な人物は，バフマニー朝の宰相として活躍したマフムード・ガーワーン（1481年没）である。カスピ海南西沿岸ギーラーン地方の名家に生まれ，イスラーム世界各地を学問遍歴した後，デカンに渡来してなお，遠くはアナトリアにまで代理人を置いて商業活動に従事し，「商人たちの王」との通称まで得た一方，イスラーム世界各地の文人と交通関係を持ってその学才をとどろかせたこの男の多彩な人物像は，インド洋西部海域を移動したこの時代のイラン系人材を代表している[5]。

またイラン由来のトルコ系の人々も，バフマニー朝以降のデカン社会の展開に重要な役割を果たした。君主や有力者に侍く従僕として，あるいは軍人として渡来した彼らの中には，出世を果たして，政治的権力を手にする者もいた。バフマニー朝から分立したバリード・シャーヒー朝，アーディル・シャーヒー朝，クトゥブ・シャーヒー朝はいずれも，イラン出身のトルコ系の人々によって建設された政治権力である[6]。15世紀以降とりわけ顕著になるこの人的移動が，カラコユンル（1375-1468年），アクコユンル（1378-1508年），サファヴィー朝（1501-1736年）とつづく，イラン北西部の政治的闘争とその敗者たちの離散を要因としていることは，すでにフランスの研究者J.オバンが指摘している。16世紀初頭，インド西海岸に到達したポルトガル人は，インド側の軍団の中に「白人」と「黒人」をしばしば見いだすことになるが，前者はこのような渡来トルコ人の形質的特徴をとらえたものであった[7]。

イラン由来の人的移動には，当然ながら様々な人文上の所産が付随した。本章で検討する記録の多くがペルシア語で残されたことを考慮すると，デカンとイランとの間で共有されていたペルシア文語文化という環境は，とりわけ重要な意味を持っている。南アジアの南部におけるペルシア語詩とこれを持ち込んだペルシア語詩人の例は枚挙にいとまがない[8]。散文に関しても，たとえば上述のマフムード・ガーワーンの手になる書簡の集成および書簡術書が伝世しているが，これらの文献は同人の文才を証明するだけでなく，その宛先に故郷ギーラーンの自らの親類や，ティムール朝時代の大詩人ジャーミーが含まれるなど，当時のペルシア語文化圏の広がりを明らかにする上でも絶好の材料を提供してくれる[9]。さらにデカンのムスリム諸王朝のもとで歴史書を著した者の多くはイラン出身の渡来者であった[10]。以上のような文芸上の所産のみならず，絵画や建築の様式においてもイランにおける所産の影響がデカンに波及していたことが研究者によって指摘されている[11]。
　また，人的移動に随伴した精神的所産が，人的移動の記録に反映していた点で，様々な形のイスラームも重要である[12]。たとえば，クトゥブ・シャーヒー朝の創設者スルターン＝クリーにデカンでの成功を予言して，同地への渡海を促したスーフィー聖者の存在が記録に伝えられている。イラン中央部の都市ヤズドで，この未来の君主に託宣を与えたスーフィー，シャー・ヌールッディーンはイランで尊崇を集めていたスーフィー教団ニィマトゥッラーヒーヤの当主であるが，この教団がバフマニー朝君主アフマド2世(在位1436-58年)による招請の後，デカンで一定の教勢を得ていたことは，イランとデカンのムスリム社会が共有していた精神的環境という点において，この逸話に必須の背景をなしていると考えるべきである。また，デカンにおけるシーア派の普及もイラン史の展開とのあいだに重要な関係を有する。というのもデカンの諸王朝のうち，アーディル・シャーヒー朝，クトゥブ・シャーヒー朝，ニザーム・シャーヒー朝はシーア派を奉じたからである。ただしシーア派受容の詳細な状況については，それぞれの王朝についてさらなる検討を要するし，たとえばアーディル・シャーヒー朝がサファヴィー朝と密接な外交関係を取り結んでいたことは，本章が取り扱う同朝の記録に微妙

な影を落としているように思われる。この王朝において軍団兵士の制式とされていた十二の襞のある赤い帽子がサファヴィー朝のキズィルバシュ(「赤い頭」の意。この帽子を着用したサファヴィー教団信奉者の総称でもある)を踏襲したものであることは明白であるが、デカンのこの王朝によって受容されたものの焦点が、シーア派信仰とサファヴィー朝の政治文化とのいずれであったのかは、今のところ判然としない。

　以上のごとき歴史的状況における人的移動の諸相は、アーディル・シャーヒー朝の展開に最も鮮やかに看取される。それは、上段に述べたとおり、シーア派の受容を含め、この王朝がサファヴィー朝と密接な外交関係を持つに至ったことばかりでなく、同朝がイラン西北部に由来するトルコ系の人々によって担われた政権であったこと、同朝宮廷におけるペルシア語文芸の少なからぬ部分がイラン由来の人々によって担われていたことなどにもよっている。そして、16世紀初頭、インド洋西部海域に参入したポルトガル人が残した記録群も含め、他の王朝に比しても多種多様な記録の数々は、この王朝の由来に関する史実とそこに付着した記憶を考察する上で、格好の材料を提供してくれる。

2. アーディル・シャーヒー朝創設者ユースフの出自に関する記録

　本節では、アーディル・シャーヒー朝の創設者ユースフの出自に関する所伝を、同時代ないし同時代に近い時代に属する史料から抽出し、整理する[13]。以下、各史料の成立年代順に列挙し検討に付する。

1. トメ・ピレス『東方諸国記』(1514-15年成立)[14]

　ポルトガル人トメ・ピレスは16世紀初頭デカン地方の情勢について次のように記している。

　　国王はソルタン・マハムド・シャーと呼ばれている。国王の次にはイダ

ルハン，ニザ・マルムルク，クパル・ムルク，ホダヴァン，ミリキ・ダストゥルがいる。(中略)

　このイダルハンはトルキアのトルコ人 (Turqo de Torquja) である。彼の父は現国王の父の奴隷であったが，国王の父は彼が価値ある人間であることを認め，サバイオに任じた。このサバイオという名称は，官職の名称で[15]，国王の親衛隊の司令官で，王国の半分を統治している。このような任務を持つ者はサバイオと呼ばれる。サバイオの職は王国の要職である。この要職を占める者は非常な大領主であって，彼は国王に対し，国王が必要とするすべての品物を供給する。彼は現在その地位にあるが，彼の父もこの任務についていた。

　さて先代のサバイオは騎士で，たいへん尊敬されていた。彼は40回の戦闘に参加し，30回敗北し，10回勝利を得たということである。彼が死ぬと，その直後に彼の息子がイダルハンと呼ばれるようになった。これは王国の総司令官という意味である。彼は国王を手中に収めている。(中略) これは彼が王国の大部分ですべての白人を彼の支配下に置いているからである。これは特に彼が外国人であり，トルコ人であって，しかもこのような官職を占めているので，傭兵たちが彼のもとに集まったためである[16]。

　引用中の「国王」たる「ソルタン・マハムド・シャー」は，名目上なお存続していたバフマニー朝の君主マフムード・シャー(在位 1482-1518 年)を指している。また「イダルハン」はアーディル・シャーヒー朝の君主が帯びた称号アーディル・ハーンの音写であり，その一族が「彼の父」の時代に渡来したのだというから，その「父」はユースフ，現「イダルハン」はその息子イスマーイールということになる。「トルキア」とはポルトガル語史料においてオスマン朝の支配領域を漠然と指すものと考えられるが，一族の帰属する土地とトルコ人としての血統のいずれを念頭に置いたものかは判然としない[17]。またユースフが「現国王の父の奴隷」だったとすると，その渡来の時期はバフマニー朝ムハンマド3世(在位 1463-82 年)の時代だということになる。

バフマニー朝君主の「奴隷」として渡来したとの所伝は，環インド洋世界におけるイラン由来のトルコ人の移動という，この時代の状況を反映しており，引用文末尾にあるごとく，「外国人」であり「トルコ人」であったユースフが「白人」の「傭兵」たちを糾合したとの所伝とも対応している。インド洋西部海域における「白人」が，ポルトガル語史料においてイラン由来のトルコ人を指したことは上述のとおりである。ただし「サバイオ」を官職の名称だとするのは誤説であり，正しくはこれがイラン西部の都市サーヴァ(テヘランの南西約 100 km に位置する)の出身たることを示すニスバ(帰属表示)，「サーヴァジー」の音写であることは，以下に紹介する諸史料の所伝からも明らかである。いずれにせよピレスの証言は，16世紀初頭のインド西海岸に到来したポルトガル人の耳に届くほど，アーディル・シャーヒー朝創設者の出自説が流布していたことを示している。

2. ジョアン・デ・バロス『アジア史』第2部（1553年出版）[18]

本書の著者バロスは，次項のガルシア・デ・オルタと異なりインドを訪れたことはなかったが，ユースフの出自とデカン渡来の事情についてきわめて詳細な記事を伝えている[19]。それによると，ユースフを「ペルシアの出身」とした上で，その出身地が「Sabá あるいは Savá」という名前の都市であったという。バロスはさらに，ペルシア語のニスバの造語法を解説したあとで「この正しい造語法によれば，我々はこの人物を Sabaij と呼ぶべき」であることを述べる。ユースフの幼少時について，その父親が「貧乏人」で「自分の家の門口で果物を売って生計を立てていた」という。ユースフは幼いうちに「土地の大商人」に売られた。この商人のもとで成人したユースフは，商人から託された「ペルシア馬」20頭とともに，ホルムズ(イラン南部ペルシア湾上の島)港から「インディア」に船出した。この馬取引で大きな利益を上げて帰還したユースフは，主人たる商人からさらに50頭の馬を託されたが，今度は航海中にその3分の2が死んでしまった。「こんな損失を受けたのでは主人のところに帰りにくかったためか，あるいは運命の女神が彼を呼んだためか」，ユースフはペルシアに戻らず，デカン王国にとどまった。彼は

「武器を取るとすぐ奉公に励み始め」，しだいに昇進して，ついにはバフマニー朝君主からグルバルガ（ビーダル遷都以前のバフマニー朝の首都）の町を授けられるまでになった。

3. ガルシア・デ・オルタ『インディアの薬草，薬種，および薬学諸事項に関する対話』（1563年出版。以下本文中では『対話』と略記する）[20]

　1534年から1568年に死去するまでインドに滞在したポルトガル人ガルシア・デ・オルタは，1563年にゴアで出版した自著の中で，アーディル・シャーヒー朝君主を Adelham と記し，「我々は彼を Idalcam と呼んでいる」とした上で，バフマニー朝の遺領に割拠したムスリム諸王たちが「外来人（estrangeiro）」であると述べている[21]。さらに「今日の Adelham の曽祖父」は「民族の上ではトルコ人」であり，「1535年に死去した」と伝える[22]。この著作の出版当時，同朝の君主はアリー・アーディル・シャー1世（在位1558-79年）であり，その曽祖父は確かにユースフであるが，その没年を1535年とするのは明らかに誤説である。とはいえデ・オルタの記事からは，創設者ユースフが「外来」の「トルコ人」であったこと，またその所伝の主旨が上述のピレスのそれと類似していることは読み取れよう。

4. ニザームッディーン・アフマド『アクバル諸章』（1594年成立。以下本文中では『諸章』と略記する）[23]

　ムガル朝において執筆された本書は，インド各地のムスリム政権史の集成たる「インド総合史」であるため，デカン地方のムスリム諸政権についても紙幅を割いている。そして簡潔ながらユースフの出自を伝えるところがあり，それによると彼は「チェルケス人の奴隷（ghulām）」であったという。ただしこの「チェルケス人」が民族上の帰属を意味するのか，出身地がカフカース（コーカサス）地方である人々を指す総称であるのかは判然としない。ユースフはホージャ・マフムード・グルジスターニーなる人物によってバフマニー朝君主マフムード・シャーに売却されたという[24]。

5. サイイド・アリー・タバータバー『事績の明証』(1594 年成立。以下本文中では『明証』と略記する)[25]

　ニザーム・シャーヒー朝君主ブルハーン・ニザーム・シャー 2 世(在位 1591-95 年)に献呈すべく執筆された本書は，バフマニー朝およびニザーム・シャーヒー朝についての歴史書であるため，アーディル・シャーヒー朝についての言及は乏しい。しかしその創設者ユースフの名を「マリク・ユースフ・トゥルク」とするその所伝は，同人の民族上の帰属がトルコ人であることをうかがわせる材料を提供してくれる[26]。

6. ムハンマド・カースィム・フィリシュタ『イブラーヒームの花園』(1606/7 年成立。以下本文中では『花園』と略記する)[27]

　アーディル・シャーヒー朝君主イブラーヒーム・アーディル・シャー 2 世(在位 1579-1626 年)に献呈すべく執筆された本書は，包括的な「インド総合史」としてその後のペルシア語歴史書の範型となった史学史上の重要著作であるが，同朝の叙述に多くの部分を割いていることによって，同朝公式の王朝史としての性格も備えている。

　ユースフの出自の情報源について本書は，ユースフの宰相ギヤースッディーン・ムハンマドの子ミールザー・ムハンマディ・サーヴァなる人物の口伝を挙げる。その所伝は大要，次のとおりである[28]。

　　ユースフはオスマン朝スルタン，ムラト 2 世(在位 1421, 1446-51 年)の次子であり，その兄はスルタン，メフメト 2 世(在位 1444-46, 1451-81 年)であった。ムラト 2 世が没し，メフメト 2 世が即位すると，重臣たちは，政争を避けるべく，兄弟殺しを進言した。メフメトは逡巡した挙げ句にこれを容れるが，その状況を察知した母后が機先を制して，商人ホージャ・イマードゥッディーン・マフムード・グルジスターニーに手配させたチェルケス人奴隷を身代わりにして，ユースフを脱出させた。ユースフは商人マフムードとともにイランをめざし，道中，アルダビール(イラン北部の都市)に立ち寄り，シャイフ・サフィー廟に詣でて道中安全の祈願を行った。

両名はサーヴァに落ち着き，ユースフは商人マフムードの子供たちとともに寺子屋に通った。

ところが，商人マフムードがインドへの商用旅行のために不在であった間に，母后がユースフの消息をたずねて送り出した一行の行動によって，ユースフの素性が露見してしまった。そこで 16 歳になるまで，ユースフはサーヴァの金細工師のもとに身を寄せることになった。しかしサーヴァ代官の手代と揉め事を起こしたため，ユースフはサーヴァを去ることを余儀なくされた。カーシャーン，イスファハーン，シーラーズとユースフは遍歴を重ねたが，サーヴァ代官が更迭されたとの知らせを得たので，シーラーズからサーヴァに戻るつもりになっていた。するとある夜の夢に聖者ヒズルが現れ，インドに向かうようにとのお告げを下したので，ユースフはインドへの渡航を決意した。そしてヒジュラ暦 864 年(1459/60 年)，ユースフは「ジャルーン(ホルムズ島およびそこに営まれた港町の旧名)の港」から渡海し，インド西海岸の港ダーボールに到着した。

この港町で商品の買い付けに従事していた商人マフムードとユースフは再会を果たした。商人マフムードは，知己の間柄であった宰相マフムード・ガーワーンの要求で，バフマニー朝君主ニザーム・シャーの「王のトルコ人マワーリー(主人に対する従属者)」に加えるべく，当時 17 歳のユースフを売却した。その価格は「チェルケス人奴隷二人分」に相当した。

ユースフは，トルコ人奴隷(ghulām)であり，君主の御馬番を務めるアズィーズ・ハーンなる人物の預かるところとなった。その後，マフムード・ガーワーンの引き立てを得て，ユースフは御厩舎長に抜擢された。しかし御厩舎の書記官と折り合いが悪かったため，ユースフは同職を辞して，トルコ人集団の最有力者ニザームッディーン・トゥルクのもとに身を寄せた。

その後，ユースフは数々の戦功を挙げ，ついにはビージャープルの長官に任じられた。

本書『花園』に見られる上記のような貴種流離譚の史実性は，以下のよう

な点から，問題とするに値しない。すなわち，オスマン朝の王位継承における兄弟殺しの慣行，とりわけメフメト2世による兄弟殺しは史実であるが，これを免れた王子がいたことや，その王子が後のユースフであったことなどを，検証に付するだけの材料はない。また同書の著者は自らの情報源が，君主となったユースフの宰相ギヤースッディーン・ムハンマドの子であったというが，そのような枢要な地位にあったはずのこの宰相が，本書のユースフ時代史に現れないことも不審というべきである。さらに本書の所伝の各所には，旧約聖書に登場するヤコブの子ヨセフ（ユースフ）に因んだ比喩表現が頻出するが，これらは，兄弟に追われて異国で出世したヨセフの説話をふまえたものであって，ユースフの貴種流離譚を演出する文学的修辞としては，いささか出来過ぎの感さえある。このように上記の所伝は，何らかの史実に，相当の物語と修辞が付着した結果であると見なすべきである。

またユースフをバフマニー朝君主に売った商人ホージャ・イマードゥッディーン・マフムード・グルジスターニーの名は，『諸章』に登場する商人ホージャ・マフムード・グルジスターニーに同じであると見なせる。はたして本書『花園』がその典拠の一つとして『諸章』に大きく依拠して執筆された事情を考慮すると，このオスマン朝起源説は，『諸章』の所伝に多大な拡張と脚色を施して生み出された可能性さえ疑われよう。

さて，ユースフの売却先について『諸章』がマフムード・シャーとするのに対し，本書はニザーム・シャーとする。しかし後者の治世に御厩舎長という宮廷内務の要職を得たはずのユースフは，その治世に関する本書の記事に現れないし，別の同時代史料『明証』においてもユースフの初出はマフムード・シャー時代の記事である[29]。要するに，ユースフの渡来時期をニザーム・シャー治世とする本書の主張を支持する材料は諸史料の中に見いだせない。本書におけるこのような年代錯誤がオスマン朝君主ムラト2世の王子という付会に整合させる必要から生じていることは疑いなかろう。本書が与える年代の不合理は，ユースフの年齢そのものにもうかがえる。本書の所伝によると，ユースフは16歳のときサーヴァに滞在したあと，ヒジュラ暦864年（1459/60年）にデカンに渡来して，17歳でバフマニー朝君主ニザー

ム・シャーに売却されたというが、その年代と年齢は、彼がヒジュラ暦916年(1510/1年)に75歳で死去した[30]という本書の別箇所での所伝に矛盾する。

　以上のような不合理ゆえ、本書の伝える起源説のディテールのすべてを史実と認めることは困難である。しかしその説話がアーディル・シャーヒー朝公認の出自説として、数々の記憶の中から選び取られ、記録に残されたこと自体はむろん史実と認めるべきである。

7. ラフィーウッディーン・シーラーズィー『諸王の事録』(1611/2年頃成立。以下本文中では『事録』と略記する)[31]

　アーディル・シャーヒー朝宮廷に渡来したイラン出身の文人によって著された本書は、デカン地方史に同時代の北インド史、イラン史の叙述が付随するという独特の形式を備えた歴史書である。筆者が別稿に論じたごとく、本書は、ほぼ同じ時代に同じ環境で執筆された『花園』とは依存関係を持たず、独自の位置にある[32]。そしてユースフの来歴についても、これをアクコユンルの末裔とする独自の伝承が見える[33]。その所伝の情報源について、著者シーラーズィーは、ヒジュラ暦968年(1560/1年)、デカンの町サーガルで、かつてアクコユンル君主ハサン・ベグ(在位1457-78年)の時代、ディヤールバクル(アナトリア南東部の都市およびその地方)に暮らしたアクコユンルの旧臣ハーフィズ・シャムスッディーン・ヒズリーから聴取したものであるという。その内容は大要、次のとおりである。

　ハサン・ベグの姉妹の子アフマド・ベグはサーヴァを領有していたが、彼の息子マフムード・ベグにはユースフ・ベグという息子がいた。アクコユンル君主バーイスングル(在位1490-93年)の治世に起きた争乱で、父が戦死を遂げると、なお幼少のユースフはサーヴァを去り、イスファハーンを経て、シーラーズに到着した。ユースフは同地で5年を過ごし、成年に達した。

　しかし貧困にあえいでいたため、ユースフはインドに渡ることを決意し、ラール(イラン南部の都市)に赴いた。ラールでもユースフは貧困にさいなま

れ，モスクに寝泊まりしていた。するとある夜，夢に老人が現れて，数枚の温かいパンをユースフに手渡すと「デカンに行かねばならない。そこにあなたのパン[34]は焼き上がっているのだから」と言った。

　この託宣を得ると，ユースフは喜び勇んでジャルーン港に向かった。この港町で彼は，バフマニー朝君主マフムード・シャーによって派遣されてきていた商人ホージャ・ザイヌルアービディーン・スィムナーニーに出会った。この商人の購入品が，馬と「トルコ人およびハバシュ人などの奴隷」であることをユースフは目撃した。インド行きの船中，ユースフの眉目秀麗さと頑健ぶりは，一緒に航送されたトルコ人奴隷たちの注目の的であった。

　バフマニー朝領に到着した商人ザイヌルアービディーンは，マフムード・シャーに奴隷たちを納入した。奴隷たちの配属先は君主の財庫，衣料部，飲料部，厨房であり，ユースフの配属先は厨房であった。ユースフはしかし，これに不満であって，出世が見込めないことに嫌気がさして，ラールに舞い戻ってしまった。

　ところがラールの同じモスクで再び夢の託宣を得たので，ユースフはデカンに向かった。そして再び厨房に勤務することになるが，彼は軍人としての活躍を夢見て，弓術，槍術，剣術，格闘術の修練に勤しんだ。そして厨房に訓練所を設け，同輩の奴隷たちとともに格闘術を磨いた。彼らの勇猛ぶりは，首都ビーダルで大いに名を馳せた。かくするうちに，デリーやグジャラートを渡り歩いて連戦連勝の格闘家が首都ビーダルにやって来て，御前試合を所望した。君主が召集した格闘家たちがことごとく敗北した後，御前に現れたユースフはこの難敵をやすやすと撃破した。これによって君主マフムードの目にとまったユースフは，首都の統治官に任じられた。

　『花園』同様，本書の所伝の史実性も疑わしい。1490 年から 1493 年にかけて在位したアクコユンル君主バーイスングル治世の争乱で父親が戦死したことによって，幼少のユースフの遍歴が始まったというその筋立ては，ユースフ当人が 1490 年代からデカンで頭角を現していた史実に整合しない。時

系列のこのような不合理を考慮すれば、ユースフのそれぞれ祖父、父だというマフムード・ベグ、アフマド・ベグなる人物がアクコユンル王家に在証できるか否かという問題は検証するまでもないだろう。

しかし、このような史実性の疑わしさとは別に、アーディル・シャーヒー朝の来歴に関する記憶を宿した説話が16世紀後半のデカンで、イランからの渡来者によって聴取され、記録に残されたことそのものは、認定さるべき史実である。

8. フズーニー・アスタラーバーディー『アーディル・シャーの勝利』(1640/1 年成立)[35]

本書はアーディル・シャーヒー朝君主ムハンマド2世(在位1626-56年)に献呈された、同朝の王朝史である。その典拠には上記『花園』および『事録』が含まれているが[36]、はたしてユースフの経歴に関して本書は、先行するこの二つの史書の両説を併記しているにすぎない。それゆえ問題の両説が17世紀前半における同朝の史学界に認知された史伝であったことを確証してくれる点で本書の所伝は重要な意味を備えているが、それ以外の史料価値を認めることはできない。

3. 15世紀後半インド洋西部海域における人的移動の断面

アーディル・シャーヒー朝の創設者ユースフの来歴に関しては、以上のごとく、多数の所伝が残されており、そこにはその史実性が疑われる内容が含まれているばかりでなく、出来事の細部の事項に合理的な解を導けない場合さえある。たとえば、ユースフのデカン渡来時期という基本的な事柄についてさえ、ニザーム・シャー時代(1461-63年)(『花園』)、ムハンマド3世時代(1463-82年)(『東方諸国記』)、マフムード・シャー時代(1482-1518年)(『諸章』『事録』)と諸説ある。ニザーム・シャー時代説に難があることは前節6.項で述べたごとくであるが、残り二説のいずれかを排除するための積極的な材料はない。

このようにユースフに関する史実の詳細すべてを正確に復原することは困難である。とはいえ、ユースフの来歴にまつわる記憶を真正ならしむべく記録された逸話の数々は、同時代の歴史的状況に確からしく位置付けられるべく、取捨された結果のはずである。それゆえ、その時代にペルシア湾やアラビア海といったインド洋西部海域を経てデカンに到達したイラン由来の人々の移動の断面を、一連の所伝の中に見いだすことは許されるであろう。

　前節に挙げた史料はいずれも、ユースフのデカン渡来の時代を15世紀後半に置いている。またユースフの故地について諸史料には、イラン西部とするもの(『アジア史』『事録』)、オスマン朝領域とするもの(『東方諸国記』『花園』)のほか、「チェルケス人」やグルジスターニー(「グルジア人の土地の出身者」の意)なるニスバを備えた人物の関与など、イラン北方をうかがわせる材料もある(『諸章』『花園』)。それらのうちのいずれが史実であるにせよ、イラン西部からオスマン朝領域に接するアナトリア、そしてイラン北方にわたる地域が15世紀後半において、カラコユンル、アクコユンル、サファヴィー朝という一連の王朝交替の舞台であったことは史実であり、ユースフがそのような時空間に生まれたことは史実として確定できるであろう。

　これらの諸王朝がトルコ系諸族のトゥルクマーンによって担われたことは、ユースフの出自を「トルコ人」とする多数説の背景をなしていると考えられる。ただし、同時代史料がユースフを「トルコ人」と呼んだとき、民族上の帰属、出身地、所属する社会集団(民族以外)のいずれを焦点としたものかは判然としない。「チェルケス人」説についても同様のことがいえ、それゆえこの所伝もユースフの民族的帰属を決定する材料とは認められない。いずれにせよ、当該時代の上記地域に、「トルコ人」をはじめとして「チェルケス人」「グルジア人」などの諸民族の活動が交錯した状況こそ、ユースフの出自をめぐる諸説の錯綜を説明する材料と見られるべきであって、さすればこそ、オスマン朝王子の身代わりにチェルケス人奴隷が用いられた、という『花園』の逸話も成り立つのである。

　さて本章の冒頭に述べたごとく、15-16世紀のイラン北西部およびその周辺地域において生じた王朝交替とこれに伴う政治変動は、その担い手たるト

ルコ人やチェルケス人等の離散と移動をもたらした。ユースフの幼少期をめぐる諸説は明らかにそのような歴史的環境を反映している。父親を戦乱でなくし孤児となったとの所伝(『事録』)は，その一族がアクコユンル王家に属していようといまいと，その時代の政治的闘争に敗れて離散を余儀なくされた人々の存在を示しており，当人やその一族が貧窮にあえいでいたとの所伝(『アジア史』『事録』)もまた，闘争の敗者たちがたどった苦難を反映しているものと考えられる。『花園』に記録された王朝公認の出自説についても，オスマン朝王子という血筋の設定を度外視すれば，社会的成功から排除された男子という，他と変わらぬ構図を取り出すことができるだろう。

さらに，困難な境遇からユースフが身を起こしたきっかけとして諸説に共通するのは，彼自身が「売られた」ことである。その売却先について，「土地の大商人」(『アジア史』)あるいはバフマニー朝君主(『東方諸国記』『諸章』『花園』『事録』)に諸説は分かれる。そのいずれを史実と認めるかの決定的な材料はないが，ユースフがデカンに定着するに至る経緯を合理的に説明してくれるのは，商売の失敗に帰する前者の説よりも，王国家臣としての取り立てに帰する後者の方であろう。

なお後者の説のうち，ペルシア語史料はユースフが「奴隷」ないし「マワーリー」の一人として売られたと伝える(『花園』『事録』)。しかしユースフがオスマン朝ないしアクコユンルの末裔であるとの主張や，シャイフ・サフィー廟を参詣したとの所伝は，当人が売却以前にムスリムであったことを示唆するため，イスラーム法上，ユースフは「奴隷」たり得ないことになる。であれば，上記の史料用語が法的身分ではなく，当人の社会的地位ないし機能を含意して，「しもべ」の意味で用いられた文学的表現であった可能性もあるが，筆者にはその問題を十分に検討する用意がない[37]。いずれにせよ同時代南アジアの著者たちにとって，ムスリムが「奴隷」として「売却」される，という筋立てが支障を覚えさせる物語でなかったことは明白である。

さてユースフの出世が軍人としての成功に帰されることは，いずれの所伝においても共通する要素であろう。『東方諸国記』および『アジア史』の記事において，ユースフが軍人として頭角を現したことはあまりにも明瞭で

あって，議論の余地がない。一方『事録』には，ユースフが厨房に詰める宮廷奴隷として奉職していた旨の記事があるが，ユースフがその地位に不満であったこと，そして軍人としての活躍を夢見て武術を磨き，自らの野望を果たしたことは，トルコ人渡来者の栄達が主に軍事的成功にかかっていたデカン地方の歴史的状況を反映しているものと考えるべきである。

　もちろん『事録』の記事は，軍人として栄達を果たすまでの前歴として，君主の近臣としての働きが意味をなしたことをも示しており，その点では，王室御用の軍馬管理という宮内の職務を担ったことを伝える『花園』の記事も同義の所伝と解釈すべきであろう。

　また馬商人としての活動を描く所伝（『アジア史』）と，軍馬管理官としての活動を描く所伝（『花園』）はいずれも，ペルシア湾およびアラビア半島といった西アジア諸地域からインド洋西部海域を経て南アジア各地へと軍馬が舶送されていた当時の状況を反映していると考えられる。軍馬の輸出が，軍事的側面を備えたこのような人々の移動と密接な関係を有していたことは何ら不思議ではない[38]。ユースフを買い取った商人が，同時に馬を購入していたとの所伝（『事録』）にも同じ意味を読み取ることができよう。確かに，馬商人あるいは軍馬管理官のうちいずれの経歴がユースフをめぐる史実であるかを確実には判断できない。とはいえ，ローディー朝やスール朝など，馬商から身を起こした軍人が政治権力を握った南アジア史上の事例[39]を考慮すれば，この二つは決して矛盾する経歴ではなく，むしろきわめて親近性の高い間柄にあるものと見なすことができる。それゆえ，史実がいずれであるにせよ，一連の所伝は，デカンへの軍馬と軍人の移動というインド洋海域の歴史状況を照らし出す材料であると考えられるのである。

　さらに一連の叙述には，インド洋海域という歴史的空間の別の断面が記録されている。それは聖者ヒズルの登場である（『花園』）。ヒズルはモーセに謎をかける聖者としてコーランに登場するため，イスラーム世界のさまざまな古典文献のみならず民間信仰にも頻出する登場人物となっている。一方ヒズルがインド洋海域の各地で，航海安全の利益をもたらす海の守護聖者として民間の信仰を集めていたことが知られている[40]。それゆえ，夢でのヒズルの

託宣がインド渡航とその後の成功を導く瑞兆という筋立てを取るこの所伝は，インド洋海域におけるヒズル尊崇の新たな一事例を付け加えるものと解釈すべきである[41]。

なおユースフがその遍歴の途上，サファヴィー教団の名祖シャイフ・サフィーの聖廟に参詣し，奉納を献じていることは注目されるべきである。それは，ユースフが創設したアーディル・シャーヒー朝がサファヴィー朝と同じくシーア派（十二イマーム派）を奉じるとともに，サファヴィー朝と密接な外交関係を維持したからである[42]。ただし，この所伝が含まれるユースフのトルコ脱出物語自体が，史実性を疑われるので，アーディル・シャーヒー朝とサファヴィー朝，ないしシーア派信仰との親密さの由緒を説明する証拠としてこの参詣の所伝を解釈することはできない。むしろこの所伝が，17世紀初頭にアーディル・シャーヒー朝で編纂された歴史書に含まれていることを考えると，その時期までにこの王朝が確立させていたシーア派信仰やサファヴィー朝との密接な関係を，後付けで説明する材料として新たに持ち出されたものと考える方が，自然ではなかろうか。

おわりに

15世紀から16世紀にかけて，イラン西北部から離散した人々の移動に付着した記憶の数々は，デカン地方においていくつかの記録に残された。アーディル・シャーヒー朝の出自をめぐる諸説はそのような記録の一例である。南アジアにおけるこの種の出自説はこれにとどまらず，たとえばクトゥブ・シャーヒー朝はカラコユンルの末裔であることを主張したし，ムガル朝君主アクバルおよびジャハーンギール時代の有力貴族で，『バーブル・ナーマ』ペルシア語訳の作者としても知られるアブドゥッラヒームの系譜もカラコユンル王家に遡るとされている[43]。これらの出自の記憶がそれぞれ記録に留められた事実は，同時代の南アジア社会が，一定のリアリティを覚えてその内容を受けとめるだけの歴史的背景を備えた環境であったことを意味している。このようにイラン西北部に由来するトルコ系の人々の渡来と栄達という状況が，近世のデカン史を形づくる確かな要素であったことを，一連の記録は明

らかにしているだろう。

1) Richards, J. F., "Early Modern India and World History," *Journal of World History*, 8, 1997, pp. 197-199.
2) ハバシュ出身の人々(Ḥabashī)の南アジアへのまとまった移動が始まった時期を示す証拠は乏しい。デリー政権の女性君主ラズィーヤ(在位 1236-40 年)が重用したハバシュ人奴隷の例は、ハバシュからの人的移動を暗示する最も年代の早い証拠である[Minhāj-i Sirāj Jūzjānī, *Ṭabaqāt-i Nāṣirī*, Ḥabībī, 'A. ed., Kābul: Anjuman-i Tārīkh-i Afghānistān, 1963/4-64/5 (repr. Tehran: Dunyā-yi Kitāb, 1984/5), i, pp. 460-461; ii, pp. 21-22]。14-15 世紀においては、デリー政権のみならずグジャラート、デカンなどでも、君主の近習や軍人として活動するハバシュ人の存在を確認できる。特に 15 世紀後半のベンガル地方では、イルヤース・シャーヒー朝によって登用されたハバシュ人たちが実権を握り、1487 年から 1493 年までの間、4 代にわたってハバシュ人の君主が出た。デカンにおけるハバシュ人の活動の代表例は、ニザーム・シャーヒー朝の宰相マリク・アンバルである。この人物についての研究としては Shyam, R., *Life and Times of Malik Ambar*, Delhi: Munshiram Manoharlal, 1968; Tamaskar, B. G., *The Life and Work of Malik Ambar*, Delhi: Idarah-i Adabiyat-i Delli, 1978 があり、Eaton, R. M., *The New Cambridge History of India, I. 8: A Social History of the Deccan, 1300-1761: Eight Indian Lives*, Cambridge: Cambridge University Press, 2005 もマリク・アンバルについて章を割いている。その他、南アジア史上のハバシュ人については Ali, S. S., *The African Dispersal in the Deccan*, New Delhi: Orient Longman, 1995; Pankhurst, R., "The Ethiopian Disapora to India: The Role of Habshis and Sidis from Medieval Times to the End of the Eighteenth Century," Jayasuriya, S. D. S. and R. Pankhurst eds., *The African Diaspora in the Indian Ocean*, Trenton/Asmara: Africa World Press, 2003, pp.189-221; Alpers, E. A., "Africans in India and the Wider Context of the Indian Ocean," Catlin-Jairazbhoy, A. and E. A. Alpers eds., *Sidis and Scholars: Essays on African Indians*, Delhi: Rainbow Publishers, 2004, pp. 27-39 などがある。
3) アラビア半島出身者のまとまった移動の形跡は、15 世紀から 16 世紀初頭にかけてのデカン、グジャラート、ベンガルなどに見いだせる。ベンガルにおいて同世紀末に成立したフサイン・シャーヒー朝創設者を、アラブ人集団を率いたサイイドとする説もある[Ali, M. M., *History of the Muslims in Bengal: vol. 1. A. Muslim Rule in Bengal (600-1170/1203-1757)*, Riyadh: Imam Muhammad Ibn Saʻūd Islamic University, 1985, pp. 184-191]。学者・文人の移動については、Desai, Z. A., "India and the Near East during 13th-15th Centuries," Zaidi, S. A. J. ed., *Malik Ram Felicitation Volume*, New Delhi: Malik Ram Felicitation Committee, 1972, pp. 209-227; Vallet, É., "Les sultans rasūlides du Yémen, protecteurs des communautés musulmanes de l'Inde (VIIe-VIIIe/ XIIIe-XIVe siècles)," *Annales Islamologiques*, 41, 2007, pp. 149-176 などがある。16 世紀以降の動向、とりわけアイダルース家をはじめとするハドラマウト出身の人々に

ついては, Desai, Z. A., "Relations of India with Middle-Eastern Countries during the 16th-17th Centuries," *Journal of the Oriental Institute*, 23(1/2), 1973, pp. 75-106; 栗山保之「16~17世紀におけるハドラマウトの人々の移動・移住活動」『西南アジア研究』61, 2004年, 47-66頁など。

4) 南アジアにおけるイラン出身者の活動に関する従来研究の概観は, 真下裕之「17世紀初頭デカン地方のペルシア語史書 *Taḏkirat al-Mulūk* について」近藤信彰編『近世イスラーム国家史研究の現在』東京外国語大学アジア・アフリカ言語文化研究所, 2015年, 197-198頁を参照のこと。

5) マフムード・ガーワーンに関する基礎的研究としては Sherwani, H. K., *Maḥmūd Gāwān: The great Bahmani wazir*, Allahabad: Kitabistan, 1942 があるが, その多重的な人物像をインド洋西部海域という歴史的空間の中でとらえようとしたオバンの試みを継承する研究はいまだに現れていない[Aubin, J., "Marchands de Mer Rouge et du Golfe Persique au tournant des 15ᵉ et 16ᵉ siècles," Lombard, D. and J. Aubin eds., *Marchands et hommes d'affaires asiatiques dans l'Océan Indien et la Mer de Chine: 13ᵉ-20ᵉ siècles*, Paris: École des Hautes Études en Sciences Sociales, 1988, pp. 83-90]。マフムード・ガーワーンがブルサに置いた代理人については, Inalcik, H., "Bursa and the Commerce on the Levant," *Journal of the Economic and Social History of the Orient*, 3(2), 1960, p. 141.

6) このようなトルコ人軍人が, 南アジアのムスリム諸国家のみならず, 非ムスリム国家たるヴィジャヤナガル王国にさえ奉職していたことはすでに指摘されている[Wagoner, P. B., "Harihara, Bukka, and the Sultan," Gilmartin, D. and B. Lawrence eds., *Beyond Turk and Hindu: Rethinking Religious Identities in Islamicate South Asia*, Gainesville: University Press of Florida, 2000, pp. 317-318]。このことは, 西アジアに由来する人的移動の波動が, 必ずしもイスラーム化の波動を意味しなかったことを示す材料として注意されるべきである。なおヴィジャヤナガル王国時代, その王都に造営されたモスクの遺構が知られているが[Michell, G., "Migrations and Cultural Transmissions in the Deccan: Evidence of Monuments at Vijayanagara," Parodi, L. E. ed., *The Visual World of Muslim India: The Art, Culture and Society of the Deccan in the Early Modern Era*, London: I. B. Tauris, 2014, pp. 79-95], この王国におけるムスリムの居住と同国におけるイスラーム化の進展とはむろん別問題である。

7) Aubin, J., "Le royaume d'Ormuz au début du XVIᵉ siècle," *Mare Luso-Indicum*, 2, 1973, pp. 175-178.

8) たとえば, イランから南アジアに渡来した詩人の伝記を集成した研究書 Gulchīn Ma'ānī, A., *Kārwān-i Hind*, 2 vols., Mashhad: Mu'assasah-i Chāp wa Intishārāt-i Āstān-i Quds-i Riżavī, 1990/1 を参照のこと。また Hadi, N., *Dictionary of Indo-Persian Literature*, New Delhi: Indira Gandhi National Centre for Arts, 1995 も参考の価値がある。デカンに関連する個別研究としては Ahmad, N., *Zuhuri, Life and Works*, Allahabad: Khayaban, 1953; Siddiqua, N., *Persian Language and Literature in Golconda(During the Qutb Shâhî Reign A. D. 1518-1687)*, New Delhi: Adam Publishers & Distributors,

2011などがある。
9) Chānd, S. and G. Yazdānī eds., *Riyāż al-Inshā'*, Hyderabad: Dār al-Ṭabʻ-i Sarkār-i ʻĀlī, 1948; Maʻdankan, M. ed., *Manāẓir al-Inshā'*, Tehran: Farhangistān-i Zabān va Adab-i Fārsī, 2002/3. これらのインシャー文献を用いた研究としては Nayeem, M. A., "Foreign Cultural Relations of the Bahmanis(1461-81 A. D.)(Gleanings from Mahmud Gawan's Riyazul Insha)," Joshi, P. M. and M. A. Nayeem eds., *Studies in the Foreign Relations of India (From Earliest Times to 1947) Prof. H. K. Sherwani Felicitation Volume*, Hyderabad: State Archives, Government of Andhra Pradesh, 1975, pp. 390-404; Popp, S., "Persische diplomatische Korrespondenz im Südindien des 15. Jahrhunderts," *Zeitschrift der Deutschen Morgenländischen Gesellschaft*, 162(1), 2012, pp. 95-125; 杉山雅樹「ティムール朝末期における書簡作成の規定と実践―― *Makhzan al-Inshā'* の記述を基に」『オリエント』56(1), 2013年, 71-83頁など。マフムード・ガーワーンの周辺における史家・文人の活動を活写した優れた研究は, Aubin, J., "The Secretary of Mahmud Gavan and His Lost Chronicle," *Journal of Research Society of Pakistan*, 1, 1964, pp. 9-13; Aubin, J., "Indo-islamica I. La vie et l'œuvre de Nīmdihī," *Revue des Études Islamiques*, 34, 1966, pp. 61-81.
10) そのような歴史書の一例である *Taḏkirat al-Mulūk* に関する文献学的研究が真下の前掲論文(2015年)である。
11) 絵画に関しては Michell, G. and M. Zebrowski, *The New Cambridge History of India. I: 7. Architecture and Art of the Deccan Sultanates*, Cambridge: Cambridge University Press, 1999 など。建築に関しては, たとえば Hillenbrand, R., "Persians Abroad: The Case of the Jamiʻ Masjid of Gulbarga," Porter, V. and M. Rosser-Owen eds., *Metalwork and Material Culture in the Islamic World: Art, Craft and Text. Essays Presented to James W. Allen*, London/New York: I. B. Tauris, 2012, pp. 155-168.
12) 従来研究の概観については, 真下(2015), 197-198頁を参照のこと。
13) ユースフの出自に関する所伝の重要性についてはオバンが簡単にふれており[Aubin, "Le royaume d'Ormuz," p. 176], 筆者も言及したことがあるが[Mashita, H., "A Historiographical Study of the So-Called *Aḥwāl-i Asad Bīg*," *Zinbun: Annals of the Institute for Research in Humanities, Kyoto University*, 36(1), 2003, p. 84, n. 59], 網羅的な整理・分析はいまだ行われていない。
14) 以下の引用は, 生田滋・池上岑夫・加藤栄一・長岡新治郎訳『東方諸国記』岩波書店, 1966年に拠ったが, その底本たるロンドン版(Cortesão, A. trans. and ed., *The Suma Oriental of Tomé Pires*, 2 vols., London, 1944), およびリスボン所在の写本を底本としたマカオ版(Loureiro, R. M. ed., *O manuscrito de Lisboa da "Suma Oriental" de Tomé Pires (Contribução para uma edição crítica)*, Macau, 1996)を参照して, 必要のある箇所については訳文を改めた。本書の成立年代については, 生田滋「解説」『東方諸国記』, 24-25頁を参照のこと。
15) 「官職の名称で」に当たる部分をロンドン版は he nome de siao と作るが, これが校訂の誤りで, 同版の底本たるパリ写本には he nome dofficio とあり, マカオ版の底本

たるリスボン写本も hé nome de ofiçio となっていることについてはロウレイロが指摘している［Loureiro ed., *O manuscrito*, p. 90, n. 212］。
16）『東方諸国記』, 121-122 頁 ; Cortesão trans. and ed., Vol. ii, pp. 370-371; Loureiro ed., pp. 90-91.
17）「トルキアのトルコ人（Turqo de Torquja）」はロンドン版による［Cortesão ed., Vol. ii, p. 371］。ロンドン版の本文が出身地を説明しているのに対し，マカオ版の本文は「民族の上ではトルコ人（Turquo per nação）」と民族上の帰属を説明している点で［Loureiro ed., p. 90］，所説の焦点を異にしている。
18）本書の刊本と翻訳は以下のとおり。João de Barros, *Ásia*, Segunda década, Lisboa: Germão Galharde, 1553; Baião, A. ed., continued by L. F. Lindley Cintra, Lisboa: Imprensa Nacional-Casa da Moeda, 1974, repr. Imprensa Nacional-Casa da Moeda, 1988; 生田滋・池上岑夫訳『アジア史』全 2 巻，岩波書店，1980-81 年.
19）*Ásia*, Segunda década, fols. 61v-62r; Baião ed., pp. 195-196;『アジア史』, 第 1 巻, 409-410 頁。
20）本書の刊本は，Conde de Ficalho ed., *Coloquios dos simples e drogas da India por Garcia da Orta*, Lisboa: Imprensa Nacional, 1891, repr. Imprensa Nacional-Casa da Moeda, 1987.
21）*Coloquios*, Vol. i, pp. 120-121.
22）*Coloquios*, Vol. i, p. 122.
23）本書の刊本は Aḥmad, Niẓām al-Dīn, *Ṭabaqāt-i Akbarī*, De, B. and M. H. Ḥusayn eds., 3 vols., Calcutta: The Asiatic Society of Bengal, 1913-41.
24）*Ṭabaqāt-i Akbarī*, Vol. iii, p. 77.「インド総合史」については，真下裕之「インド・イスラーム社会の歴史書における「インド史」について」『紀要(神戸大学文学部)』38, 2011 年，57-60 頁を，『諸章』の成立年代については，真下裕之「*Akbar Nāmah* と *Ṭabaqāt-i Akbarī*：manṣab 制度史研究序説」『西南アジア研究』51, 1999 年, 56-57 頁を参照のこと。
25）本書の刊本は，Ṭabāṭabā, S. 'A., *Burhān-i Ma'āṯir*, Hāshimī, S. ed., Ḥaydarābād-i Dakan: Majlis-i Makhṭūṭāt-i Fārsiyyah, 1936.
26）*Burhān-i Ma'āṯir*, p. 144.
27）本書の刊本は，Firishtah, Muḥammad Qāsim, *Gulshan-i Ibrāhīmī*, Briggs, J. and M. Kh. 'A. Kh. Mushtāq eds., 2 vols., Munba'ī & Pūnah, 1832.
28）*Gulshan-i Ibrāhīmī*, Vol. ii, pp. 1-5.
29）*Burhān-i Ma'āṯir*, p. 144.
30）*Gulshan-i Ibrāhīmī*, Vol. ii, p. 201.
31）本書の底本として本章では次の写本を用いた。Shīrāzī, Rafī' al-Dīn Ibrāhīm, *Taḏkirat al-Mulūk*, Ms. Hist. no. 142, Salar Jung Museum, Hyderabad. この写本の優等性や本書の成立年代など文献学上の諸問題については，真下（2015）を参照のこと。
32）真下（2015），214-215 頁。
33）*Taḏkirat al-Mulūk*, fols. 15r-18r.

34)「パン」はこの文脈では「食いぶち」ひいては「食いぶちを保証する社会的成功」を意味しているだろう。
35) 本書の底本として本章では次の写本を用いた。Fuzūnī Astarābādī, *Futūḥāt-i 'Ādil Shāhī*, Ms. Add. 27251, British Library.
36) *Futūḥāt-i 'Ādil Shāhī*, fol. 12r.
37) ティムール朝の事例に照らしてこの問題を詳細に検討しているのは，久保一之「ミール・アリーシールの家系について——ティムール朝における近臣・乳兄弟・譜代の隷臣・アミール」『京都大学文学部研究紀要』53, 2014年, 141-233頁(特に189-206頁)。またイスラーム世界全般の諸問題については，清水和裕『イスラーム史のなかの奴隷』山川出版社, 2015年が参考になる。
38) 当該時代の南アジアにおける軍馬と海路による軍馬輸入については，先駆的な研究である Digby, S., *War-Horse and Elephant in the Dehli Sultanate: A Study of Military Supplies*, Oxford: Orient Monographs, 1971 のほか, 家島彦一「モンゴル帝国時代のインド洋貿易——特に Kīsh 商人の貿易活動をめぐって」『東洋学報』57(3/4), 1976年, 289-328頁; Aubin, J., "Un voyage de Goa à Ormuz en 1520," *Modern Asian Studies*, 22(3), 1988, pp. 417-432; Stephen, S. J., "The Nayaks of Tamil Country and Portuguese Trade in War-Animals," Malekandathil P. and J. Mohammed eds., *The Portuguese, Indian Ocean and European Bridgeheads 1500-1800: Festschrift in Honour of Prof. K. S. Mathew*, Tellicherry: Institute for Research in Social Sciences and Humanities of MESHAR, 2001, pp. 212-222; Mohebbi, P., "Techniques of the Transportation of Horses from the Persian Gulf to India," Pourjavady N. and Ž. Vesel eds., *Sciences, techniques et instruments dans le monde iranien(X^e-XIXe siècle)*, Tehran: Presses Universitaires d'Iran/Institut français de recherche en Iran, 2004, pp. 361-376 および Kauz, R. *et al.* eds., *Pferde in Asien: Geschichte, Handel und Kultur*, Wien: Verlag der Österreichische Akademie der Wissenschaften, 2009 所収の Kauz, R., "Horse Exports from the Persian Gulf until the Arrival of the Portuguese," pp. 129-135 と Loureiro, R. M., "Portuguese Involvement in Sixteenth Century Horse Trade through the Arabian Sea," pp. 51-59 など。またタミルナードゥ州所在のヒンドゥー寺院の壁画(16世紀末)に軍馬と騎兵の舶載・入港の模様を見いだしたのは，Deloche, J., "Études dur la circulation en Inde. III. Le bateau de Tiruppuṭaimarutūr(Sud de l'Inde)," *Bulletin de l'École Française d'Extrême-Orient*, 72, 1983, pp. 1-10, pls. i-viii である(問題の壁画は pl. i)。
39) Alam, M., "Trade, State Policy and Regional Change: Aspects of Mughal-Uzbek Commercial Relations, c. 1550-1750," *Journal of the Economic and Social History of the Orient*, 37(3), 1994, p. 210; Gommans, J. J. L., *The Rise of the Indo-Afghan Empire, c. 1710-1780*, Leiden: E. J. Brill, 1995, pp. 16-17, 99-101, 113-135.
40) 家島彦一「ムスリム海民による航海安全の信仰——とくに Ibn Baṭṭūṭa の記録にみるヒズルとイリヤースの信仰」『アジア・アフリカ言語文化研究』42, 1991年, 117-135頁(家島彦一『海域から見た歴史』名古屋大学出版会, 2006年の第 VI 部第2章に「インド洋と地中海を結ぶ海の守護聖者ヒズル」として増補)。南アジアでは

ヒズルが在来の水神信仰と習合して、ヒンドゥー教徒の尊崇を集めている事例も報告されている[Dames, M. L., "Khwādja Khiḍr," *Encyclopaedia of Islam, Second Edition*, Brill Online]。

41)『事録』の所伝のうち、夢の託宣が無名の老人によって与えられていること、および、ユースフに示唆された渡航先がデカンに特定されている点は、『花園』の所伝と異なっている[*Taḏkirat al-Mulūk*, fol. 16r]。この所伝をもヒズル尊崇の反映と見るべきか否かは、判断できない。

42) アーディル・シャーヒー朝のシーア派信仰をめぐる問題については、Savory, R. M., "The Shī'ī Enclaves in the Deccan (15th-17th Centuries): An Historical Anomaly," Robbins E. and S. Sandahl eds., *Corolla Torontonensis: Studies in Honour of Ronald Morton Smith*, Toronto: TSAR, 1994, pp. 173-190; Mitchell, C. P., "Sister Shi'a States? Iran and the Deccan in the 16th Century," *Deccan Studies*, 2(2), 2004, pp. 44-72. また同朝とサファヴィー朝との外交関係については Ahmad, N., "Ādilshāhī Diplomatic Missions to the Court of Shāh 'Abbās," *Islamic Culture*, 43(2), 1969, pp. 143-161; Nayeem, M. A., *External Relation of the Bijapur Kingdom, 1489-1686 A. D.: A Study in Diplomatic History*, Hydarabad: Bright Publications, 1974.

43) クトゥブ・シャーヒー朝をはじめとする南アジアのカラコユンル系譜説について、筆者は別稿で論じる予定である。

第3章　マンギト朝政権の対シーア派聖戦とメルヴ住民の強制移住

木村　暁

はじめに

　本章では近世アジアの陸域を舞台に起こった，ある特徴的な移住の例を取り上げる。その移住とは，18世紀の第4四半世紀にイランと中央アジアという二つの地域にまたがって展開したものであり，移住のベクトルはメルヴ（現トルクメニスタン共和国の一都市）からブハラ（現ウズベキスタン共和国の一都市）へと伸びていた。重要な点を先取りしていえば，それは事実上の強制移住であった。ブハラに首府をおくスンナ派のマンギト朝政権（1756-1920年）が聖戦の名のもとにメルヴを軍事的に征服し，同地のシーア派住民を説き伏せて集団的に連行したというのが，出来事の大枠の構図である。すでにここからはこの強制移住に一種の宗派原理が介在したことを看取できるが，では，その宗派原理はいかなる背景のもとで持ち出され，いかに機能したのだろうか。本章でまず考えたいのはこの点であり，第1節と第2節では強制移住の主体と客体における宗派の相違に留意しながら，移住のメカニズムと実相に光を照射する。シーア派を敵視するマンギト朝の治下ではシーア派禁制がしかれていたが，そのような中で移住者がどのように受けいれられ，また移住者自身の側がどのように対処したのかが，問題を読み解く上で一つの鍵となるだろう。つづく第3節では，移住者が移住先の社会と文化に与えた影響を検討する。メルヴ人のプレゼンスと活動はやがてブハラにおける宗派関係と政治状況にも重大な影響を及ぼすことになるが，その様相にも光を当ててみたい。

より俯瞰的に問題を見すえるならば，この大規模な人の移動に働いた力学は，スンナ派とシーア派（十二イマーム派）の関係が新局面を迎えた近世という時代性——イランにおけるサファヴィー朝(1501-1736年)の成立に端を発する宗派対立の政治化とその持続——と密に連関するといってよい。「異宗派の障壁」論[1)]から距離をおくべきことはもちろんだが，一方でまた，政治権力と宗教（宗派）とが一対一で対応・結合するという前近代的等式が，結果として現行の国境線に痕跡をとどめている事実は意味深長である。同時に，この強制移住に端を発する一連の事件は爾後の，メルヴの都市としての運命を大きく左右することになる。すでに当時，政治的な意味でもエスニックな意味でも拡大を遂げつつあったトルキスタンは，「イランの地」の一角をなすと目されてきたこの都市を無理なく包摂するだろう。それは不可逆的に進む歴史的イランの縮小——ホラーサーンの分断——のプロセスにおけるきわめ

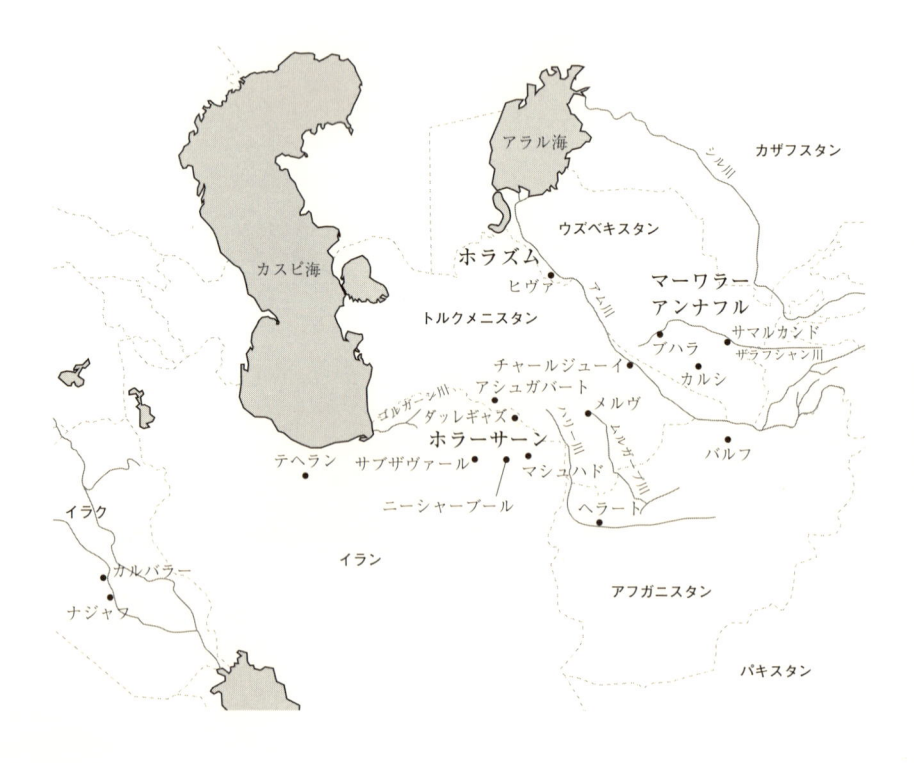

て印象的な一幕と言えるかもしれない。本章では，このような大局的視座からも強制移住の歴史的意義を問い直すことにしたい。それにより，中央アジア・イラン間の境域の複層的な成り立ちを通時的かつ客観的に理解する手掛かりが得られるだろう。

史料についてもふれておこう。本章の考察に主に用いるのは同時代人の残した叙述史料であり，それはブハラ側の視点から書かれた散文・韻文の歴史書[2]，および西洋人の手になる旅行記や観察記[3]から構成される。このほか，イラン側の視点から書かれた著作[4]や，前後の時代，多くは後代に書かれた叙述史料[5]も補完的に用いることにする。諸史料におおよそ共通して言えるのは，第一に，ブハラ軍の行ったメルヴ征服と強制移住がきわめて重大な事件として描かれていることであり，第二に，当時にあっては宗派の違いが政治的に大きな意味をもち，それにまつわる偏見ないし予見がときとして増幅を伴いながら表現されていることである。異宗派信徒の強制移住は移住先での矛盾や摩擦の生起をただちに予想させるが，それがいかに回避され得たかについても史料は語ってくれるはずである。

1. マンギト朝政権下のスンナ派正統主義とシーア派禁制

1. マンギト朝のスンナ派正統主義イデオロギー

18世紀前半の中央アジアは内憂外患の激動に直面していた。ブハラに都をおくアシュタルハーン朝（1599-1747年）（別名ブハラ・ハン国）が内訌で弱体化する中，北方草原地帯からの遊牧民の侵入と劫掠，相次ぐ騒乱と飢饉に見舞われたマーワラーアンナフル[6]は，イランのナーディル・シャー[7]（在位1736-47年）の侵攻を受け，1740年から約7年間その支配下に置かれた。ナーディル・シャーの暗殺後，ブハラ・ハン国は再び自立するが，ハン国の軍事貴族層を構成するウズベク諸部族のうち，マンギト部族の最高実力者がアシュタルハーン朝のチンギス裔のハン（君主）を廃して自ら統治者となり，新たにマンギト朝を興した。

中央アジアでは従来，チンギス・カンの男系の血統に連なることが支配者

の絶対条件とされてきたが，非チンギス裔のマンギト朝政権はその点で，支配の正統化のあり方を独自に模索しなければならなかった。また同政権にとっては，長年にわたる争乱で著しく荒廃・疲弊した社会の復興と中央集権化が急務であった。こうした政治課題に正面から取り組んだのが，シャームラード[8](在位 1785-1800 年)である。彼は第2代君主ダーニヤール・ビー(在位 1759-85 年)の長子にして後継者であったが，すでに父の治世後期から執政を任され，おそらくは遅くとも 1770 年代後半には行財政・司法・軍事の全般にわたって国政を取り仕切っていた。彼は執政期から一連の諸改革を断行したが，その際，改革の旗印の役割を果たしたのがスンナ派正統主義というイデオロギーであった。

　当時マーワラーアンナフルでは，現下の政治・社会的混乱は「シャリーアとハキーカ」[9]の弱化に起因するのだから正しい信仰の道(タリーカ)に立ち戻らねばならない，との立場をとるスーフィズムの思想潮流が力を得ていた。そのような主張を特に熱心に行ったのは，インドのスーフィー，アフマド・スィルヒンディー(1624 年没)の系譜に連なるナクシュバンディーヤ・ムジャッディディーヤ[10]のシャイフ(スーフィズムの導師)たちであった。ムジャッディディーヤの教義の特徴は，スンナ(預言者ムハンマドの言行)とシャリーアの強調・遵守，ならびに，シーア派(特に十二イマーム派)の敵視にあった[11]。シャームラードはムジャッディディーヤに入信し，その教義を自ら実践するのみならず，為政者として政策を実施する中で社会生活に広くこれを適用・普及させようと努めた[12]。彼はまさにこうした脈絡の中でスンナ派正統主義を標榜したのである。

　シャームラードが着手した諸改革は都市の復興を主眼としていた。彼は国内平定のために軍事遠征を精力的に行い，服属させた集団を徙民(しみん)として連行し，新住地においてそれぞれに役割を課した。こうした強制移住政策(徙民政策)は，ちょうどこの時期に再編の進んだ各都市の街区の名称や住民構成にも痕跡をとどめている[13]。このほか彼は宗教施設の機能再生とワクフ復旧，貨幣改革，治水・灌漑施設の整備，通商・農業振興にも取り組んだ。これらの改革の成果は着実に実を結び，ブハラやサマルカンドなど，領内の都市の

経済・文化活動はしだいに活況を取り戻していった。

　ダーニヤール・ビーの末子で歴史家のムハンマド・ヤアクーブによれば，「彼[ダーニヤール]の治世初期にはビドア[14]と旧弊がはびこっていた。彼の晩年にはすべての不正は消え去っていた」とされる[15]。同じ歴史家はこの刷新を担った兄シャームラードを高く評価し，彼の「尽力によりイスラームが活力を得た」とも述べている[16]。実際，シャームラードの治世にブハラは中央アジアのスンナ派イスラーム教学の中心地として復興し，マドラサにおける学問研究はヴォルガ・ウラル地域をはじめとする遠隔地からの多数の留学生にも支えられて，「教育ブーム」と呼ばれるほどの盛況を呈するまでとなっていた[17]。こうした状況が政治とけっして無縁でなかったことは，カザフ遊牧民の首長に宛てたシャームラードの書簡(1202(1788)年付)に見える，ブハラの宗教的権威への承順をうながす言葉からもうかがえる。

　　我らには今や知の源泉がある。ウズベク，タジク，アラブ，トルクメンの
　　いずれの民のうちからも，多くの者が我らの学府に学んでいるというのに，
　　かくも数多き民であるそなたらのもとからは一人の学徒もいない[18]。

シャームラードはこのように述べて，同じスンナ派信徒たるカザフ遊牧民のもとからも留学生をブハラに派遣するよう督促しているのである(同時にこの書簡は，露土戦争を戦うオスマン朝を支援すべく，カザフを対ロシア進軍に動かそうとする督戦の文言も含んでいた)。ここからは再生したブハラの宗教的権威を利用して，周辺のスンナ派勢力に影響力を行使しようとする政治的意図が読み取れるだろう。

　シャームラードによる一連の諸改革はいわば一つの政治プロジェクトとして構想され，強固なイデオロギーのもとで厳格かつ計画的に実行に移されたと考えられる。支配者としての根拠と正統性に十全さを欠く非チンギス裔のマンギト朝にとって，おそらくスンナ派正統主義は，宗教的権威を確かな裏支えとしながら王朝の強化と存続を図る目的で選び取られた，優れて戦略的な方途であったに違いない。

2. シーア派禁制とタキーヤ

　ムジャッディディーヤの精神にのっとって改革を推し進めたシャームラードは，理の当然としてシーア派を仮借ない攻撃の対象とした。それは国内外を問わずであったが，もっとも，スンナ派地域として知られる中央アジア，とりわけマンギト朝の首府ブハラにそもそもシーア派はいたのだろうか。まずはこの点について，いくらか時代を遡りながら概観しておこう。

　サファヴィー朝が成立し，イランがシーア派の地となって以降，ホラーサーンのシーア派住民をスンナ派のトルクメンが捕縛し，これを戦争捕虜として中央アジアの奴隷市場に売り渡す行為が慣行化するようになった。そのような奴隷取引がどれほどの規模で推移したのかを示す，信頼に足る情報はない。しかし，いくつかの断片的な史料記述からは，18世紀もしくはそれ以前から，奴隷取引や強制移住，その他の何らかの理由でブハラ国内やとりわけホラズムに多数のシーア派イラン人が居住していた事実をうかがい知ることができる[19]。たとえば，ナーディル・シャーが1740年にブハラを占領した際，シャーはそこに見いだされた相当数のイラン人奴隷に本国への帰還を指示したが，彼らのほとんどが自ら進んでブハラに留まることを選んだという[20]。ナーディル・シャーの死後，その麾下から一部のイラン人部隊（銃兵）がブハラに残留し，マンギト朝軍に組み込まれたことを示唆する情報もある[21]。具体的な規模は不明であるが，ブハラのまちにシーア派イラン人が存在していたことは疑いない。

　これらのイラン人が自らの宗派儀礼を実践したとすれば，それはシャームラードに看過されるべくもなかった。シャームラードの息子で歴史家のミーリーは，韻文の史書『敬神の宝庫』において，「ブハラのまちとその村々からの不法行為廃絶の叙事」と銘打った章を設け，カルバラーで殉教したイマーム・フサイン（680年没）の哀悼行事（ta'ziya）が催された様子を活写するとともに，それがシャームラードにより禁じられたことを明言している。その章は次のようにつづられている。

　　おのれの頭を顕し　　帽子と上衣をひき裂く

おのれの体を傷め　　おのれを忌むべきものとなす
衣嚢から裳裾まで血に染め　　肌着と肌衣をひき裂く
胸を打ち叩き，おのれの面皮を剥ぐ　　身をひき掻き，おのれの髪を毟る
かつまた奏す，黒塗りの枠太鼓　　その奏法にあわせ両の掌を打ち鳴らす
朗誦者は歌謡を吟ず　　遺体の傍らにては遊戯を始む
神の戒律に適わずとも　　その愚かなる非行を棄てず
かつまた甲高き金切り声にて叫び　　言えり，われらこの定めに不服なり
すべてを，公正を信条とせるかの王　　その公正によりて禁じけり[22]

　フサインを哀悼するこの儀礼の禁止も，ムジャッディディーヤの思想的影響下で行われたシーア派弾圧の一環であったことは想像に難くない。このようなシーア派への禁圧は，スンナ派こそが唯一正統なイスラームであり，シーア派は異端にすぎないとの観念に根ざすものだったと言える。

　シーア派とは直接的に関係しないが，イラン由来の水タバコも摘発の対象となった。シャームラードは「キズィルバシュ[23]にならった水タバコ吸引の習慣」を厳禁するとともに，これにふけっていた当時の大カーディー（司法の最高責任者）を殺害したが，それに先立ち，大カーディーと結託していた奴隷出身のイラン人宰相をも不法行為のかどで殺害していた[24]。この事件はシーア派を連想させるものを奨励・助長しようものなら，それは政治的粛清の口実になり得たことを物語っている。上記2名の粛清はとりもなおさずシャームラードが完全に権力を掌握する契機となったが，彼の推進する徹底した反シーア派キャンペーンとも一脈相通じていたかもしれない。

　このようにシャームラードによって厳しいシーア派禁制がしかれたマンギト朝下では，シーア派は足場を失い，その存在は否定された。シーア派にとってほぼ唯一延命の道があるとすれば，それはタキーヤ，すなわち信仰隠しであった。タキーヤは，たとえ心の中でシーア派信仰を堅持していようとも偽装によりシーア派であることを秘匿するため，外面上はスンナ派正統主義に対して無害であった。ブハラ政権のシーア派禁制下では，シーア派は内面においてのみ存続し得たのである。

逆にいえば、シーア派信仰との決別を公言しながらもタキーヤが完全に保たれるならば、潜在的シーア派信徒は、スンナ派信徒として生命と財産、およびそれなりの行動の自由を保障された。18世紀のイランの諸事件を描いた史書、『史上のロスタム』の著者モハンマド・ハーシェム(1732/33年頃生)は、スンナ派ブハラ政権下で奴隷身分から栄達を遂げた自身のおじ(ならびに彼を庇護したシャームラード)を称賛し、シーア派第6代イマーム、ジャアファル・サーディク(765年没)に帰される格言、「タキーヤはわが信仰かつまたわが父祖の信仰なり」を引用して、その立場を擁護している[25]。この記述からはシーア派禁制下において貫徹されたタキーヤを正当化しようとする、著者の現実主義的な態度が見てとれるだろう。ここにはまた、マンギト朝領内のシーア派信徒が厳しい制約をともないながらも、タキーヤの隠れ蓑のもとで自身の信仰を守ったことも示唆されている。

シャームラードによるスンナ派正統主義の徹底は必然的にシーア派の異端認定、すなわちシーア派禁制をもたらした。そしてシーア派禁制のしかれるスンナ派ブハラ政権下で両宗派が共存する道は、結局のところシーア派側のタキーヤ実践以外にはほぼ残されていなかった。次節で取り上げる強制移住もやはり、こうした両立しがたい二つの宗派信仰の問題と深くからんでくる。

2. シャームラードのメルヴ征服と住民の強制移住

1. 対イラン・シーア派聖戦とメルヴ征服

スンナ派正統主義の思想によれば、シーア派はイスラームではなく異端として認定され、スンナ派のみがイスラームと認められる。したがってシーア派の地イランは、イスラーム法の施行される「イスラームの家」に帰属するとは見なされない。マンギト朝が採用するハナフィー法学派は、世界を「イスラームの家」と「戦争の家」に二分する立場をとるが、この空間認識は当然の論理的帰結として、イランを「戦争の家」、すなわち聖戦(ジハードないしガザー)の対象地に分類することになる。「戦争の家」に対する聖戦におい

第3章　マンギト朝政権の対シーア派聖戦とメルヴ住民の強制移住　67

ては，服従を拒む不信仰者(異教徒)を戦争捕虜とし，その財産を没収して戦利品として分配することは合法とされるがゆえ，政治権力にとって聖戦という名の対外軍事遠征は，人的・物的資源の国内需要の充足と，軍隊を分担供出する国内諸勢力の統制という課題を一石二鳥で解決しうる，きわめて合目的的な政策となった[26]。

　マンギト朝がイランに対して「聖戦」を行うとき，その東北部を構成しアム川を境にマーワラーアンナフルと隣接するホラーサーン地方が直接的な対象地となった。ホラーサーンの主要都市のうちブハラ側からみて至近なのはメルヴであり，ブハラ方面からホラーサーンへ向かう街道は必ずここを通っていた。こうしてメルヴはマーワラーアンナフルとホラーサーンを結節する地政学上の要衝として，マンギト朝の対イラン聖戦における第一の標的とされたのである。

　マンギト朝によるメルヴ攻略はシャームラードの治世初期に達成されるが，捕虜となってブハラに到来し一士官としてダーニヤールに仕えたロシア人，フィリップ・エフレーモフの証言によれば，シャームラードのメルヴ行軍はすでに1770年代に始まっていた[27]。当時メルヴは，テュルク系のガージャール部族の一領袖，バイラムアリー・ハーンがこれを治めていた。ある同時代人の詩集には，ブハラのダーニヤール・ビーからバイラムアリー・ハーンに宛てられた一通の書簡の内容を伝える章が織り込まれているが，それはシャームラードの行軍にあわせて発せられた降伏勧告にほかならなかった。そこでは書簡の趣旨が以下のようにパラフレーズされている。

　　その一かくなり。イスラームを受諾せば　　これもって神と使徒喜ばん
　　その二かくなり。彼ジズヤを受諾せば　　これ神と使徒の定めなり
　　その三かくなり。この両件を厭わば　　騎乗し戦へと馳すべし
　　この三件いずれか一者を受諾せば　　これぞ神と使徒の定めなり[28]

この勧告はシーア派を奉じるバイラムアリーに対して，①イスラームすなわちスンナ派信仰の受けいれ，②庇護民としてのジズヤ(人頭税)の納付[29]，あ

るいは，③戦争による決着の三択を迫るものであった。マンギト朝は当初からスンナ派正統主義を鮮明に打ち出しながらメルヴの奪取を志向していたのである。

　堅固な城塞を備えたメルヴのまちは難攻にしてマンギト朝軍の攻撃に何年ももちこたえたが，1785 年シャームラードは，上流の堤防を決壊させ都市の水利システムを破壊することでついにメルヴを陥れた。こうしてメルヴはマンギト朝の領有下に帰し，住民の大規模な強制移住が段階的に進められていくことになる。それについては項を改めて述べることにしよう。

　メルヴは以後，マンギト朝軍がホラーサーンの深奥部に「聖戦」を展開していくための橋頭堡とされる。シャームラードの事績の記述も含むペルシア語史書を精査した事情通のイギリス人外交官，ジョン・マルコムは，「この征服は彼をしてホラーサーンに侵攻することを可能ならしめた」と指摘している[30]。実際，諸史料が異口同音に伝えるところでは，シャームラードはほぼ毎年秋になると自らホラーサーンに出征した。歴史家ムハンマド・ヤアクーブは，次のように述べている。

　いかなるときも対シーア派の聖戦を行い，あまたの戦利品と無数の捕虜をもたらした。アミールは対シーア派の聖戦に貪欲であった。およそ 20 回マシュハド，ニーシャープール，ダッレギャズの方面に行軍した[31]。

この行軍における戦利品の獲得と分配の様子については，マルコムが詳しく説明している。

　戦利品全体は，男性，女性，畜牛，羊，穀物により均等に構成された。たいていウズベクの統率者は服従させられなかった町に多額の納金を課した。劫掠はつねに収穫前になされたから，拒絶すれば，彼の配下の手の及ぶ範囲の全耕地がたちまち荒廃に帰した。略奪品は公平に分配されたという。その 5 分の 1 は支配者のものとなり，その歳入の相当部分を構成した[32]。

ここからは，例年の行軍が秋の収穫期直前に計画的に実施されていたこと，および，動産や人身からなる戦利品の分配がイスラーム法の定める伝統的な配分方法にのっとっていたことが確認できる。完全に服従させられなかったまちに対しては貢納金が賦課されたが，軍事作戦が上首尾に運ぶかぎりは，概して服従が強要された。シャームラード治世にブハラを訪れたロシア人使節によれば，それはきわめて苛烈なかたちをとっていた。

シャームラード・ベクの息子たる16歳の英雄[33]は，1795年ペルシアの4都市に対する突撃による占領時に，ブハラ人の奉じるムハンマドの信仰を受けいれたそのうち2都市を放免した。強硬に抵抗して軍隊に少なからぬ損害を負わせ，勝者の提示した法を受けいれなかった残り2都市は完全に破壊され，生き残った住民は全員捕らえられ，ブハラ領内で売り払われた[34]。

「ブハラ人の奉じるムハンマドの信仰」とは，スンナ派イスラーム信仰のことにほかならない。ここにもまた，ホラーサーンへの軍事遠征が聖戦もしくはイスラーム宣教という建前のもとに推し進められていたことが示されている。ブハラの宮廷詩人が詠んだ次の詩は，そのようなマンギト朝の立場をよく物語っている。

ムスタファー［預言者ムハンマド］の御旗を掲げ　　ムーサー［の息子］レザー[35]のマシュハドを獲らん
我始めたる斯業の成就せし時　　シーア派をしてイスラームに入信せしめん[36]

このようにホラーサーンへの「聖戦」は，スンナ派イスラーム信仰の普及という大義のもと確信的かつ組織的に行われた。その際，服従を拒むシーア派信徒の人身の捕縛・売買と財産の略奪・分配は，神と預言者の名のもとに正当化された。それは言い換えれば，マンギト朝が現実政治上の必要に即して

スンナ派正統主義的な政策を貫徹したことからくる自然のなりゆきであったが，ただし一方で，「聖戦」の矛先とされたホラーサーン側の状況に目を向けるならば，そこでの強力な政治権力——抑止力——の不在[37]が外敵侵入の大きな誘因となった側面もまた見過ごしてはならないだろう。

2.「改宗」と強制移住

シャームラードがバイラムアリー・ハーンを殺害し，メルヴを支配下に収めようとしていたとき，父の代役として新たな統治者(ハーキム)に選任されたバイラムアリー・ハーンの息子，ハージジー・ムハンマド・フサイン・ハーンは，配下の有力者たちに対して次のように説いたという。「我々にとって報酬の約束される道とは，ブハラの君主に従うことである。スンナ派たるを選ぶならば，それ道理なり。シーア派たるにとらわれるならば，信仰を隠すべし」と[38]。この出来事についてサマルカンドの歴史家フムーリーの伝える一連のエピソードは具体性に富み，決断を迫られる被征服者側の苦境と葛藤をよく映し出している。そこにある程度の真実を見いだすこともあながち不可能ではない。

フムーリーによれば，スンナ派信仰を受けいれてタキーヤを行うべしというフサイン・ハーンの説諭は，メルヴ住民によってにわかには受けいれられなかった。しかし，シャームラードが「棄教者は改悛か，さもなくば剣の誅伐かを受けいれるよりほかないというのが，法学者たちの合意するところである」という文言を含む，ブハラのウラマーのファトワーを使者に託して送ると，メルヴ住民はついに，次のように最終的な決断に至ったという。

メルヴの民はその書簡の光栄に満ちた内容を知ると，スンナの民の信仰を選択しないかぎり，幸福の広場へとつづく安寧の道をつかみとることはできないと悟った。それゆえ，否応なくハーキム[フサイン・ハーン]に従い，老若男女を問わず全員が言葉を一致させて，次のように述べた。「我々はシーア派の信仰箇条を忌み嫌っています。スンナ派の民の信ずるところの

正しさを認めます。メルヴのまちを捨て，誉れあるブハラに向かいます」[39]。

　改悛か剣の誅伐かの二択を強迫される状況下で，メルヴの住民は改悛を選択した。ここでの改悛とは，シーア派からスンナ派への宗旨替えのことであり，彼ら（もしくは当時のホラーサーンの人々）にとっては事実上の「改宗」にほかならなかった。ただし，上述のフサイン・ハーンの説論を想起するならば，その宗旨替えは実際のところ，タキーヤによって偽装されていたとしても不思議はなかった。

　このとき体裁の上では，あくまで彼ら自身の自由意志でブハラに移住することが決定されるよう注意が払われていた。シャームラードの下した命令が，「メルヴの民は家族とともに住みなれた郷土を離れ，誉れあるブハラのまちに移住することをみずから決すべし」[40]という趣旨で伝えられているのも，それを物語っている。マンギト朝政権としては，少なくとも外見上，露骨な強制の手段をとることは避けたかった。無条件の強制が行為として正当化されがたいことは自明だったからである。マンギト朝がシーア派側に対して何らかの要求を突きつける際に，ほぼつねに選択の余地――たとえ制限つきであれ――を担保する手続きがとられたのは，意志決定の権利と責任を彼らの手に残しておくためであった。それは強制力をそのじつ伏在させる自己の政治的行為に関して，強制の誹りをかわすために張られた予防線であったと言える。かくしてマンギト朝の立場からすれば，このケースは強制改宗でも強制移住でもなく，自由意志に基づく宗旨替えと移住として主張され得たのである。

　メルヴからの移住者の宗旨替えについては，ブハラ人の別の歴史家たちも言及している。アブドゥルカリームによれば，「メルヴ人の集団は[処遇に]満足していた。スンナと共同体の民になった」とされ，ムハンマド・ヤアクーブの言葉を借りるならば，シャームラードの「尽力のおかげで全員がムスリムになった」とされる[41]。これらの記述においては彼らが自発的に，あるいはシャームラードの感化を受けてシーア派信仰を捨て，スンナ派信仰を受け

いれたことが表現されている。そしてこの宗旨替え（あるいは「改宗」）によってこそ，メルヴ人は身の安全と一定の行動の自由を保障された。この場合，信仰の自由は表向きには剥奪されたに等しいが，タキーヤによりそれはかろうじて内面上は守られ得た。要するに，メルヴからブハラへの移住者は，ただスンナ派信徒としてふるまうことによってのみ，自由人でありつづけることを許されたのである。

　全移住者の規模については，1万8千世帯，2万世帯，あるいは3万世帯と史料によって相異なる数値が挙げられているが[42]，これらはいずれも幾分誇大にみえる。だとすれば，このうちの最小の数値（1万8千世帯）であれ多少割り引いて見積もる必要があるだろう。

　メルヴ人移住者の移住先はブハラ市内もしくはその近郊のいくつかの地点に配され，それぞれにおいて集住の形態がとられた。各々の正確な位置は必ずしも判然としないが，O. A. スーハレワの民族誌学的調査[43]が指摘するイラン人居住者の比較的多く認められる街区こそが，それに該当する可能性が高い。現在もシーア派の集会モスクが残っているブハラ市壁内（旧市街）西寄りのジューイバール地区は，おそらくその一つに数えてよいだろう。どこを指すのかは明らかではないが，1832年にブハラを訪れた英領インド政庁の使者バーンズが，「約40年前にシャームラードによって強制的にブハラに連行され，今ではその住民の最も勤勉な部分を構成している人々の集住地（colony）」[44]を実見しており，これによってもメルヴ人のブハラでの集住の事実を確認できる。

　このようにメルヴからの来住者は，「改宗」したからこそ自由人としてブハラ社会に受けいれられ，しかも一部は市壁内に居住地を与えられた。その際多少の分散はあったにしても集団的に移住が行われたことで，旧住地のメルヴにおいて培われた血縁的ないし地縁的紐帯がある程度維持されたと考えられる。それは彼らのコミュニティとしての互助的関係やアイデンティティの保持にとって少なからぬ意味をもつことになる。

3. 移住者のその後

1. 社会的地位と経済的役割

　新来のメルヴ人はブハラのまち，あるいはその周辺に居を定めたことでブハラ人の仲間入りを果たした。しかし，彼らはメルヴ出身であるがゆえに，その後もブハラ人のあいだで「マルヴィー(Marvī)」(メルヴ人)と呼ばれつづけた[45]。あるいは，メルヴがイランの都市として認識されていたことにより，「エーラーニー(Īrānī)」(イラン人)と呼ばれることもあった。

　メルヴ人は先にも述べたように「改宗」によりスンナ派信仰を受容した自由人であり，おなじイラン人であっても宮廷奴隷や家内奴隷としてブハラに少なからず居住していた奴隷身分(または奴隷身分出身)のイラン人とは厳然と区別されていた。その違いは外来者によってもはっきりと認識されていた[46]。

　メルヴ人は移住に際してスンナ派となったはずであるが，1810年代前半にブハラを訪れたシーア派イラン人旅行者，シールヴァーニーの看破したところでは，それは偽装にすぎなかった。「シーア派のおよそ1万世帯は完全にタキーヤを行っている」[47]という彼の言がメルヴ人を念頭においていることはほぼ疑いない。シールヴァーニーは，「シーア派を虐げている」として，ブハラ人の宗派的不寛容を非難することも忘れていない。1841-42年にブハラに滞在したロシア人東洋学者ハニコフもまた，メルヴ人について，「彼らはもちろんスンナ派になったが，心中ではシーア派のままである」と記している[48]。こうしてみると，メルヴ人は表向きはスンナ派としてふるまっていたものの，どうやら本来のシーア派信仰を捨てたわけではなかった。彼らは案の定，タキーヤを実践していたのである。

　さて，メルヴ人移住者たちの経済的役割について考えてみよう。注目すべきことに，彼らは新天地ブハラにおいて職能集団として大きな存在感を示した。歴史家アブドゥルカリームは，「メルヴ人のブハラへの到来は，いくつかの発明品と新事業の礎となった」と述べる[49]。この記述を指してロシアの東洋学者V. V. バルトリドは，「これはおそらく18世紀末にペルシアの影響

下にブハラ・ハン国で復興した養蚕業のこと」であると指摘した[50]。しかしソ連の東洋学者 P. P. イヴァーノフは，軍人エフレーモフの記述を根拠にこの見解に疑義を呈した[51]。すなわちエフレーモフは1770年代後半頃のブハラ領内における養蚕と絹生産の様子を，実見聞に従って次のように述べているからである。

> 桑の木が多く生育し，それにはクロイチゴに似た二種類の漿果がなる。白いのは甘く，黒いのは甘酸っぱい。その木の葉で蚕が育てられており，それは多量の絹糸を産し，金銀の模様の入った縞柄の錦，繻子，ビロード，縞入りの金襴，縞柄の薄布，金色の細い草模様の入った綿，その他のあらゆる紋織物が織られている[52]。

確かにこれは，上にみたメルヴ人の強制移住以前にそれなりの養蚕技術がブハラで実用されていたことを証拠づける情報である[53]。スーハレワはブハラのある特定の地区における絹布製造業の発達が主にメルヴ人の来住に関連づけられることを指摘しているが[54]，この指摘をふまえつつ従来の学説に若干の修正を加えるならば，18世紀末のメルヴからの新来者たちは少なくとも，既存の蚕糸業と絹織物業に何らかの技術または品種の改良や生産規模の拡大をもたらしたと言えるだろう。アブドゥルカリームのいう「いくつかの発明品と新事業」は，部分的にせよそうした発展的変化の様相を指すものと考えられる。

メルヴ人が担った養蚕・製糸業や絹織物業は，とりわけ18世紀末から19世紀前半にかけて急速な伸展をみた中央アジア・ロシア間貿易において重要な意味をもった。というのもちょうどこの時期，ブハラ産の原料生糸と絹製品は，原料綿花や綿製品などと並んでブハラからロシアに輸出される主要貿易品目に数えられるとともに，それ自体の商品価値の高さゆえに，特にロシア帝国南部で養蚕業が未発達なうちはブハラ側に大きな利益をもたらしたからである[55]。

ところで，時代は下って1880年，日本人外交官として初めて中央アジア

に足を踏み入れブハラを訪れた西徳二郎が，メルヴからの移民の役割に注目している事実は興味深い。

> 千七百年代の末，ブカラ[ブハラ]王大挙してこれを侵し，四万余の人民を駆り去る(このメルフ[メルヴ]人はじめてブカラに養蚕の業を授けしとて，その子孫今にブカラ府内に区別をなして住居し，もっぱら紡績をもって業とす)[56]。

西は奇しくもブハラへの養蚕業伝来を 18 世紀末のメルヴ人の強制移住に結びつけているが，それはさておくとしても，ここからは彼らの従事する養蚕・紡績業がその後もブハラで存続していたことをはっきり確認できる。西はまた，彼らの出身地のメルヴについても，その住民の「なお多くは紡績をもって業とし，また一種の毛氈を製す。その氈緻密にして声価すこぶる高し」と，当時の状況を伝えている[57]。

このように，メルヴ人は特に養蚕・紡績・絹織物の分野におけるその技術力ゆえに，ブハラの経済・産業構造において独自の地位を占めた。彼らの手によって生産される生糸や絹製品は，ロシア方面への輸出品または域内市場における流通・消費産品として，マンギト朝下のブハラ経済を潤したのである。翻って考えると，そもそものメルヴ人の強制移住が，ブハラ領内の産業――蚕糸業と絹織物業――の振興を一つの目的にすえて実施されたものだったとしても何ら不思議はないだろう。

2. 文芸・文化活動への参与と影響

文芸や文化の領域において，当初メルヴ人はそれほど目立った役割を演じていなかったかに見える。しかし，カーリー・ラフマトゥッラー・ヴァーズィフ(1893 年没)がペルシア語で編んだ詩人伝『文士列伝における好士への贈り物』(1871/72 年以降擱筆)には，同時代の何人かのメルヴ人詩人のプロフィールと詩が盛り込まれており，彼らの活動の一端をうかがい知ることができる[58]。自身の出自を詳しく語ろうとはしないものの，ほかならぬヴァー

ズィフもメルヴ人の血を引いていた。彼はブハラにおいて上記の作品により文学ジャンルとしてのタズキラ，すなわち詩人伝のブームを再来させたことで知られ，タジク文学史上でも高く評価されている。

　ヴァーズィフの文筆においては宗派信仰への言及は比較的抑制的である。彼はシーア派であることを周囲に感知されていたが，おそらくスンナ派を刺激しないよう，宗派にかかわる事柄には自制的態度をとっていたとみられる[59]。卓越した学識で知られていたヴァーズィフではあるが，それにもかかわらず不遇をかこった。メルヴ人ではないが同じシーア派のウラマー，シャルイー（1893年没）によれば，当世の人々は「彼を認めることも彼に問いはかることもよしとしない。（中略）なかんずく，彼が十二イマーム派を奉じイマーム派に属することを，絶対の明文を毀損する原因とみなしている」ほどであったという[60]。こう述べながらシャルイーはヴァーズィフが冷遇されている状況を批判し，彼を擁護している。

　このヴァーズィフの例は，メルヴ人の立身出世にとって内なる信仰がネックになり得たことを物語っている。しかし，宗派信仰からくる不利を逆手にとり，マンギト朝の領外に活路を見いだして名声を博したメルヴ人もいた。その代表例が文人マジュヌーンであった。ヴァーズィフは自身の詩人伝においてマジュヌーンについて以下のように述べている。

　　マジュヌーンは，ムッラー・ジャハーンギール・ブハーリーの雅号である。メルヴのまちにゆかりをもつが，ムッラー・ジャハーンギールその人はブハラで生まれた。この人物は詩歌の書物を読むことで識字を身につけたが，人前では快い会話をなし，機微をよく理解し，即応の才があった。文学をいくらか学び，その証拠を求むべしとの神命に従って神聖なるマシュハドに行き，さらにカルバラーへも赴いた。帰途イランの国に入り，アーシューラーの哀悼行事とその奨励に関して自ら著した伝記と挽歌の一部を印刷し，自身でその刷本を多数ブハラに持ち込み，［預言者の］一族を支持する者と敬慕する者のすべてにこれを与えた。その後，ある場所を［フサイン］哀悼儀礼のためにしつらえてジャハーンギール・アーバード［ジャハーン

ギールの街]と名づけ，そこに新たな建物と二つとない施設を築くほどであった[61]。

このようにマジュヌーンは，シーア派の本土たるイランやイラクの聖地に学び，フサイン哀悼儀礼奨励のための著作を印刷[62]・頒布し，この儀礼を実施するための施設を築くなど，きわめて精力的に活動した。これがシーア派信仰をひた隠しにしてきたメルヴ人の宗教・文芸復興の動きであったことは一目瞭然であろう。

1868年にマンギト朝がロシア帝国の宗主権下におかれて以降，奴隷制禁止や信教の自由といった，帝政ロシア当局の標榜する法的秩序と価値観がマンギト朝領内にもしだいに直接・間接の影響を及ぼすようになる。その状況下でメルヴ人を含むブハラのイラン人の間では，ロシア統治をときに利用しながら社会的地位向上が志向されるようになり[63]，信仰上の権利主張もしだいに強まっていった。こうしたなかマジュヌーンらメルヴ人の知識人が主導した宗教・文芸復興の動きは，ブハラにおけるシーア派信徒の民族・宗教的意識の覚醒とアイデンティティ形成にとって大きな意味を持ったと考えられる。

シャルイー編の詩人伝をもとにマジュヌーンの経歴をさらに仔細にながめると，マンギト朝のイラン人高官による庇護と仲間のメルヴ人からの経済的援助とが彼の活動を支えていたことがわかる。

彼は経歴を始めるにあたり，学識深く公正なるアミール陛下[ナスルッラー(在位1827-60年)]と神に赦されしアミール陛下[ムザッファル(在位1860-85年)](中略)の御世にこの統治の府[ブハラ]において仕官と献身の境位に達することで名誉に浴した何名かのイラン人の要人に伺候し，右筆と書記，近侍の務めに任ぜられていた。また，詩の稽古に励んでいた。学識深い重臣や老練した要人の何人かと気兼ねなく気さくに対話する間柄となり，忠節と友誼のうちに日夜を送っていた当世の学識者の何人かは，上述の者[マジュヌーン]の詩を目にして，その吟唱に興じたものであり，もって快意の

機縁となしていた。(中略)上述の者は同衆の援助を得て何度か旅をなし，両聖地[メッカとメディナ](中略)の巡礼と，あらゆる帰依者と信徒の模範にして導き手たる十二イマームの参詣という名誉に浴し，かの地の大家たちから伝記語りに関して免状を与えられ，当地に帰還して同衆のもとでこの上ない傾慕と優遇を享受した[64]。

19世紀後半のマンギト朝では奴隷出身のイラン系廷臣が宰相職をはじめ政治・軍事上の要職をほぼ独占していたが，彼はその庇護ならびに「同衆」すなわちメルヴ人コミュニティの援助と支持を得ることで，ブハラのまちを中心に展開したシーア派文芸復興のいわば旗手の役割を果たした。シャルイーによれば，マジュヌーンの人気は歴史上のシーア派大学者のそれをもしのぎ，ブハラのイラン人は「彼のことをたいへん信奉しており，ホージャ・ナスィールッディーン・トゥースィー(1274年没)やミール・バーキル・ダーマード(1631年没)への信奉もこれには及びもつかないほど」であったという[65]。

このように，マジュヌーンに代表されるメルヴ人の知識人層は，19世紀後半のブハラにおけるシーア派文芸復興の中心的担い手となった。この時期に並行してみられるシーア派信徒の宗教意識の高まりは，やがてスンナ派・シーア派の政治的対立を生み，それは1910年に至ると，ついにはブハラ市とその近郊を舞台とした流血の抗争にまで発展する[66]。こうした宗派関係の展開と帰趨に影響を与えていたことからすれば，メルヴ人が主導したシーア派文芸復興の動きは，政治的にも無視され得ぬ意義を有したと言える。

おわりに

支配者シャームラードのもとで鮮明に打ち出されたスンナ派正統主義の立場によれば，理念上，マンギト朝領内はシーア派禁制の空間として，また同時にイランとりわけホラーサーンは聖戦の対象地として規定された。この認識に従ってマンギト朝はメルヴに侵攻してその住民をブハラに強制的に移住させたが，この強制移住は第一に，ホラーサーン深奥部への「聖戦」の足場

としてメルヴを軍事拠点化するとともに反乱の芽を未然に摘み取る効果があり，第二に，職能集団としてメルヴ人を来住させることでその高度な養蚕・紡績技術を領内の要所に移植し，産業振興と国力強化につなげる意味合いがあった。実際，シャームラードの治世全般にわたって恒常的に実施された対ホラーサーン遠征は，捕虜および戦利品の獲得により人的・物的両面でマンギト朝の行財政上の必要を相当程度満たすのみならず，支配下のウズベク諸部族を軍事動員してその活躍の機会を与えられる点では，国内支配の安定と軍事力の統制という政治上の課題にとってもきわめて好都合であった。また，メルヴ人の来住にともなうブハラの養蚕業と絹織物業の発展は，当時の進捗著しい対ロシア貿易においてマンギト朝経済に利するところ大であった。

　マンギト朝のスンナ派正統主義は，わけてもシーア派への仮借ない攻撃と不寛容によって特徴づけられていた。「聖戦」においてはシーア派信仰の放棄とスンナ派信仰の受容が事実上強制され，これを拒めば神の裁きとして剣の誅伐により死をもって報いられることも珍しくなかった。マンギト朝軍の征服を受けたメルヴの住民は，改悛か剣の誅伐かの選択を迫られる中で，スンナ派への宗旨替えとブハラへの移住に否応なく同意した。しかしながら，彼らはシーア派禁制のしかれる移住先において，タキーヤを行うことで自らのシーア派信仰を守り抜いたのである。

　マンギト朝という政治権力が自己保存と支配権強化のためにスンナ派正統主義を貫きながら内外で政策を遂行したことは，一つの帰結として，メルヴ住民の大規模な強制移住を引き起こした。これは宗派原理が歴史的な地域秩序に変容をもたらした一例と言える。この強制移住が都市としてのメルヴの行く末にいかに影響したかは，西徳二郎の次の記述からも十分に理解されるだろう。

　　爾来メルフ[メルヴ]おおいに衰微して，また独立するあたわず，あるいはキワ[ヒヴァ]に属し，あるいはブカラ[ブハラ]に属して，しばらく両国の競争するところたりしも，のちついにトルクマンの押嶺に帰し，昔日の開化は地を払うて尽くるに至れり[67]。

古来，イランの歴代王朝はメルヴを自領すなわち「イランの地」の構成域と認識したが，マンギト朝による征服とその住民の強制移住は，メルヴをイランから最終的に引き離した。すなわち，ブハラ政権，ヒヴァ政権，さらにはトルクメンと相次いで支配の主体が交代する中，ホラーサーンにおいてスンナ派勢力圏がシーア派勢力圏を削り取るかたちで拡張するプロセス（トルキスタンの拡大）は，ほかならぬマンギト朝のメルヴ征服を契機に本格的に進展したのである。翻って，シーア派勢力圏の縮小はすなわち歴史的イランの縮小を意味した。政治地図の線引きに自立したプレーヤーとして参画するという，強力な政治権力にのみ許される特権は，このあとブハラ・ヒヴァ両政権とトルクメンとを服属させたロシア帝国に引き継がれることになる。そして条約に基づく截然たる国境画定という近代的操作は，まもなくここ中央アジアとイランの境域においても，現代につながる領土的枠組みを固定し恒常化させていくであろう[68]。

　ブハラに移住したメルヴ人についていえば，彼らは宗教的自由を実質的に奪われ，故郷への帰還も許されなかったが，曲がりなりにも自由人として行動することができた。職業面で彼らは主に蚕糸業と絹織物業に従事したが，これはそれなりの蓄財を可能にし，彼らの経済力の向上につながったと考えられる。他方，ヴァーズィフやマジュヌーンといった知識人が文芸の分野で活躍し，特にマジュヌーンはロシア統治の開始に伴う状況の変化にも鋭敏に即応しながら，シーア派文芸の復興に尽力した。1870年代以降，同胞コミュニティの経済的援助と支持，およびマンギト朝のイラン人高官の庇護を得ながら展開したメルヴ人主導の文芸復興の動きは，しだいにシーア派イラン人の民族・宗教的意識の覚醒を呼び起こし，その中で始まった彼らのフサイン哀悼儀礼の実践やタキーヤの放棄はブハラにおける宗派関係を緊張させ，両宗派の政治的対立を生じさせることになった。ロシア帝国という第三者の政治的介入と圧力の下で，マンギト朝はこのときもはやスンナ派正統主義的な政策を貫徹できなくなっていたが，まさにこのイデオロギー統制の緩みは，皮肉にもメルヴ人によるシーア派復興の機運醸成を促したと言えよう。かくして，もともとブハラの政治権力が宗派原理にのっとって引き起こした

強制移住は，やがて思いもよらぬかたちで，当のブハラにおけるスンナ派本位の社会秩序に激震を走らせるのである。それはアジアの陸域における近世から近代への移行を象徴する事象だったと言えるかもしれない。

1) 宗派の相違それ自体を，対峙する異宗派の政治体同士の憎悪の応酬と没交渉とを引き起こす十分条件であるかのようにとらえる見方。
2) 以下に各史料の書誌情報を提示するが，後続の注においては典拠表示のために既出の史料に言及する場合，著作タイトルの略称を立てた上で記載箇所を示す(これと区別する意味で，既出の研究文献に言及する場合には，著者の略称(および出版年)を立てた上で記載箇所を示す)。*Histoire de l'Asie centrale par Mir Abdoul Kerim Boukhary*, Schefer, Ch. ed. and trans., Amsterdam: Philo Press, 1970 (Réimpression de l'édition Paris 1876); al-Khumūlī b. al-Ṣūfī Muḥammad Nughāy al-Turkī al-Samarqandī al-Shavdārī al-Ūrgūtī, [*Ta'rīkh-i Khumūlī*], Toshkent davlat sharqshunoslik instituti huzuridagi Abu Rayhon Beruniy nomidagi Sharq qoʻlyozmalari markazi (以下 ShQM と略記), MS no. 37/VI; Mīrzā Muḥammad Ṣādiq Munshī Jāndārī, *Futūḥāt-i Amīr Shāhmurād dar Īrān*, Instituti zabon, adabiyot, sharqshinosī va merosi khatii ba nomi Abūabdulloh Rūdaqī dar Akademiyai ilmhoi Jumhurii Tojikiston (以下 IZAShMKh と略記), MS no. 1047/II; Mīr Ḥusayn b. Shāhmurād (Mīrī), *Makhāzin al-taqvā*, ShQM, MS no. 51; Muḥammad Ibrāhīm, [*Jangnāma-'i Bayram 'Alī-khān*], IZAShMKh, MS no. 2004; Muḥammad Yaʻqūb b. Amīr Dāniyāl, *Risāla*, Institut vostochnykh rukopisei Rossiiskoi akademii nauk, MS no. C1934.
3) "Puteshestvie ot Sibirskoi linii do goroda Bukhary v 1794 i obratno v 1795 godu," Vybrano iz zapisok Burnasheva, T. S., Spasskii, G. ed., *Sibirskii vestnik*, pts. 2 & 3, 1818, pp. 37-110; Efremov, F., *Deviatiletnee stranstvovanie*, Murzaev, E. ed., Izdanie piatoe, Moscow, 1952; Levshin, A. I., *Opisanie Kirgiz-kazach'ikh, ili Kirgiz-kaisatskikh, ord i stepei*, Kozybaev, M. K. ed., Almaty, 1996 (Pervoe izdanie: St. Petersburg, 1832); Malcolm, J., *History of Persia, from the Most Early Period to the Present Time: Containing an Account of the Religion, Government, Usages, and Character of the Inhabitants of That Kingdom*, 2 vols., New ed., rev., London: John Murray, 1829 (First Published in 1815).
4) Muḥammad Hāshim Āṣaf (Rustam al-Ḥukamā'), *Rustam al-tavārīkh*, Mihrābādī, M. ed., Tehran, 2003/04; al-Ḥājj Zayn al-'Ābidīn Shīrvānī, *Bustān al-siyāḥat*, Mustavfī, S. 'A. ed., Tehran, 1959/60.
5) Sadriddin Aynī, "Ta'rikhi amironi manghitiyai Bukhoro," *Kulliyot*, 10, Dushanbe, 1966, pp. 5-191; Muḥammad Vafā' Karmīnagī, *Tuḥfat al-khānī*, ShQM, MS no. 16; *Bayān-i vāqi': Sarguzasht-i aḥvāl-i Nādir Shāh va safarhā-yi muṣannif-i Khvāja 'Abd al-Karīm b. Khvāja 'Āqibat-Maḥmūd Kashmīrī*, Nasīm, K. B. ed., Lahore, 1970;

Sharīfjān Makhdūm Ṣadr-i Żiyā', *Taẕkār-i ashʻār*, Ṣiddīq, S. and M. Shakūrī Bukhārā'ī eds., Tehran, 2001; Ḥājjī ʻAbd al-Aẓīm Sharʻī, *Taẕkira-'i fużalā'*, ShQM, MS no. 3396/III; Qārī Raḥmat Allāh Vāżiḥ Bukhārī, *Tuḥfat al-aḥbāb fī taẕkirat al-aṣḥāb maʻa Ta'rīkh-i kathīra va Majmūʻa-'i Salīmī*, Salīm-bīk, M. ed., Tashkent, 1913/14; Burnes, A., *Travels into Bokhara*, 3 vols, London: John Murray, 1834; *Zapiski o Bukharskom khanstve (Otchety P. I. Demezona i I. V. Vitkevicha)*, Khalfin, N. A. ed., Volovnikov, V. G. and Z. A. Tsomartova trans., Moscow, 1983, pp. 17-83; Grebenkin, A. D., "Etnograficheskii ocherk Zaravshanskogo okruga," *Turkestanskii sbornik*, Vol. 1, Tashkent, 1872, pp. 1-14 [441-454(obshch. pag.)]; Khanykov, N. V., *Opisanie Bukharskogo khanstva*, St. Petersburg, 1843; de Meyendorff, G., *Voyage d'Orenbourg à Boukhara*, Paris: Dondey-Dupré père et fils, 1826; Vámbéry, A., *Travels in Central Asia*, London: John Murray, 1864; Wolff, J., *Narrative of a Mission to Bokhara, in the Years 1843-1845*, 2 vols, London: John W. Parker, 1845; 西徳二郎『中亜細亜紀事』陸軍文庫, 1886年。

6) アラビア語で「川向こうの地」の意。地理用語としては中央アジア南部のオアシス地帯, 特にアム川とシル川とに挟まれた地域を指す。その中核をなすのが, ブハラとサマルカンドをはじめとするザラフシャン水系の諸都市である。ブハラ政権はときに自領を, この語を用いて表現することもあった。

7) イランにおけるアフシャール朝(1736-96年)の創始者。インドのムガル朝を皮切りに中央アジアのブハラ・ハン国とヒヴァ・ハン国を破ってこれらを属国としたほか, 西ではオスマン朝とも干戈(かんか)を交えるなど, 一代にしてイラン史上まれにみる大帝国を築いた。

8) みずから「アミール」(長あるいは指揮官の意)の称号を君主号として帯びたことから, 史料上では多くの場合, アミール・シャームラードと呼ばれる。「無垢なるアミール(Amīr-i Maʻṣūm)」の異名もとる。

9) シャリーアはイスラーム法, ハキーカは真理あるいは神を意味する。

10) ナクシュバンディーヤはもともと中央アジア発祥の道統すなわちスーフィー・タリーカであったが, やがて周辺各地に伝播した。インドに伝わった一派は, スィルヒンディーの異名,「第二千年紀の革新者(Mujaddid-i alf-i thānī)」にちなんでムジャッディディーヤと呼ばれるようになったが, 同派の潮流は18世紀に中央アジアへと還流した。

11) Algar, H., "A Brief History of the Naqshbandī Order," Gaborieau, M. *et al.* eds., *Naqshbandis*, Istanbul-Paris: Éditions ISIS, 1990, pp. 22-23; Babadžanov, B. M., "On the History of the Naqšbandīya Muǧaddidīya in Central Māwarā'annahr in the Late 18th and Early 19th Centuries," Kemper, M., A. von Kügelgen and D. Yermakov eds., *Muslim Culture in Russia and Central Asia from the 18th to the Early 20th Centuries*, [Vol. 1], Berlin: K. Schwarz, 1996, pp. 412-413; von Kügelgen, A., "Die Entfaltung der Naqšbandīya muǧaddidīya im mittleren Transoxanien vom 18. bis zum Beginn des 19. Jahrhunderts: Ein Stück Detektivarbeit," von Kügelgen, A., M. Kemper and A. J. Frank eds., *Muslim Culture in Russia and Central Asia from the 18th to the Early 20th Centu-

ries, Vol. 2, Berlin: Schwarz, 1998, p. 102; von Kügelgen, A., *Die Legitimierung der mittelasiatischen Mangitendynastie in den Werken ihrer Historiker(18.–19. Jahrhundert)*, Istanbul: Orient-Institut, 2002, p. 98.

12) *Histoire de l'Asie centrale*, p. 54 (texte persan); von Kügelgen (2002), pp. 338-347.

13) "Ta'rikhi amironi manghitiyai Bukhoro," p. 19; Sukhareva, O. A., "Ocherki po istorii sredneaziatskikh gorodov," *Istoriia i kul'tura narodov Srednei Azii (drevnost' i srednie veka)*, Moscow, 1976a, pp. 133-135; Sukhareva, O. A., *Kvartal'naia obshchina pozdnefeodal'nogo goroda Bukhary (S sviazi s istoriei kvartalov)*, Moscow, 1976b, pp. 43, 103, 312; Abramov, M., *Guzary Samarkanda*, Tashkent, 1989, pp. 14-19, 24-26, 35-36.

14) イスラーム信仰における正しい道からの逸脱のこと。

15) *Risāla*, fol. 27a.

16) *Risāla*, fol. 5b.

17) 小松久男「ブハラとカザン」護雅夫編『内陸アジア・西アジアの社会と文化』山川出版社，1983年，488-489頁 ; von Kügelgen (1998), p. 149; von Kügelgen, A., "Bildung und Politik in Buchara unter den Mangitenherrschern Šāh Murād (1785-1800) und Amīr Ḥaydar (1800-1826): Eine erste Bestandsaufnahme," *Islamische Bildungsnetzwerke im lokalen und transnationalen Kontext (18.-20. Jahrhundert)*, Bochum: Seminar für Orientalistik und Indologie der Ruhr-Universität Bochum, 2000, pp. 38-40.

18) *Opisanie Kirgiz-kazach'ikh*, p. 271.

19) Kimura, S., "Sunni-Shi'i Relations in the Russian Protectorate of Bukhara, as Perceived by the Local 'Ulama," Uyama, T. ed., *Asiatic Russia: Imperial Power in Regional and International Contexts*, Abingdon-New York: Routledge, 2011, pp. 191-192.

20) *Bayān-i vāqi'*, p. 77.

21) *Tuḥfat al-khānī*, fol. 169b.

22) *Makhāzin al-taqvā*, fol. 51b.

23) 中央アジアにおいて用いられた，シーア派イラン人に対する蔑称。

24) *Histoire de l'Asie centrale*, pp. 54-55 (texte persan).

25) *Rustam al-tavārīkh*, pp. 290-293.

26) シャイバーン朝 (1500-99年) の軍隊が16世紀末にマシュハドに侵攻した事件は，こうしたブハラのスンナ派政権による「聖戦」の早い例に数えられる。当時サファヴィー朝の徹底したシーア派信仰普及政策によってマシュハドはほぼ完全にシーア派化を遂げていたが，これに対してシャイバーン朝政権は同地を「戦争の家」と見なし，容赦ない攻撃と略奪の対象とした [守川知子「サファヴィー朝支配下の聖地マシュハド――16世紀イランにおけるシーア派都市の変容」『史林』80(2)，1997年，1-41頁]。

27) *Deviatiletnee stranstvovanie*, p. 23.

28) *Jangnāma-'i Bayram 'Alī-khān*, fol. 14b.

29) ここではシーア派信仰を保持したまま，つまり「異教徒」という立場のまま庇護民

として処遇される場合が想定されている。この場合，ジズヤを賠償金として支払うことで当面の軍事的攻略の凍結が約束されたと考えられる。

30) *History of Persia*, Vol. 2, p. 167.
31) *Risāla*, fol. 8a.
32) *History of Persia*, Vol. 2, p. 168.
33) のちに父シャームラードの後を継いでマンギト朝第4代君主となるハイダル（在位1800-26年）のこと。
34) "Puteshestvie ot Sibirskoi linii," pp. 106-107.
35) シーア派第8代イマーム，アリー・レザー（リダー）（818年没）のこと。その埋葬地マシュハドはシーア派にとって最重要の聖地の一つであり，近世期にホラーサーンの中心都市に発展した。
36) *Futūḥāt-i Amīr Shāhmurād*, fol. 20a-b.
37) 18世紀後半のホラーサーンは長期にわたる群雄割拠の中にあった。イランの王朝がホラーサーン支配を再び強化しようとする動きは，ガージャール朝（1796-1925年）がイラン高原において権力を確立して以降本格化する。
38) *Ta'rīkh-i Khumūlī*, fol. 234a-b.
39) *Ta'rīkh-i Khumūlī*, fol. 236a.
40) *Ta'rīkh-i Khumūlī*, fol. 236b.
41) *Histoire de l'Asie centrale*, p. 64 (texte persan); *Risāla*, fol. 6b.
42) *Histoire de l'Asie centrale*, pp. 62-63 (texte persan); *Ta'rīkh-i Khumūlī*, fol. 236b; *Risāla*, fol. 6b.
43) Sukhareva (1976b), pp. 101-103, 114, 121, 123, 162-163, 222-223.
44) *Travels into Bokhara*, Vol. 1, p. 344.
45) ブハラの口語ペルシア語（タジク語）においては，子音の置換による音便の結果，それはむしろ「マウリー (Mavrī)」と発音されることが多かった。
46) *Travels into Bokhara*, Vol. 1, pp. 344-345; *Opisanie Bukharskogo khanstva*, pp. 70-71; *Narrative of a Mission to Bokhara*, Vol. 1, pp. 326-327; *Travels in Central Asia*, pp. 370-371. たとえば，ヴァンベリーは偏見を交えてメルヴ人を，「メルヴ人はブハラの住民のうち，タジク人に次いで狡猾である。しかし，前者ほど臆病ではない」と描写している。
47) *Bustān al-siyāḥat*, p. 161.
48) *Opisanie Bukharskogo khanstva*, p. 71.
49) *Histoire de l'Asie centrale*, p. 64 (texte persan).
50) V. V. バルトリド『トルキスタン文化史1』（小松久男監訳），平凡社東洋文庫，2011年，262頁。
51) Ivanov, P. P., *Ocherki po istorii Srednei Azii*, Moscow, 1958, p. 107.
52) *Deviatiletnee stranstvovanie*, pp. 30-31.
53) これに類する事例として，18世紀半ばにブハラに滞在したあるギリシア人商人も同地における絹製品の生産に言及している[Chekhovich, O. D., "Uzbekistan v kontse

XVIII-nachale XIX vv.," *Istoriia Uzbekskoi SSR*, Vol. 1, Guliamov, Ia. G. ed., Tashkent, 1967, p. 620].

54) Sukhareva, O. A., *Bukhara. XIX–nachalo XX v.(Pozdnefeodal'nyi gorod i ego naselenie)*, Moscow, 1966, p. 216. なお, 2013年8月に筆者が訪問先のウズベキスタン共和国ブハラ州で実施した聞き取り調査によれば, 今現在もメルヴ人の末裔の間には, 先祖がメルヴからブハラに移り住む際に桑の苗木を携行して移植したという伝承が残っている.

55) *Voyage d'Orenbourg à Boukhara*, pp. 241, 246; *Zapiski o Bukharskom khanstve*, pp. 74-75; *Opisanie Bukharskogo khanstva*, p. 168; Sukhareva(1966), p. 235.

56) 『中亜細亜紀事』, 223-224頁(第一編巻之三).

57) 『中亜細亜紀事』, 224頁(第一編巻之三).

58) *Tuḥfat al-aḥbāb*, pp. 75-76, 84-87, 238-240, 248-249, 275-287.

59) ヴァーズィフは自作のある詩の中で, イラン人たることと自身の宗派をめぐってブハラのスンナ派信徒から誹謗されたことを吐露し, 悲嘆の情を表している[*Taẕkār-i ash'ār*, pp. 231-235].

60) *Taẕkira-'i fużalā'*, fol. 79a.

61) *Tuḥfat al-aḥbāb*, p. 238.

62) マジュヌーンは1892/93年にマシュハドにおいて, アリー(661年没)の偉業を称えるべく編んだ自撰詩集を出版している[Shcheglova, O. P., *Katalog litografirovannykh knig na persidskom iazyke v sobranii Leningradskogo otdeleniia Instituta vostokovedeniia AN SSSR*, ch. 2, Moscow, 1975, p. 528].

63) 同時代のロシア人東洋学者グレベンキンは, 「メルヴ人は, 我々の支配に満足し我々に対して献身的な, 中央アジア唯一の種族である」と述べている["Etnograficheskii ocherk," p. 5 [445]].

64) *Taẕkira-'i fużalā'*, fols. 75b-76a.

65) *Taẕkira-'i fużalā'*, fol. 76b.

66) Kimura(2011), pp. 198-206.

67) 『中亜細亜紀事』, 224頁(第一編巻之三).

68) ほぼ並行する類例として, 16世紀以降のイランとオスマン朝の国境もまた, ときに宗派原理の作用を受けつつ両政権間の力関係に従って境域(面的な境界)として変遷していくが, 19世紀中葉以降にはイギリスとロシアの外圧の下, 線的な境界へと切り替わり固定化していくというプロセスをたどった[守川知子「近代西アジアにおける国境の成立——イラン=オスマン国境を中心に」『史林』90(1), 2007年, 62-91頁].

第 II 部

旅

travel

第4章 オスマン海軍提督の アラビア海からの帰還
——北インド,中央アジア,イランを通って

今松　泰

はじめに

　オスマン朝(1299-1922年)はスレイマン1世(在位1520-66年)の治世下に,紅海・インド洋方面で活動を活発化させていた[1]。1538年には,のちに大宰相となるハドゥム・スレイマン・パシャ[2]が遠征を行ってアラビア半島のアデンを占領し,また失敗に終わったもののポルトガルが支配するインド北西のディーウ港を攻囲した。1552年には,ピーリー・レイスがアデンの再占領に成功し,ペルシア湾側では同じくポルトガル領の要塞マスカットを占領した。しかしペルシア湾の入口に位置するホルムズの攻略に失敗すると,ピーリー・レイスは湾の奥に逃げ込み,バスラに退避した。その後,彼はバスラに艦隊を残したまま,3隻の船でエジプトに向けて出航し,スエズに帰着する[3]。

　スレイマン1世は,ピーリー・レイスがバスラに残さざるを得なかった艦船をスエズに回航するため,ムラト・レイスを同1552年に派遣したが,ポルトガルに阻まれてその目的を達し得なかった。ムラト・レイスが失敗した作戦を再度実行するためバスラに派遣されたのが,本編の主人公セイディー・アリー・レイス[4]である。

　セイディー・アリー・レイスは,1554年に艦隊を率いてバスラを出航したが,ポルトガル艦隊との戦闘およびその後見舞われた暴風のため,当初の目的地スエズとはまったく正反対の方向にある,アラビア海を隔てた西北インドのグジャラート地方に辿り着く。そこから陸路故国をめざし,現在のパ

キスタン，北インド，アフガニスタン，中央アジア，イランなどを経巡ったのち，ようやくオスマン朝の領域に帰還した。帰郷後，彼は旅の記録を『諸国鏡』(*Mir'âtü'l-Memâlik*) と題した旅行記にまとめた[5]。そこには，ムガル朝(1526-1858年)，シャイバーン朝(1500-99年)，サファヴィー朝(1501-1736年)，あるいは各地の地方政権下で，様々な人びとと邂逅し，ときに現地の政治状況に翻弄され，ときに歓待を受けながら旅する様子がヴィヴィッドに描かれている。彼の旅の記録は，書名のとおり，当時の世界を映し出す貴重な記録，「鏡」である。

　本章では，いささか迂遠ながら，まずセイディー・アリーが辿ったルート[6]を詳述したのち，彼がどのような旅をしたのかについて，困難な自然状況や道中における様々な集団，支配者との関係，各地の政治状況とルートの問題，セイディー・アリーの行動に焦点をあてることで，当時の社会の状況と旅のあり方の一端を紹介する。

1. セイディー・アリー・レイスが辿った道[7]

　セイディー・アリー・レイスは，イスタンブルのガラタで船乗りの家系に生まれた。父親はガラタ造船所の副官であった。彼も長じると造船所の副官になり，さらにスレイマン1世が行ったロードス島征服に参加した。その後著名な海軍提督バルバロス・ハイレッディンの下で地中海での作戦に従事し，1532年のプレヴェザ海戦にも参加した。このように海軍軍人として生涯を海に捧げた彼であったが，同時に「キャーティビー」という筆名をもった著名な詩人であり，天文学，代数学，地理学にも明るい知識人であった。

1. 旅の始まり──ペルシア湾とアラビア海にて

　イラン遠征のため，1553年8月28日にイスタンブルを出立したスレイマン1世とともにアレッポまで来ていたセイディー・アリー・レイスは，ムラト・レイスの任務を引き継ぎ，12月7日にアレッポを出発してバスラに向かった。翌年1月末～2月初頭にはバスラに到着して15隻の艦船を委ね

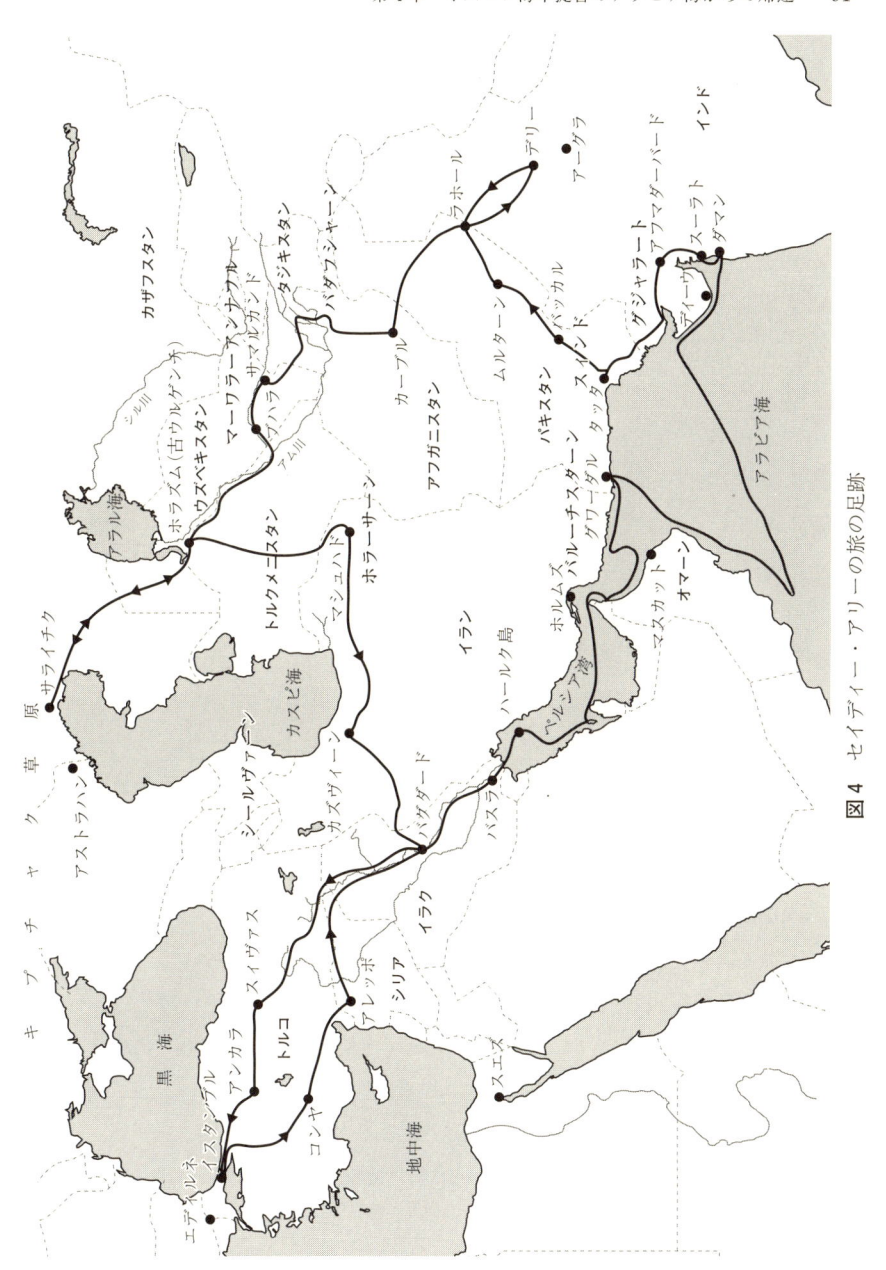

第4章　オスマン海軍提督のアラビア海からの帰還　91

図4　セイディー・アリーの旅の足跡

られたが，航海に適した季節の到来と艦隊の準備が整うのを待つため，5ヵ月ほどバスラに留まった。艦隊を率いてスエズに向かうべく，バスラを出航したのは1554年7月2日であった。

　彼の率いる艦隊は，シャットル・アラブ川を下り，アバダーンを経由してペルシア湾に出ると，ハールク島に寄ってイラン沿岸を進んだのち，アラビア半島沿岸に転じた。カティーフ，バフラインに立ち寄るなどしつつ，ホルムズを無事に通過したが，ホルムズ海峡を出てアラビア半島沿いに南下を始めた頃，すなわち出航後40日を経た8月9日，ハウル・ハッカーン近海で25隻からなるポルトガル艦隊に発見されてしまう。同日の朝から夜までつづいたポルトガル艦隊との戦闘を切り抜けると，オスマン艦隊はハウル・ハッカーンに立ち寄って水を補給し，再びオマーン沿岸を南下した。しかし2週間あまりの航海を経てマスカット要塞付近に至った8月25日，再びポルトガル艦隊と遭遇した。34隻のポルトガル艦隊を相手にするという圧倒的不利な状況の中で，オスマン艦隊は6隻の艦船を失いながらも戦線からの離脱に成功する。しかし暴風に見舞われたため沿岸を離れざるを得ず，外洋(オマーン湾)を進んで，イラン側のケルマーン沿岸に辿り着いた。水・食料が欠乏したまま港のないマクラーン海岸に沿って東に進み，シャフバールで一行はようやく水を入手した。ここで水先案内人を得た一行は，そのまま東に進んでバルーチスターンのグワーダルに到達した。同地を支配するバルーチ集団の君主マリク・ジャラールッディーンの援助を受けて艦船を修理し，水先案内人を得ると，紅海をめざし，イエメンに向かって出港した。ところがまたもや運の悪いことに，オマーン沿岸を航海中に，「象の嵐(tûfân-i fil)」と称される西からの暴風に見舞われてしまう。セイディー・アリー率いる艦船はなすすべをもたず，神，預言者，聖者らに祈るほかなかった。

2. グジャラート——地方政権下の騒乱とポルトガル艦隊の来襲

　アラビア海の只中で10日ほどつづいた暴風雨との格闘の末，ようやく辿り着いたのは，紅海ではなく，反対側のインドの地だった。一行はカティアワル半島に沿って南下し，ソームナートを過ぎディーウに至ったが，

「ディーウは異教徒(ポルトガル)の支配下にあるため，ディーウを怖れ，その日は帆を張らずに」通り過ぎた[8]。しかし彼らは再び強風に見舞われた。座礁の危機を経て，ようやくグジャラート地方のダマン沖に辿り着いて投錨するも，5日間つづく降雨に苦しみ，3隻の船が航行不能に陥った。

ダマン城塞に航行不能になった船の大砲および備品を預けた彼らは，ダマンに残ることを選んだ乗組員と陸路スーラトに行くことを選んだ乗組員を除いて再び海へ乗り出し，スーラトへと向かった。ポルトガル艦隊が迫っているとの報せをダマンの総督から受けたからであった。「高潮のときに航海し，引き潮のときには投錨し」つつ，5日後の9月28日，セイディー・アリーらはスーラトに到着した[9]。バスラを出航して3ヵ月弱，15隻で出航した艦隊は9隻を失っていた。

当時のグジャラート地方はダマンを含め，アフマド・シャーヒー朝(1407-1573年)の支配下にあった[10]。しかし当時，末期を迎えていた同朝は混乱の中にあった。12歳で即位したばかりのスルターン・アフマド3世(在位1554-61年)に対し，有力者の一人ナースィル・アルムルクがバルーチを占領して，ゴアにいるポルトガルのインド総督に援助を求めたのである。バルーチを攻めるべく軍を起こしていたスルターン・アフマドのため，セイディー・アリーは銃兵ほか200人をバルーチに派遣するが，3日後にはスーラトに87隻からなるポルトガル艦隊が押し寄せ戦闘を始めた。一行は陸に上がって天幕を張り，塹壕を掘って2ヵ月の間昼夜戦いつづけた。その間彼らは，ナースィル・アルムルクが夜間天幕に差し向けた部隊を敗走させ，毒殺の試みも未然に防いだ。最終的にスルターン・アフマドがバルーチを占領し，ナースィル・アルムルクが死亡したことで，グジャラートの騒乱は終結を見た。ポルトガルはセイディー・アリーの引き渡しを要求したが，グジャラート側はこれを拒否する。

糧食や船の備品がないこと，艦船に損傷があることから「[紅海経由で]エジプトに行けそうにないことは確かであり」，また船員の多くがグジャラートで仕えることを選んで船に人員がいなくなったため，セイディー・アリーは海路で帰還することをあきらめるに至った。彼は武器，備品をスーラトに

派遣されたスルターン・アフマド麾下の将に引き渡し，対価をイスタンブルの宮廷に送る保証を得，証書を受け取ると，自らにつき従う 50 人ほどとともにスーラトを出発した[11]。グジャラート地方を北上して，バルーチ，ワローダラー，チャーンパーネール街道，マフムーダーバードを経由し，15 日ほどで「グジャラートの都」アフマダーバードに到着すると，君主スルターン・アフマドに謁見した。

その後スルターン・アフマドから領土の提案を受けるが，これを断り，冬にはアフマダーバードから北上して，5 日後にパタンに着いた。次の目的地ラダンプルの統治者と争うパタンの統治者は，セイディー・アリー一行がラダンプル側に加担することを危惧し，彼らを足止めしようとするが，スルターン・アフマドの勅令を見せることで出立の許しを得[12]，5 日後，ラダンプルに到着する。詳細は明らかでないものの，ラダンプルでも難題が持ち上がったようで 3 人が拘束された。残りの者は出発の許可を与えられ，スィンドに向けて旅立った。

3. スィンド——地方政権の争乱

一行は，途中出会ったラージプートの長から書状をもらい，スィンドに入るとラクダを借りて，アフマダーバードから付き添ったバート[13]たちに金銭を与えて帰らせた。出発してから 10 日目，カッチ湿原とタール砂漠の間に位置する「ラージプートの町の一つ」であるナガルパルカルに至った。そこでは「異教徒(kâfir)」(ラージプートのこと)の襲撃を受けたが，ラージプートの長たちの手紙を見せ，若干の贈り物を与えることで通行することができた。翌日の夜明け前には出発し，ヴァーンカ[不明]で再度ラクダを手配すると，5 日でジューン，バーゲ・ファトフに至った。

彼らが足を踏み入れたスィンド地方も混乱の中にあった。この時期，アルグン朝(1520-54 年)君主シャー・ハサン・ミールザー(在位 1522-54 年)の老齢による統治能力の欠如から，ミール・イーサー・タルハン(在位 1554-65/66 年)が替わりに推戴され，スィンド南部に位置する「スィンドの都」タッタでタルハン朝(1554-91 年)を創始した。このため，シャー・ハサン・ミールザー

は居所を定められずにいた[14]。そうした情勢の中,シャー・ハサン・ミールザーの同盟者でスィンド北部の中心都市バッカルに拠るスルターン・マフムード・ハーンが,タッタ攻撃のためインダス川を下ってきた。シャー・ハサン・ミールザーはセイディー・アリー一行に助力を求め,スィンドの港町ダイボル[15]を賦与することを申し出る。セイディー・アリーはこれを断ったものの,「[出立の]許可は征服の後だ」と言われて協力を余儀なくされ,ともにタッタを攻撃することになった[16]。タッタ攻略は成功しなかったが,セイディー・アリーが仲介に入り,シャー・ハサン・ミールザーとイーサー・タルハンの間に和議が成立,セイディー・アリーは 1555 年 3 月中旬シャー・ハサン・ミールザーとともにバッカルに向かうべく川を遡上した。その途上シャー・ハサン・ミールザーが死に,また「チャガタイ(chaghatây)」の襲撃を受けるも,さらに川を遡上してナースィルプルに至った。その後追撃してきたイーサー・タルハンとの会見を経て,数日でスィヤーヴァーンに至り,パタル,ダルベラを経由して,バッカルに到着した。

バッカルでスルターン・マフムードと会見したセイディー・アリーは,1ヵ月同地に滞在したのち,彼の勧めに従ってカンダハールへの道を取らず,ラホールに向かった。7月上旬にバッカルを出発すると,スルターンプールを経て,5日後マーウ城塞に至った。そこから砂漠の道を選択して進み,翌日チャーフラル[不明]に至るが,水が見つからず危機に陥る。そのため砂漠のルートを断念し,再びマーウに戻ると,今度は森の中を北上して 10 日後ウチュに着いた。7月 20 日にウチュを発つと,15 日でムルターンに,そこからさらに北上しサドガラを経て,8月下旬ラホールに到着した。

4. ムガル朝領内の旅——インドからアフガニスタン,フッタラーンへ

ラホールでは,ムガル君主フマーユーン(在位 1530-40, 1555-56 年)の息子ミールザー・シャーが一行の通過にあたってフマーユーンの許可を求めたため,1ヵ月同地に滞在したのち,ムガル朝の都デリーに向かうことになった。ヒサーリ・フィールーズシャー[ヒサーリ・フィールーザか]に向かう道をとり,20 日ほどしてデリーに到着すると,そのことを知ったフマーユーンは,

「ハーンたちの長およびその他のハーンたち，スルターンたちを，400の象と数千の人とともに，幸ある皇帝陛下（オスマン朝君主のこと）への敬意にふさわしく出迎えるため遣わし」た[17]。ハーンたちの長による宴ののち，彼らは夜に開催される御前会議のため，夕方に改めて表敬の意をもって宮廷に出向き，贈り物を奉呈し，フマーユーンに謁見した。その日以降セイディー・アリーはフマーユーンと親しく交流し，デリー滞在は3ヵ月半に及んだ[18]。ここでも彼はフマーユーンから自らに仕えるよう望まれるが，これを断った。

フマーユーンから許可を与えられ，まさに出立しようとしていたときに，フマーユーンが急死する。セイディー・アリーはフマーユーンの突然の死を秘するよう周囲に働きかけたのち，1556年1月末にデリーを出立した。ソーニーパト，パーニーパト，カルナル，ターネサル，サマーナと進み，スィルヒンド，マチワラを経てスルターンプルの川を渡り，再度一行はラホールに到着した。同地でミールザー・シャーが再び彼らの通行を許さなかったため，フマーユーン逝去後に即位したアクバル（在位1556-1605年）の許可を求めてカラウナルからマンクート城塞にまで赴き，彼と会見した。そこでフマーユーンの勅令を見せ，アクバルからの許可を得ると，再びラホールに戻り，2月下旬には同地を発った。ラホール川（ラヴィ川）を越えてベーラに至り，そこからニーラーブで川を渡り，「バクトリアの地，すなわちザーブリスターン（Bākhtar-zamīn ya'nī Zābulistān）」[19]に足を踏み入れた。

その後一行は，アフガン人との遭遇，戦闘を経て，ペシャーワルに到着した。ハイバル峠を越え，ジュー・シャーイー，ラムガーンを経由して，カーブルに到着すると，フマーユーンの息子ムハンマド・ハキーム・ミールザー，ファッルフファル・ミールザーらと会見した。

4月中旬には同地を発ち，カラバーグ，チャーリーキーラーン，パルワーンを経て，ヒンドゥークシュ山脈の峠を越え，バダフシャーン（現アフガニスタン北東部およびタジキスタンの一部を含む地域）のアンダラーブに至った。そこからさらに北のターリカーンに向かい，「バダフシャーンの君主」スライマーン・シャー[20]とその息子イブラーヒーム・ミールザーと会見した。ターリカーンからは，彼らの言を容れて，クンドゥズ，カヴァーディヤーン，

ティルミズ方面には進まず,フッタラーン方面(現タジキスタンの一部)に向かった。「バダフシャーンの都」キシムからザファル城への道をとって,ルースタークへと歩を進め,サムティーの渡しでアム川を越えると,フッタラーンのクーラーブに至った。クーラーブでは,ジャハーンギール・アリー・ハーンに会って,スライマーン・シャーからの手紙を見せ,15人の従者をつけてもらい,チャールスーを経て,ポレ・サンギーンで川を越え,「トゥーラーンの国,すなわちマーワラーアンナフル」に入った。

5. シャイバーン朝下の対立と騒乱[21]——マーワラーアンナフルからホラズム,キプチャク草原

マーワラーアンナフルに入り,バーザーレ・ノウ,チャハール・シャンベ,ヒサール(チャガーニヤーン),デナウ,シャフリサブズを経由して,「天国の如きサマルカンド(Samarqand-i bihisht-mānand)」に彼らが至ったのは,1556年6月中旬のことであった。同地ではシャイバーン朝君主バラク・ハーン(在位1552-56年)に謁見する。1ヵ月ほど滞在したのち,自身に仕えるよう望むバラク・ハーンの申し出を断って,7月13日にはサマルカンドを出立した[22]。

彼らはタシュケント方面のトルキスタンの道をとらず,ブハラをめざすことにしたが,ブハラのサイイド・ブルハンがバラク・ハーンと対立し,後者の息子ホラズム・シャー・スルタンとも敵対していたため,バラク・ハーンの言に従い,カルミナを経てグジュドヴァーンに到着したのち,同地で情勢を見て使節を待つことにした。しかし状況が見えないため,グジュドヴァーンを発つと,途中プル・リバート(ラバタク)で,ホラズム・シャー・スルタンが戦闘準備をしているところに行き当たり,助力を要請される。彼はこれを断り再びグジュドヴァーンに戻ろうとするが,途中で戦闘に巻き込まれてしまう。犠牲者を出し,セイディー・アリー自身も危地に陥ったが,戦闘の途中で以前オスマン朝から派遣されていた者たち(Rûmîler)が彼を認め,サイイド・ブルハンと会うことで,ブハラに到着することができた。彼はサイイド・ブルハンからもブハラにとどまるよう望まれるが,これを断り,15

日間の滞在後,ホラズムへと向かった。

　一行はブハラ出発後,カラキョルを経由し,ファーラーブから8月中旬にアム川を渡って,チャハール・ジューイに到着した。その後アム川沿いにホラズムに向かい,10日でハザール・アスプに到着,そこから5日でヒヴァに着き,さらに5日でホラズムまでやってきた。

　当時のホラズム地方はアラブシャーヒー朝の支配下にあった[23]。セイディー・アリーらは君主のドゥースト・ムハンマドとその兄弟イシュ・スルタンと会見したのち,シャイフ・アブドゥッラティーフ[24]がヴァズィールで死去したことを聞いたため,ホラズム南西に位置するヴァズィールとの間を往復した。9月初めには,黒海北岸ルートを経由して帰還するため,ホラズムを発ってキプチャク草原へと旅立った。困難な旅の末にウラル川下流のサライチクに辿り着いたが,そこで待ち受けていたのは,ロシアによるアストラハン占領後の混乱であった[25]。かくして一行は黒海北岸ルートを断念し,再びホラズムに戻ることを強いられた。ホラズムではカスピ海経由でシールヴァーンに出るルートが検討されたが,このルートも封鎖され,混乱していた[26]。結局,彼らはホラーサーンからイランを通ってイラクに向かうルートを行くことになった。

6. サファヴィー朝,そして帰還

　1556年10月6日,ホラズムを旅立ったセイディー・アリー一行は,アム川を渡ると,ドゥールーン,バーゲ・ヴァーイ,ニサーの各地で通行許可を受けながら旅をつづけた[27]。そしてアビーヴァルドからトゥースに至り,11月4日,マシュハドに到着した。マシュハドには,サファヴィー朝君主シャー・タフマースプ(在位1524-76年)の甥にあたるイブラーヒーム・ミールザーとタフマースプの息子スライマーン・ミールザーがいた[28]。同地では,上記2人と大臣ギョクチェ・ハリーファにまみえ,タフマースプのもとに行くために人を要求して受け入れられる一方,宴での談笑の折に,アリーと3人の正統カリフのカリフ位およびその妥当性についての議論を求められ,これをやりすごすなどした[29]。しかし,サマルカンドのバラク・ハーンのも

とに来た「オスマン朝の人間(Rûmîler)」であるとの嫌疑を受けて彼は拘束されてしまう。この危機を脱することができたのは，イマーム・レザー廟のムタワッリー(管財人)やサイイドたちが，イブラーヒーム・ミールザーに掛け合って，彼の嫌疑を晴らしてくれたことが大きかった。イブラーヒーム・ミールザーは，「シャーを懼れ，行った処置を後悔して，アーシューラーの日(マシュハド到着の10日後にあたる)に全員を自由にし」た[30]。馬や荷物も返されたが，多くの荷物が剥き出しになっていた。11月中旬には，タフマースプの妃やタフマースプの弟バフラーム・ミールザーの妃らとともにカズヴィーンをめざして出発した。

　マシュハドを出たあとは，ニーシャープール，サブザヴァールを経由して，ホラーサーンからイラーケ・アジャム(イラン高原中央部)へと足を踏み入れ，バスターム，ダムガーン，スィムナーン，レイを経て，1ヵ月半後の1557年1月1日にサファヴィー朝の首都カズヴィーンに到着した。

　しかし彼らはカズヴィーンに入ることができず，サブゼゲラーンという町に送られ，取り調べを受ける。タフマースプは，マシュハドの者たちが自身に前もって上申せずにセイディー・アリーらを送ってきたことに怒ったのであった。同行した妃らのとりなしとタフマースプ自身に送った詩の甲斐もあって怒りが解けると，カズヴィーンに迎えられ，タフマースプとの謁見を果たした。その後，使節が利用するアゼルバイジャン経由のタブリーズ＝ヴァン・ルートを，冬であるから耐えられないという理由で断り，バグダードに向かってカズヴィーンを発ったのは2月上旬のことであった。アブハル，カールハーネ山，ダルグズィーン，ハマダーン，サアダーバード，アルヴァンド山とネハーヴァンド山の麓，ビーソトゥーン山，ヴァイスルカランと進み，カスレ・シーリーン街道でザンジール城塞へと歩を進めた。カズヴィーンから数人の人員とともに同道したサファヴィー朝百人隊長の弟はここで帰還した。翌日の夜明け前に同地を発つと，トクズ・オリュムという川を渡り，シャフラバーンを経て，1557年3月1日，ついにバグダードに到着した。彼らがバスラを出航してから2年7ヵ月が経っていた。

　バグダードに到着後すぐに同地を発つと，一行は5月上旬にイスタンブ

ルに到着した。イスタンブルを出発したときから数えれば，実に3年8ヵ月を超えて，ようやく故郷に帰還したのである。

　イスタンブルに戻るも，スレイマン1世がエディルネに滞在していることを知ったセイディー・アリーは，2日後すぐに同地を発ってエディルネに向かいスレイマンに拝謁した。そして再度イスタンブルへの帰路についたのであった。

2. 旅の危険と苦難

　前節ではセイディー・アリーの旅の経路を詳述したが，彼の旅は困難に満ちたものであった。事実，セイディー・アリーの旅行記には，様々な場面で「多大の困難を伴って」という文言が，あたかも旅の常套句であるかのように頻出する[31]。そこで本節では，彼が旅する上で直面した困難がどのようなものであったかを，具体的に見ていきたい。

1. 自然との格闘

　セイディー・アリーの旅は，インドに至るまでの海路とインドからの陸路に大きく分けられるが，海路では嵐や暴風雨に何度も見舞われた。オマーン沖からインドのグジャラート地方に流されるそもそもの原因となった「象の嵐」について，セイディー・アリーは以下のように描写している。

> 方向を転じざるを得ず，まったく帆を張ることも，三角帆を開くことさえもできず(中略)，風によってまったく目を開けることもできず，西の海[地中海]でおこる嵐はたとえばその傍らの芥子粒[の如きものであり]，山々の頂にも似たその波[でさえ]，この[嵐によって引き起こされた波の]前ではほんの一滴にも及ばない。誰も昼か夜かもわからず，船がかなり無力化したため，積み荷のうちの一部を海に投棄した[32]。

　主に地中海で活動していたセイディー・アリーにとって，アラビア海やイン

ド洋という外洋で遭遇した嵐は想像を絶するものであったことがよくわかる描写である。

　一方，陸路の旅も決して容易なものではなかった。彼ら一行は，山岳地帯を越え，川を渡り，荒野を進んだ。特に砂漠の旅では水不足に悩まされた。スィンドのマーウ城塞から砂漠ルートを選択してパンジャーブ地方に向かう際には，水不足のために来た道を引き返さざるを得なかった。

> 水がなく，何人かは熱風と水の欠乏のため死ぬ寸前に至った。各人に解毒薬(tiryâḳ-ı fârûḳ)が与えられ，翌日なんとか(biñ belâ ile)快復したが，この状況を見るにいたって砂漠の道をあきらめ，「異邦者は盲人の如きもの」[という言]に従って[来た道を]戻った[33]。

　また，ブハラを出てアム川を渡り，ホラズムに向かう道にはライオンが出没した。道中の様子は以下のとおりである。

> その後出発し，砂漠，すなわちホラーサーンの荒野を，アム川に沿ってホラズムに向かった。昼夜ライオンと戦い，一人で水を取りに[行くことは]決してできず，多様な苦難を伴って(biñ dürlü belâ ile) 10日でハザール・アスプに来て，そこからさらに5日でヒヴァの町に着いた[34]。

　ホラズムを発ってキプチャク草原を目指した際にも，再び砂漠での困難な旅を強いられている。

> 1ヵ月以上[35]キプチャク草原を流離(さすら)い歩いたが，秋であったので，それ以降その日々に決して鳥が飛ぶことはなく，野生ロバが駆けることもなかった。なぜならまったく一本の草もなく，もとより一滴の水もなく，果てのない砂漠と荒れ野の地だったからである[36]。

　このように，何度も過酷な自然のなかを進んだセイディー・アリーであっ

たが，彼らの前に立ちはだかった困難は，自然状況に起因するものだけではなかった。

2. 旅の安全を脅かすもの——在地の集団

旅を行うに際しては，どれほど安全を期してルートを選んだとしても，危険に見舞われることもあれば，やむを得ない理由で先に進むことがかなわず引き返すこともある。セイディー・アリーの旅はまさにそうしたものであった。ここでは道中の安全を脅かす存在を拾い上げ，さらに安全を脅かされた際に彼がどのように対処したかを見ていきたい。

『諸国鏡』の記述には，一行の旅を阻むことになる在地集団として，「ラージプート」，「Semche（?）と Mâchî（?）の集団」，「ジャッド[37]の集団」，「アフガンの集団」，「マンギトの集団」などの名前が挙げられている[38]。ラージプートとの遭遇については，スィンド地方の出来事として，以下のように語られる。

> ラージプートの町の一つであるパルカル（ナガルパルカル）という名の町に着くと，異教徒が我々に対して攻撃をしてきたが，［先に出会った］ベグたちの手紙を渡し，幾ばくかの贈り物を与えると通行させてくれた。しかし［彼らは］「道中には千ものラージプートの異教徒がいる。注意しなさい」と警告した。翌日の夜明け前に出発すると，ある日の朝，突然に「向こうからラージプートがやって来た」と騒ぎが起きた。（中略）すぐさま［防壁とすべく］ラクダを跪かせて円形にすると，全方向に向けて小銃を撃った。すると異教徒は小銃を見て人を遣わし，「我々は戦いに来たのではない。税を要求するのだ」と言った[39]。

ラージプートに対しては小銃の射撃が威嚇となって実際の戦闘にはいたらなかったものの，Semche と Mâchî の集団とは，イーサー・タルハンと会見したあと，スィヤーヴァーンに到着するまで毎日戦わなければならなかったと記されている[40]。さらに一行はバクトリアの地に足を踏み入れたときに，

アフガンの集団の襲撃を受けた。

> ニーラーブからカーブルの町に向かったが，アーダム・ハーンという有名なアフガン人を怖れて，夜から急いで駆けた。朝には峠，すなわち山裾に至ったが，アフガンの集団がいるという報せはなかったので，夜明け前に峠をめざした。しかし峠の頂に達したときに，何千ものアフガンの集団が追いついてきた。小銃を向け応戦したところ，神の恩寵によって助かり，ペシャーワルの町に到着した[41]。

ジャッドの集団およびマンギトの集団に実際に出会ったという記述はない。しかし，以下に見るように，両集団については統治者自身が警戒すべき集団として言及しており，一行のルート選択にも影響を与えた。ジャッドの集団への言及は，スィンド北部のバッカルから先のルートをどうするかが問題になった際に，同地を拠点とするスルターン・マフムードの忠告においてまず見られる。

> 「しかしカンダハールの道は，ウズベクのスルターンの一人であるハイダル・スルターンの息子バハール・スルターンが数千人を伴って盗賊となり，誰も通過させない。数日［バッカルに］留まりなさい。砂嵐の時期です。何人かをあなたにつけてラホールに送ります。しかしそこ（ラホールに至る道）にもジャッドの集団がいる。注意しなさい。」[42]

スルターン・マフムード自身が注意を喚起していることからわかるように，ジャッドの集団は統治者にとってもやっかいな集団であったのだろう。このジャッドの集団が，一行にマーウ城塞から先，砂漠のルートを選択させる直接の原因となった。「森の道にはジャッドの集団がいる」からである[43]。しかし前述のとおり，彼らは水不足から砂漠の道をそれ以上進まず，森の中の道を進まざるを得なくなった。以下の記述はジャッドの集団が現地の人びとにも怖れられた存在であったことを如実に示している。

同行のスィンド人たちは森の道を行くのを怖がったが，ついには同行者たちを宥めて言い聞かせ(中略)，10丁の小銃を前に，また10丁の小銃を後ろに，残りを真ん中にして，至高の神の限りなき恩寵に頼って出発した。するとスィンド人たちもこの状況を見て同行し，命を奪う[危険が存在する]森に突き進み，多大の困難の末に(hezâr miḥnet ve belâ ile) 10日でウチュに到着した[44]。

マンギトの集団への言及はサマルカンド，ホラズム，サライチクの各所で見られる。以下の引用はサマルカンドでのことである。バラク・ハーンの使節として同行することになったサドル・アーラム・シャイフ[45]がタシュケント経由のトルキスタン・ルートを行くように望んだにもかかわらず，同ルートをとらなかった理由が示されている。

その道ではマンギトすなわちノガイの集団が人々を虐げ，圧迫していると聞こえており，盗賊，追い剥ぎが無数にいて，イスラームの民を決して通すことなく，もちろん見つけた者を追い剥ぎし，様々な圧迫を加えることが人々の間で知られているため，その道を選ばず，ブハラ方面に向かった[46]。

ホラズムからサライチクに出立する際には，マンギトの集団を警戒して以下のような方策がとられた[47]。

多くのイスラーム教徒が同行者となり，衣服('urbalar)を貰い，残りの人々は羊の皮でできた[衣服である]キュルク(kürk)を得た。「皆，この格好をする必要がある。さもないとマンギトの集団はウズベクよりも[たちが]悪い[ので]，別の格好をしている人を見たら，ロシア人と思われる可能性がある」と注意を与えた[48]。

各地に様々な集団が存在し，ときに旅行者に通行税のごときものを要求し，

ときにこれを襲撃するなどの行為を行っていたことが以上からわかる。こうした集団が，おそらくは各地の統治者たちの統制からはみ出て，半ば自律的に行動していたであろうことも，セイディー・アリーの記述からうかがうことができる。

　さらに，地域の混乱を招くものは，各地で活動する在地の集団以外にも存在した。すなわち支配者の係累が盗賊行為を働くことがあった。スィンド北部のバッカルから，カンダハール・ルートを避けてラホールに向かった原因は，前述のごとく「ウズベクのスルタンの一人であるハイダル・スルタンの息子バハール・スルタンが数千人を伴って盗賊となり，誰も通過させな」かったからであるし，バダフシャーン地方のターリカーンから，クンドゥズ方面を避けてフッタラーンに歩みを進めた理由は，「バルフのハーンであるピール・ムハンマドと[サマルカンドの]バラク・ハーンの間に敵対関係があり(中略)，危険で，ピール・ムハンマドの弟たち(inileri ya'nî küçük karındaşları)が盗賊となっているので」[49]，同方面が混乱していると，ターリカーンの君主スライマーン・シャーから聞かされたからであった。統治者の統制を逃れた形で道中の安全を脅かす集団がいる一方で，統治者との関係を背景に地域の混乱を生み出す者もいたのである。

　この時代，各地には秩序を乱す集団が存在していた。完全な秩序と安全な社会というものは存在しておらず，社会はつねに混乱を内包していた。しかし統治者たちがおおよそ危険な状況をセイディー・アリー一行に知らしめていることからもわかるように，彼らは秩序を乱すものを内包する社会をそのままに受け入れ(あるいはやむなく受け入れ)，混乱も含めて統治していたのである。

3. セイディー・アリーの旅のスタイル

1. 人数，資金，および各地の統治者との関係

　これまで述べてきたように，セイディー・アリー一行は苦難に満ちた旅を強いられたが，彼らはそもそもどのような集団であったのか。また一体どの

ように旅をつづけていったのであろうか。

　一行の具体的な人数を記す箇所は，先述したように，スーラトを出発する場面に見える。「この私めに従い，幸ある皇帝陛下の塩とパン[恩義のこと][50]を知る信仰深き僕たちのうち，エジプトのイェニチェリ副官ムスタファ・アー，銃手長アリー・アー，そして部隊長やほかの有能な同道者たちである50人の同道者と，至高の神を絶対的に信頼して」彼はスーラトを発った[51]。そこに，アフマダーバードからスィンドに入るまではバートの集団が加わり，バッカルからラホールをめざす際にはスィンド人が同行した。ヒンドゥークシュ越えではファラーイーとパッシャーイーの集団が集められ[52]，フッターランのクーラーブでは，15人の従者がつけられた。サマルカンドからは使節が同道し，ホラズムからサライチクに旅する際にも多くの人間が加わった。マシュハドからカズヴィーンまではタフマースプの妃らが同行し，カズヴィーンからもサファヴィー朝側の同行者が存在した。これらを考慮するならば，セイディー・アリー一行は50人ほどを核として，場合に応じて彼らに同行する様々な人びととともに旅したと考えられる[53]。

　セイディー・アリーらが旅をつづける資金をどこから得ていたのかも問題となる。先述したように，スーラトで売却した武器，備品の対価はイスタンブルに送る手はずを整えているので，物品を売りさばいて資金を捻出したとは考えづらい。彼らにはもともとある程度の手持ち資金があったとも考えられるが，各地の統治者や支配者から旅行費用を恵贈されることもあった。

　セイディー・アリーの旅のルートを詳述した個所で述べたごとく，彼は各地の統治者や為政者のもとを訪れながら旅をつづけた。統治者に謁見し，通行許可を得て，勅令や書状を与えられた。ある場合には周辺の情報や助言を得，同時に旅をつづけるための物質的援助も受けた。たとえば，アフマダーバードではスルターン・アフマドから「一頭の馬，一繋ぎのラクダ，路銀を恵贈」された[54]。バッカルからラホールに向かう際には，スルターン・マフムードが，「一頭の良馬，一繋ぎにされたラクダ，一帳の大きな天幕，一本の日傘 (bir şâm-yâne ya'nî sâye-bân) を与え，路銀を恵贈し，快速のラクダ[に乗った]50人のスィンド人の騎兵を同行させ」た[55]。カーブルでは，北上

してヒンドゥークシュを越えるために，同地で統治の任にあったフマーユーンの息子の命によって「ファラーシーとパッシャーイーの集団の長ミール・ナズリー」が同行し，かつ「上述の集団から馬と（中略）300人の者」を供出してもらった[56]。

このようにセイディー・アリーが各地で統治者と会い，さらに様々な便宜を図ってもらえたことは，彼が一介の旅行者ではなかったことを雄弁に物語る。セイディー・アリーは各地の統治者や為政者に謁見した際に，必ず贈り物を差し出し，馬と衣（khil'at）などを統治者から賜っている。統治者から馬と衣を下賜されるこの行為は完全に儀礼的なものと見るべきで，彼がオスマン朝を代表する人間として遇されたことを示している[57]。すでにS.ファローキーが触れているように，セイディー・アリーはまさしくオスマン朝の使節としての役割を果たしていた[58]。

彼がこうした旅をすることができた背景には，当時オスマン朝の威光が東方の諸王朝にも行き渡っていたということが考えられる。バルーチの君主がオスマン皇帝に臣従を表明したことも，ダマンでカリカットから来ていた船の人間が，「カリカットの君主サーミリーが，幸福の所有者たる皇帝陛下（オスマン朝君主）への臣従を申し出」たと伝えたことも，グジャラートのスルターン・アフマドがオスマン皇帝に「誠実なる申し出をして，完全なる臣従を示した」ことも，このことを裏付ける[59]。そもそもオスマン朝は，1538年にハドゥム・スレイマン・パシャ率いる艦隊をグジャラート君主の要請でディーウに派遣していたのである。中央アジアにおいても，オスマン皇帝からサマルカンドのバラク・ハーンのもとに，「シャイフ・アブドゥッラティーフとダダシュ・イルチとともに，何人かの小銃の射撃手と大砲が送」られていた[60]。こうしたオスマン朝の勢威を背景に，オスマン朝軍人として，オスマン朝の使節の役割を果たしながら，彼は為政者たちと関係を築きつつ旅をすることができたと考えられる。

さらにセイディー・アリーは，訪れる先々の為政者たちから領地や官職の提案を受け，彼らに仕えるよう要請された。各地の為政者がセイディー・アリーを麾下に加えようと試みた理由として，少なくとも以下の二つを考える

ことができるだろう。第一は，彼がオスマン朝の海軍提督であり，実際に戦闘能力を有したこと。そして第二は，彼の有する武器，すなわち小銃が魅力的であったということである。彼ら一行の人数はスーラト出発の段階で50人程度であり，バラク・ハーンに対する返答からも明らかなように[61]，兵力としてはたいしたものではなかった。しかし彼らが所有する銃は，実に重要な武器であった。このことは在地集団に対して小銃がどれほど威力を発揮したかを考えれば理解できる。以下はブハラでサイイド・ブルハンに出立の許可を求めた場面からの引用である。

>[サイイド・ブルハンは]「すべての鉄[製]の小銃を我々にくれたまえ。我々はあなたに，望むだけの量の銅[製]の小銃をあたえよう」と言った。やむなく残っていた小銃を引き渡すと，彼は40丁の銅[製]の小銃を[セイディー・アリーに]渡した[62]。

同様に，ホラズムを発つ許可を得る際にも，彼は所有する銃を引き渡すことになった。

>すぐにラクダが手配され，ホラズムの君主ドゥースト・ムハンマド・ハーンに[出立の]許可を求めたところ，「小銃(mıltıq)をもって敵の中に行くのは適切ではない」と言ったので，手持ちの小銃の半分をハーンに，半分を彼の兄弟に与えると，許可が得られた[63]。

後者の例は，実際に小銃を持ったまま，すなわち武装した状態でサファヴィー朝下を旅することが危険であることを示すものであるが，結果としてドゥースト・ムハンマドは銃を入手することができたのである。

2. 対立する陣営の間を旅する

セイディー・アリーが各地で為政者と関係をもちながら旅をつづけたことは，彼らが巻き込まれている対立・争いに彼も巻き込まれてしまうことを意

味した。彼はグジャラート，スィンド，マーワラーアンナフルで対立する為政者たちの争いに巻き込まれながら旅をつづけ，その過程で実際に戦闘行為に及んだ。しかし地域での政治的な対立状況が彼の旅を完全に妨げることはなく，彼は対立する陣営の両方に面会しながら旅をつづけたのである。

　グジャラートでは，パタンの統治者とラダンプルの統治者が戦争に及ぼうかというときに，若干の干渉はあったものの，パタンからそのままラダンプルに進んでいる[64]。スィンドでは，シャー・ハサン・ミールザー，スルターン・マフムードとともにイーサー・タルハンの拠るタッタを攻めたが，和睦ののちに彼らを追撃してきたイーサー・タルハンとその息子ミール・サーリフと会見する。ミール・サーリフに対しては，あろうことか「我々には船頭がいない」と言って，彼から15人の船頭を与えられている。イーサー・タルハンとの会見では，直接フマーユーンのもとに行き，バッカルのスルターン・マフムードのもとには行かないようにと言われるが，セイディー・アリーはこれを拒絶し，逆に，「我々に[立ち去る]許可を与えよ。[汝によって]奪取された船を我々とともに送れ。そして一人の従者をつけよ」と要求する[65]。イーサー・タルハンはこれを受け入れて「7隻の船があったがそのすべてを卑しき私めに引き渡し，一人の従者をつけ，船頭を与え，「道中，妨げがないように」という勅令を与え，幸運の所有者たる皇帝陛下に陳情書を書い」たのである[66]。セイディー・アリーは，先に同盟者として共に戦ったスルターン・マフムードのお膝元であるバッカルへと向かった。

　シャイバーン朝下の中央アジアでも，セイディー・アリーはバラク・ハーンが拠るサマルカンドから彼と敵対するサイイド・ブルハンのいるブハラへと向かう。その際にバラク・ハーンは，息子ホラズム・シャー・スルタンとサイイド・ブルハンが戦闘準備をしており緊張状態にあることを告げて，直接ブハラに向かわず，グジュドヴァーンに立ち寄って情勢を見守りつつ使節を待つようにと言うのみで，彼がブハラに行こうとすることを無理矢理にでも止めることはなかった。

　セイディー・アリーが対立する陣営の間を旅することができた理由として，彼がオスマン朝の提督で対立の部外者であること，それゆえ立場的には中立

であること，さらに事実上彼がオスマン朝の使節としての役割を果たしていたことが挙げられるだろう。各陣営の領袖は対立する陣営に彼が行くことを妨げなかった，あるいは妨げられなかった。ある地域内において統治者間に対立があったとしても，それは必ずしも旅そのものを阻害する決定的要因とはならなかったのである。

それでは，彼が立場上部外者ではありえなかった土地を旅した場合はどうであったか。オスマン朝と長きにわたって対立関係にあったサファヴィー朝下の旅を見てみよう。ホラズムからサファヴィー朝下のイラン経由でバグダードに帰還しようと考えるセイディー・アリーに対して，ドゥースト・ムハンマドは，

> 「シャー［・タフマースプ］は，世界の保護者たるパーディシャー［スレイマン 1 世］に現状完全に従っていると聞いている」と［我々は］知らされたが，「しかし道中にいるキズィルバシュのベグたちはあなたを無事に(saġ ve sālim)シャーに至らしめることはないだろう」

と告げる[67]。引用部の前半は，長年対立していたオスマン朝とサファヴィー朝の間で 1555 年にアマスィヤ和約が締結されたことを伝えていると考えられるが，後半部の言葉にはサファヴィー朝領土を経由するイラン・ルートを勧める気配がまったく感じられない。ドゥースト・ムハンマドは先に一行がイラン・ルートを希望した際にも，彼らにしばらく留まってマンギトやロシア人が道中からいなくなるのを待つように勧めており[68]，サファヴィー朝下のイラン・ルートを勧めることはなかった。ここにはおそらくサファヴィー朝とオスマン朝の対立以上に熾烈であった，サファヴィー朝とウズベクの対立が影を落としているのであろう。しかしドゥースト・ムハンマドもセイディー・アリー一行がサファヴィー朝下のイランに行くことを勧めはしないが，その一方でやめるよう強制することもなかったのである。

ドゥースト・ムハンマドの忠告は，半分は当たり，半分は外れたと言えるかもしれない。一行はイランで二度にわたって拘束されるという窮地に陥っ

ているからである。最初はマシュハドにおける拘束であった。

> これほどの数の人間をシャー［のもと］に送るのは適切ではない。きっとこの者たちは同行させた人間を道中で殺して、どこかに出て行ってしまうであろう。おそらくはバラク・ハーンのもとに来たルームの人間（オスマン朝の人間）はこの者たちである。あるいはこの者たちに密書があろう。この者たちを調べてみぬうちに行かせてしまうのは適切ではない[69]。

　この拘束に王朝間の対立関係が影響したことに疑いはない。しかし、セイディー・アリーは最終的にタフマースプへの謁見を果たし、「危険」とされたイランを通ってオスマン朝に無事帰還できた。もちろんこれはアマスィヤ和約の結果であるとも言えようが、それまでの対立関係は彼の旅を中断せしめるものではなかった。サファヴィー朝に限らず、彼を拘束しようとした者がいたことは事実である。しかし国家間の対立でさえ、実際に戦争状態が継続していない限りにおいては、必ずしも旅を阻害する決定的要因にはならないと考えることができる。

3. 都市での滞在と聖者廟参詣

　セイディー・アリーは、イスタンブルを出発してから同地に帰還するまで3年8ヵ月、バスラを出航しバグダードに戻るまでであれば2年7ヵ月の間、旅にあった。旅の途上で彼が滞在、あるいは通過した都市は、バスラを出航して以降バグダード帰還までに限っても、大小含め150以上記されている。このうち、比較的長く滞在したことが明らかな都市は、デリー（3ヵ月半）、バッカル、ラホール、サマルカンド、カズヴィーン（1ヵ月以上）、アフマダーバード（1ヵ月弱）、ブハラ（15日）であり、日数は明らかではないもののカーブルにも一定期間滞在したであろうことが彼の記述から推察される。2ヵ月の間ポルトガルとの戦闘を行ったスーラトはさておき、各都市での滞在期間中に彼は何をしていたのであろうか。この問題を見る前に、『諸国鏡』の書物としての特徴について述べておこう。

『諸国鏡』には，彼が滞在した都市の描写——たとえば，都市の形状や建造物，自然環境，住民などに関する情報など——が一部例外を除き，まったくといっていいほど欠けている[70]。ある都市にモスクがいくつあるか，あるいは有名な建造物は何かなどという情報を『諸国鏡』はことごとく欠いているのである。ただし為政者と交わりつつ旅をしたため，各地の情勢に加えて，実際に自身の周囲で起こった政治的な事件には詳しい[71]。その意味で，この書はセイディー・アリー自身の経験を中心に書かれているということが言えるのであるが，都市滞在中に彼が具体的に何をしたのかということに関しては，これも残念ながらほとんど記述がない。為政者などとの交わり，会話や談笑の内容が多く記されているものの，これに類する出来事以外では[72]，たとえば，キシムで庭園を散策したこと，いくつかの都市で聖者のもとを訪れて，ドゥアー（祈り）をしてもらったことなどが記されるくらいである[73]。

しかし，こうした性格をもつ『諸国鏡』でありながら，各所で例外的に記される彼の行動が一つある。聖者廟の参詣がそれであり，通過しただけで滞在したかどうかわからない町でさえも，あるいは道中にあると思しいものであっても，彼は聖者廟について，その名を挙げて，参詣したという事実を記す。名前が挙げられた聖者廟は全体で 180 程度であり，バスラ出航後バグダード帰還までの間で 90 を超える[74]。埋葬されている人物が誰であるのかがわからないものもあるが，各都市において代表的な聖者廟と言えるものをしっかりと参詣して欠かすことがなかったと考えられる[75]。旅にあって聖者廟参詣は不可欠の要素であり，さらに，彼にとってそのことは記すに値すると考えられた。旅行記執筆の動機が記される箇所では，以下のように述べられている。

とにかくも［我々が］見た諸都市，不思議や驚異，参詣した高貴な聖者廟，すべての経験した苦難（vuķû' bulan âlâm u miḥnet）が記述される[76]。

彼の執筆目的の一つであった「諸都市」の諸々，「不思議や驚異」は，若干の例外を除き，ほとんど忘れられたに等しいが[77]，聖者廟に関しては忘れず

記録された。彼がこれほどの聖者廟を訪れたのは，任務の遂行や旅の安全を祈願するために，できうる限りの聖者廟を訪れて聖者の加護を受けることを望んだためということもできようが，それを律儀に記していることを考えれば，聖者廟参詣は人びとに知らしめるべき重要なことの一つであったと言える。セイディー・アリーのほぼ1世紀のちに，オスマン朝の領域内をくまなく旅し，浩瀚な旅行記を執筆したエヴリヤ・チェレビーは，父親に言われたことを以下のように記している。

　高貴なる聖者の参詣に専念し，すべての参詣地（ziyâretgâhlar）を，そしてあらゆる地方の宿駅にある平原，高山，岩と樹木，小さな町の描写もあわせて記述し，気候と驚嘆に値する建造物を，城塞の征服と建設者[を]，すべてを含む分量で記述し，『旅行記』という名の書物を著せ[78]。

都市の詳細な記述も残したエヴリヤ・チェレビーの『旅行記』と『諸国鏡』はその特徴が異なるが[79]，少なくとも聖者廟を訪れて，それを記述したという点は共通している。そうであるからには，聖者廟参詣と廟の記載はセイディー・アリーにのみ限られたことではなく，旅行記に欠くべからざる要素として重要であり，セイディー・アリーの聖者廟参詣は旅に組み込まれた一要素であったと考えることもできるであろう。

おわりに

　本章では，セイディー・アリーの旅がどのようなものであったかを見てきた。その結果，当時の旅は困難を極めるものであること，人が旅する土地や社会はそもそも秩序を乱す要素を抱えた上で成り立っていること，旅を阻害する要素がたとえあったとしても，大抵の場合は旅することができるということが確認された。セイディー・アリーの旅は，彼がオスマン朝の提督であり，小銃を携えて旅したという点，各地の為政者と関係をもちながら旅したという点で，一般的な旅と見なすことができないのは確かである。彼の旅はある意味で特殊なものであった。しかも，その特殊性ゆえに争乱にも巻き込

まれた。ただそれでも旅をつづけることはできた。16世紀という時代は、サファヴィー朝やムガル朝、シャイバーン朝、そしてオスマン朝がしのぎを削り、さらにはポルトガルが海域世界に進出した時代であるが、こうした時代背景があっても、そしてそこに混乱や争乱があったとしても、移動はできる。セイディー・アリーの旅は特殊な例であったかもしれないが、こと移動に関しては、他の人びとと同じである。であるならば、混乱や争乱があったとしても、必要があれば人びとは移動をつづけ、その往来が途絶えることはなかったと考えることも許されるのではないだろうか。

　一方で、セイディー・アリーが聖者廟を参詣しながら旅をつづけたことは、特殊なことではなかったと考えられる。彼の一世紀後に現れた旅行家エヴリヤ・チェレビーがその旅行記において、聖者廟の情報を書き記したことは、この証左となろう。どちらにおいても聖者廟は記載するに足る人びとの関心事であった。旅が困難と危険に満ちたものであればあるだけ、セイディー・アリーと同様に、人びとは聖者廟を参詣し、聖者の加護を得ようとしたとしても不思議ではない。参詣が目的であるか否かにかかわらず、旅と聖者廟参詣はセットになっていたと言えるかもしれない。

1) オスマン朝のインド洋での活動については、Özbaran, S., "Osmanlı İmparatorluğu'nun Hint Okyanusu'na Açılması," Bostan, İ., and S. Salih Özbaran eds., *Başlangıçtan XVII. Yüzyılın Sonuna Kadar Türk Denizcilik Tarihi*, Vol. 1, İstanbul: Deniz Basnevi, 2009, pp. 201-211; Özbaran, S., *Yemen'den Basra'ya Sınırdaki Osmanlı*, İstanbul: Kitap Yayınevi, 2004; Casale, G., *The Ottoman Age of Exploration*, Oxford: Oxford University Press, 2010; Couto, D., "Murâd Bey, Seydî 'Ali Re'is and the Warfare against the Portuguese (1553-1554): New Insight on Original Iberian Account," *Türk Denizcilik Tarihi Bildiriler*, Vol. 3, (Uluslararası Piri Reis ve Türk Denizcilik Tarihi Sempozyumu, 26-29 Eylül 2013/İstanbul), Ankara: TTK, 2014, pp. 183-216 を参照。
2) 遠征に出かける直前はエジプトのベイレルベイ（州軍政管）。のちにサドラザム（大宰相）。
3) ピーリー・レイスは結局2隻の船でスエズに辿り着き、そこから陸路カイロに向かったが、同地で処刑された（"Pîrî Reis," *Türkiye Diyanet Vakfı İslâm Ansiklopedisi*）。なお、ピーリー・レイスは『海洋の書』の著者として著名な人物である。ピーリー・レイスと『海洋の書』については、新谷英治の一連の研究を参照のこと。
4) セイディー・アリー・レイスについては、Kiremit M. ed., *Seydi Ali Reis Mir'âtü'l-*

Memâlik: İnceleme-Metin-İndeks, Ankara: T.D.K, 1999 における解説，および Orhonlu, C., "Seydî Alî Reis," *Tarihi Enstitüsü Dergisi*, 1, 1970, pp. 39-56; Ak, M., *Osmanlı'nın Gezginleri*, İstanbul: 3F Yayınevi, 2006, pp. 55-67; "Seydi Ali Reis," *Türkiye Diyanet Vakfı İslâm Ansiklopedisi*; "Seydî Ali Reis," *İslâm Ansiklopedisi* 参照。

5) 『諸国鏡』のテキストとして，本章では，*Seydi Ali Reis Mir'âtü'l-Memâlik*(Kirmit ed.)の巻末(pp. 553-637)に付されたトリノ手稿本のファクシミリを利用する。同手稿本には「セイディー・アリーとして有名なキャーティビ・ルーミーの著者自身の筆による旅行記」と記されており，セイディー・アリーの自筆本とされる。手稿本からの引用箇所を示す際には，ファクシミリに葉数が記されていないため，書籍自体のページを記す。なお筆者が利用した版の巻末に掲載された手稿本には一部ページの錯簡が見られる。正しくは，p. 571 → p. 570, p. 612 → p. 614 → p. 613 → p. 615 の順序である。なお同書には，校訂者キルミトによるラテン文字による翻字が掲載されている。『諸国鏡』はオスマン語刊本が出版されており(*Mir'âtü'l-Memâlik*, Der Sa'âdet: İkdâm Matba'ası, 1313(1895/96))，それに基づく現代トルコ語訳(*Mir'atül-Memalik: Ülkelerin Aynası*, Akyıldız, N. ed., [İstanbul]: Tercüman, 1975)とフランス語訳(*Le miroir des pays: Une anabase ottomane à travers l'Inde et l'Asie centrale*, Bacqué-Grammont, J. -L. trans., [Paris]: Sindbad-Actes Sud, 1999)，Mustafa Özen による現代トルコ語訳(1943年)，ヴァンベリーによる英語訳(1899年)ほか，ドイツ語訳(1815年)，フランス語への部分訳(1826年)，ロシア語訳(1863年)がある。なお本章におけるラテン文字の転写は，現在慣例的に用いられているオスマン語転写の方式に従ったが，いくつかの文字についてはその方式を採っていない。またインド，中央アジア，イランなどの人名，地名はトルコ語に転訛した発音に準じていない。

6) 堀川徹は，中央アジアとオスマン朝をつなぐルートを考察した際に『諸国鏡』を使用し，中央アジアとオスマン朝の間には三つのルートがあったと結論づけている[堀川徹「シャイバーン朝とオスマン帝国」『西南アジア研究』34，1991年，43-75頁]。

7) 地名の同定には特に以下の地図を参照。*Tübinger Atlas des Vorderen Orients(TAVO)*, Wiesbaden: Reichert, 1993; Habib, I., *An Atlas of the Mughal Empire*, Delhi: Oxford University Press, 1982; Schwartzwerg, J. E. ed, *A Historical Atlas of South Asia*, New York: Oxford University Press, 1992(Second Impression, with Additional Material); Bregel, Y., *An Historical Atlas of Central Asia*, Leiden: Brill, 2003.

8) *Mir'âtü'l-Memâlik*, p. 568.

9) *Mir'âtü'l-Memâlik*, p. 570.

10) アフマド・シャーヒー朝下のグジャラートについては，『世界歴史大系南アジア史2』(山川出版社，2007年)の第3章「デリー・スルターン朝の時代」のうち真下裕之の執筆部分，および特に末期については，Habib, M. and K. A. Nizami eds., *A Comprehensive History of India, Vol. 5: The Delhi Sultanat(A. D. 1206-1526)*, Delhi: People's Publishing House, 1970, p. 897 を参照。在位年代は，Bothworth, C. E., *The Islamic Dynasties: A Chronological and Genealogical Manual*, Edinburgh: Edinburgh University Press, 1996 を参照した。ただし本章での記述内容は，スルターン・アフマ

ドが 12 歳で即位したということを含め，『諸国鏡』に拠っている．
11) *Mir'âtü'l-Memâlik*, p. 574.
12) 「そこ(パタン)でシール・ハーンとその兄弟ムーサー・ハーンは軍を集めて，ラダンプルのハーンおよびバルーチのハーンとの戦争を準備していたので，[パタンの統治者は]我々[の道中]を妨げることを意図して「そこ(ラダンプル)に着いて彼らを助けるのであれば，数日ここに留まりたまえ．今我々がある状況が取り除かれたときに，安全かつ平穏に行きたまえ」と言ったが，「偉大なる神かけて，我々は誰かを助けるために来たのではない．自らの道中を進みます．我々にはあなたの皇帝(スルターン・アフマド)の高貴なる勅令がある」」[*Mir'âtü'l-Memâlik*, p. 575].
13) バートと呼ばれる集団は，商人やほかの旅人をよその地に安全に送り届け対価を受け取っていることが『諸国鏡』に記されている[*Mir'âtü'l-Memâlik*, pp. 576-577].
14) スィンドにおける状況は，"Arghūn," *Encyclopaedia Islam, New Ed.*, Leiden: Brill, 1960 および Quddūsī, I., *Tārīkh-i Sindh*, Vol. 2, Lahore: Urdū Sā'ins Borḍ, 1974 を参照．シャー・ハサン・ミールザーはバーブルに臣従したが，シェール・シャーに敗れて一時インドから追い出されたフマーユーンを援助することはなかった．『諸国鏡』では「スィンドの君主シャー・ハサン・ミールザーは 40 年間スィンドを支配した」と記されている[*Mir'âtü'l-Memâlik*, p. 578].なおミール・イーサー・タルハンはフマーユーンの名においてフトバを発していたが，シャー・ハサン・ミールザーとの和議の際に，フマーユーンの名でフトバを読むことをやめたという記述がある[*Mir'âtü'l-Memâlik*, p. 579].
15) 「ラホールの港，すなわち DYWL-i Sind」とある[*Mir'âtü'l-Memâlik*, p. 579].校訂者キルミトは DYWL を Diyūl と読むが，これは DYBL の B が W と交替したものであり，Daybol ではないかとのご教示を井谷鋼造，稲葉穰両氏からいただいた．記して謝意を表する．
16) *Mir'âtü'l-Memâlik*, p. 579.
17) *Mir'âtü'l-Memâlik*, p. 585.
18) フマーユーンとの交流には多くの記述が割かれ，フマーユーンに贈られた多くのチャガタイ語のガザルが『諸国鏡』で記述されている．そうした詩に「皇帝(フマーユーン)は大層喜ばれ」たことやセイディー・アリーに「第二のミール・アリー・シールと言った」ことなども記されている．またある日フマーユーンとともにデリーの聖者廟を参詣したことも記されている．デリーでの 3 ヵ月半という滞在期間はフマーユーンと交流があってのことだろう．出立の許可を求めた際には「とにかく 1 年ここで我々とともにあれ」とのフマーユーンの言葉も記されている[*Mir'âtü'l-Memâlik*, pp. 586, 590].
19) バクトリアはトハーリスターンとも呼ばれ，おおよそヒンドゥークシュ山脈とアム川の間を指す地名であり，ザーブリスターンはガズナを中心とする地方の名前である．ガズナはカーブルの南西に位置し，セイディー・アリーは同地を通過していない．彼がなぜカーブルを中心とする地方(カーブルがこの地方の「都」と記されている)を「バクトリアの地，すなわちザーブリスターン」と記したのかは明らかではない．

サーブリスターンについては、稲葉穣「ガズナ朝の王都ガズナについて」『東方學報』66, 1994年, 200-252頁参照。
20) バケグラモンによれば、スライマーン・シャーはバーブルのいとこヴァイス・ミールザー・ハーンの息子である。デリーの占領に参加し、1530年ころバダフシャーンの統治に任じられた[Bacqué-Grammont(1999), pp. 150-151]。
21) 当時の状況については、"CENTRAL ASIA vi. In the 16th-18th Centuries," *Encyclopaedia Iranica* 参照。
22) バラク・ハーンは、自身のもとにオスマン朝から人員と兵器が送られていたが、オスマン朝からやって来た人員のうち、ある者は帰還のためサマルカンドを発ち、イェニチェリはサイイド・ブルハンやハーンの息子たちのもとにやったため、手元には150人しか残っていないとセイディー・アリーに告げる。そして「幸運の所有者たる皇帝のもとで我々は嘘をついてしまった。[まだ]何事もなしていない。もし汝が我々を助けてくれるならば、今何事かをなすことができたであろう」と述べて援助を要請し、国(vilāyet)を与えることを提案した。これに対してセイディー・アリーは「この程度の数の人間で何事かがなるのは不可能です。また皇帝の命なく、我々がそれをすることはできません」と提案を断った[*Mir'âtü'l-Memâlik*, p. 604]。
23) アラブシャーヒー朝については、Bregel, Y., "'Arabšāhī," *Encyclopaedia Iranica* および "The Khanate of Khiva," Adle, Ch. and I. Habib eds., *History of Civilizations of Central Asia*, Vol. 5, Paris: UNESCO, 2003, pp. 63-71 参照。ドゥースト・ムハンマドの即位年代について、前者では1557/58年となっており、セイディー・アリーの記述とはずれが見られる。
24) オスマン朝スルタンがバラク・ハーンに人員・武器を送った際、ともにやって来た人物。また彼はセイディー・アリーのスーフィズムにおける師であったことも述べられている[*Mir'âtü'l-Memâlik*, pp. 603, 610]。おそらくイスタンブルで彼に入門したのであろう。なおセイディー・アリーのもつスーフィー的性格について分析したものとして、Kurnaz, C., "XVI. yy.ın tanınmış Amirallerinden Seydî Ali Reis'in Tasavvufî Portresi," Yalçın, E. S. ed., *60. Yılında İlim ve Fikir Adamı Prof. Dr. Kâzım Yaşar Kopraman'a Armağan*, Ankara: Berikan Elektronik, 2003, pp. 470-483.
25) サライチクに到着したときの状況は以下のように述べられている。「サライチクに到着したとき、数人の巡礼者と先にサマルカンドから許可を得て[旅立って]行った3人の者が無一物で向こうからやって来て、我々に、「どこへ行くのですか。アストラハンをロシア人が占領しました。アフメト・チャヴシュがロシア人と激しい戦いを交えており、[また]マンギトのミールザーの一人アルスラン・ミールザーに従う者たちが我々の長(aghamız)を略奪しました。その道は封鎖されました。お戻り下さい」[と言った]」[*Mir'âtü'l-Memâlik*, p. 612]。なお、引用文中の「アフメト・チャヴシュ」については、バラク・ハーンが現在150人のイェニチェリが自らの許に留まっていると述べる場面で、「ともにいたアフメト・チャヴシュもブハラからホラズム・ルートでルームに向かった」[*Mir'âtü'l-Memâlik*, p. 604]と述べられている。おそらくホラズムからセイディー・アリーと同様に黒海北岸を経由して行こうとしたのであろう。

また「我々の長」が具体的に誰を指しているのかはわからないが，「ルームの人の長 (agha) である者は，タシュケントとトルキスタン・ルートでルームに出発した」[Mir'âtü'l-Memâlik, p. 604] と書かれている人物と同一の可能性がある。同人物がアフメト・チャヴシュ同様，黒海北岸ルートをとったと考えても不自然ではない。

26) 状況は以下のとおりであった。「カスピ海経由のシールヴァーン・ルートを行こうと意図したが，皆は同意しなかった。シールヴァーンにカッファ方面からルームの兵がやって来てアブドゥッラー・ハーンと激しい戦いをして，現在はその方面から[来る]ルームの人々に対して「この地域においては，道はここまで」と言われる。またアルカースがチェルケス方面から[行軍に]出ているデミルカプの道は検問中で，「現在チェルケスは反乱中である」と言っている」[Mir'âtü'l-Memâlik, p. 614]。

27) ニサーでドゥースト・ムハンマドと兄弟イシュ・スルタンの書付を見せて通行許可をもらっていることから，ここまでがアラブシャーヒー朝の支配が及ぶ地域だったと考えられる。

28) 当時のマシュハドの状況については，守川知子「サファヴィー朝支配下の聖地マシュハド——16世紀イランにおけるシーア派都市の変容」『史林』80(2)，1997年，1-41頁を参照。

29) このときのシーア派問答については，守川 (1997) が扱っている。

30) Mir'âtü'l-Memâlik, p. 620.

31) 原語では「biñ belâ ile (あるいは biñ belâ ve miḥnet ile, hezâr miḥnet ve belâ ile などバリエーションあり)」であり，直訳すれば「千の災厄を伴って (あるいは，千の苦難と災厄を伴って)」となる。また「書物執筆の動機」において，「[書物のタイトルは]出あった艱難(かんなん)に鑑みれば『苦難の書』となるものの，あらゆる国の状況が書物から見えるので，その名前は『諸国鏡』であることがふさわしいと考えられた」[Mir'âtü'l-Memâlik, p. 556] と書かれている。ここからもセイディー・アリーの旅がいかに苦難に満ちたものであったかが知れる。

32) Mir'âtü'l-Memâlik, p. 566.

33) Mir'âtü'l-Memâlik, p. 583.

34) Mir'âtü'l-Memâlik, pp. 609-610.

35) ホラズムを旅立った2回の日付から考えると1ヵ月以上というのは誇張であろう。

36) Mir'âtü'l-Memâlik, p. 611.

37) 原文では Jadd だが，Jatt/Jat を指すと思われる。ジャットは元来牧畜民であったものが定住したパンジャーブの農民共同体。16世紀までにパンジャーブのジャットは農村民として知られた [Wink, A., *Indo-Islamic society: 14th-15th centuries*, Leiden: Brill, 2004, pp. 92-93; Asher, C. B. and C. Talbot, *India before Europe*, Cambridge: Cambridge University Press, 2006, pp. 269-270]。

38) これらに加えて，さらに「チャガタイ」が存在する。ただし以下の引用から考えて，これは在地勢力というよりも，文中の「兵」を言い換えたものと考えられる。インダス川をバッカルに向けて遡上する途中，同道していたシャー・ミールザー・ハサンが死亡したあとの場面における記述である。「50隻の船でミールザーの遺体と后がタッ

タ方面に出発すると，兵がほかの船を略奪したので船頭が逃げた。同行の仲間が船頭となったが，略奪［をする］ためにあらゆる方向からチャガタイが攻撃してきた。小銃を向けて発砲し，多大の苦難の末，その場から逃げた」［*Mir'âtü'l-Memâlik*, p. 580］。
39）*Mir'âtü'l-Memâlik*, p. 578.
40）*Mir'âtü'l-Memâlik*, p. 581.
41）*Mir'âtü'l-Memâlik*, p. 600.
42）*Mir'âtü'l-Memâlik*, pp. 582-583.
43）*Mir'âtü'l-Memâlik*, p. 583.
44）*Mir'âtü'l-Memâlik*, pp. 583-584.
45）アフマド・ヤサヴィーの子孫（evlâd）と記されているサドル・アーラム・シャイフは，使節としてセイディー・アリーに同行したが，一行がサライチクから先に進めずホラズムに戻った際，サマルカンドに帰っていった［*Mir'âtü'l-Memâlik*, pp. 604, 612］。なお，ある聖者に帰依する者のことを evlâd と表現することもある。
46）*Mir'âtü'l-Memâlik*, p. 605.
47）別の箇所では，「マンギトは春には夏営地に行くので道は空くであろう。ロシア人もきっといなくなるだろう」［*Mir'âtü'l-Memâlik*, p. 612, 614］と述べられているから，遊牧民であった彼らの行動は季節に限定されたものであることがわかる。
48）*Mir'âtü'l-Memâlik*, pp. 610-611.
49）*Mir'âtü'l-Memâlik*, p. 602.
50）「塩とパン」が恩義の意味を示すこと，またこの表現が時代・地域を問わずトルコ系諸語において見いだされることについては，濱田正美「塩の義務と聖戦の間で」『東洋史研究』52(2)，1993 年，122-148 頁参照。
51）*Mir'âtü'l-Memâlik*, pp. 574-575.
52）パッシャーイーについては，『バーブル・ナーマ』の中でパッシャーイー語への言及がある［バーブル『バーブル・ナーマ』（間野英二訳注），平凡社東洋文庫，2014 年，第 2 巻，43，349 頁］。
53）彼らは自らラクダを調達するなど，旅に必要なものを自分たちで工面した場面も存在する。そこにはガイドもいれば，おそらく通訳もいたであろう。旅において，旅行者がどのように現地の人々とコミュニケーションをとったのかは興味深い問題であり，広大な地域を旅する場合はなおさら言葉が問題になるであろう。この問題を本章で取り扱う余裕はないが，『諸国鏡』には興味深い点が存在する。セイディー・アリーが，会話をわざわざチャガタイ語で記している箇所——特に中央アジアにおいて——が存在するという事実である。彼がチャガタイ語を解することは，チャガタイ語の詩を詠んでいることからも明らかであるが，発話をチャガタイ語で記している場面では，おそらくチャガタイ語で会話していたと考えてよいであろう。なおセイディー・アリーのチャガタイ語の詩については，Eraslan, K., *Seydî Ali Reis'in Çağataycan Gazelleri*, Türk Dili ve Edebiyatı Dergisi, 16, 1968, pp. 41-54 参照。
54）*Mir'âtü'l-Memâlik*, p. 575.
55）*Mir'âtü'l-Memâlik*, p. 583.

56) *Mir'âtü'l-Memâlik*, p. 601.
57) 儀礼的な下賜を受けたと考えられるのは，ムガル朝のフマーユーン，ターリカーンのスライマーン・シャー，シャイバーン朝のバラク・ハーン，サファヴィー朝のタフマースプからである。すなわち，フマーユーンからは「一頭の馬，二着の衣，路銀」を二度，スライマーン・シャーからは「馬と衣」を，サマルカンドのバラク・ハーンからは「一頭の馬，頭の天辺からから爪先に至るまで(baş ayak)，要するに多くの衣(khil'at)」を受け取った[*Mir'âtü'l-Memâlik*, pp. 585, 595, 602, 603]。タフマースプは「私めに一頭の馬，二着の衣，一つの絹の荷，いくつかの物品を与え，2人の指揮官には二着ずつの衣，5人の同行者には一着ずつの衣を与えた」[*Mir'âtü'l-Memâlik*, p. 625]。なぜ他の支配者との間でこの儀礼的な関係が見られないのかということを考えると，セイディー・アリーに下賜品を与えた支配者は，彼が旅した土地において，他の者たちよりも一等上にいると見なすことができる。オスマン朝とある意味で対等な関係を有することができた支配者であったのかもしれない。またセイディー・アリーが各地の為政者や統治者をいかなる称号とともに記述したか簡単に触れておこう。彼は記述の中で，ある統治者たちに「パーディシャー」という称号を用いる。パーディシャーという称号とともに記述されるのは，バルーチ集団の君主マリク・ジャラールッディーン，グジャラートのスルターン・アフマド，スィンドのシャー・ハサン・ミールザー，ムガル朝のフマーユーン，ターリカーンのスライマーン・シャー，ホラズムのドゥースト・ムハンマド(一度だけ)である。シャイバーン朝のバラク・ハーンは「ハーン」の称号とともに記され，タフマースプは「シャー」と書かれる。慣用にならったと考えられるバラク・ハーンとタフマースプの場合は例外として，パーディシャーとして記された人物は，セイディー・アリーが独立した政権の君主と考えていた人物であることを示唆するものかもしれない。なお本章ではオスマン朝の皇帝についていう場合を除いて，パーディシャーを君主と訳している。
58) Faroqhi, S., *The Ottoman Empire and the World around It*, London, New York: I. B. Tauris, 2008, pp. 12, 183–186.
59) *Mir'âtü'l-Memâlik*, pp. 571, 575.
60) *Mir'âtü'l-Memâlik*, p. 603. 注22も参照のこと。なお堀川によれば，これらは1554年に，オスマン朝からシャイバーン朝に送られたものである[堀川(1991), 55頁]。
61) 注22を参照。
62) *Mir'âtü'l-Memâlik*, p. 609.
63) *Mir'âtü'l-Memâlik*, p. 614.
64) ラダンプルでは，同行者のうち3人が拘束され，出立の許可を与えられなかったが，これが対立関係に起因するものかどうか判断できない。
65) スィンドにおけるイーサー・タルハンに対する態度は，言葉遣いの点(命令形の使い方)から見ても，セイディー・アリーが彼を自分より下位の人間と見なしているように思われる。
66) *Mir'âtü'l-Memâlik*, p. 581.

67) *Mir'âtü'l-Memâlik*, p. 614. キズィルバシュは，サファヴィー朝の前身であったサファヴィー教団の教主に帰依する形で，同教団(および同朝)の軍事力の根幹を形成したトルコ系遊牧民。
68) 注47参照。
69) *Mir'âtü'l-Memâlik*, p. 616.
70) 都市の描写としては，カーブルの素晴らしさがごく手短に書かれているのみである。
71) ファローキーは，『諸国鏡』を，オスマン朝で後代に書かれた「使節の書(sefâret nâme)」の先駆的作品であると評する。
72) 『諸国鏡』には多くの韻文が記されているが，自作の詩の場合，出発の許可を求める際に詠まれたものを含め，各地の為政者とのやり取りの中で詠まれたものが多い。
73) 彼の主著の一つ『大海の書(Kitâbü'l-Muḥîṭ)』がアフマダーバードで書かれていることから，都市滞在中に執筆活動に勤しむ時間があったことも明白であるが，これも『諸国鏡』では記述されていない。
74) 彼が参詣したと記す聖者廟は，バグダードを除けば，サマルカンドの15宇，ブハラの13宇，ホラズムの10宇と中央アジアの中心都市に多い。
75) たとえば，デリーではフマーユーンとともに聖者廟参詣に出かけたが，その際に訪れた廟は，クトゥブッディーン・バフティヤール・カーキー，ニザームッディーン・アウリヤー，ファリードゥッディーン・ガンジェシャカル，アミール・フスラウ，アミール・ハサン・デフラヴィーの各廟である。ただしファリードゥッディーンの廟はパキスタンのパークパッタンにあるため，デリーで参詣したとされるこの廟がいかなるものかは不明。また，対立する陣営の状況を見るために留まったグジュドヴァーンでも，アブドゥルハーリク・グジュドヴァーニーの廟を忘れずに参詣している。さらにマシュハドでは到着してすぐにイマーム・レザー廟を訪れている。
76) *Mir'âtü'l-Memâlik*, pp. 555-556.
77) 旅先の驚異としては，例外的に，インドにおける慣習などが記されている。
78) Evliya Çelebi, *Seyâḥatnâme, İndeksli Tıpkıbasım*, Vol. 1, 241b, Kahraman, S. A. ed., Ankara: TTK, 2013.
79) エヴリヤ・チェレビーによる一定分量の記述をともなった町の描写においては，町の成立，歴史，城塞，郊外(居住地区)，モスク，マドラサそのほかの教育施設，テッケ，泉，街区，宮殿，庭園，隊商宿，市場，救貧院(給食所)，川，橋，行楽地，参詣地，当地の著名な知識人やシャイフ，さらには住民の顔の色，名前，食べ物，飲み物，言語にいたるまでさまざまな項目が，町によって差はあるものの記述される。またこれらの項目は，多少の違いはあるものの，ほぼ同じ順序で構成されており，記述に際してなんらかのフォーマットのようなものがあったのではないかと推測される。参詣地が項目として立てられている場合は，決まって町の描写の最後に記されており，それから次の土地に移動したと書かれる。なおエヴリヤ・チェレビーとその旅行記については，藤木健二「近世オスマン帝国の旅と旅人――エヴリヤ・チェレビーを中心に」長谷部史彦編『地中海世界の旅人――移動と記述の中近世史』慶應義塾大学言語文化研究所，2014年，137-156頁を参照のこと。

第5章　ミールザー・ハイダルの生涯と
　　　　彼のバダフシャーンへの旅

間野英二

はじめに

　16世紀の半ば，中央アジア出身のモグールの貴族ミールザー・ハイダル(1551年没)がペルシア語で著した『ターリーヒ・ラシーディー』[1]は，同じく中央アジア出身でインドにムガル朝(1526-1858年)を創設したバーブル(在位1526-30年)がチャガタイ・テュルク語で著した『バーブル・ナーマ』とともに，14～16世紀の中央アジア史を研究するための第一級の史料である。古来，優れた史書に乏しい中央アジアにこのように二つもの卓越した史書がほぼ同時期に現れたのは，ミールザー・ハイダルが年長のいとこでその憧れの的でもあったバーブルの『バーブル・ナーマ』から大きな刺激を受け，その影響のもとに自らの史書を著した，というのが筆者の見解である[2]。

　この二人の著者のうち，バーブルは中央アジアからアフガニスタン，アフガニスタンから中央アジア，中央アジアからアフガニスタン，さらにアフガニスタンからインドへと移動し，最後にこの地で没した。またミールザー・ハイダルも中央アジアからアフガニスタン，アフガニスタンから中央アジア，中央アジアからアフガニスタン，アフガニスタンから中央アジア，さらに中央アジアからチベット，アフガニスタン，インドを経てカシュミールへ移動し，最後にこの地で没した。故郷を遠く離れた異郷で没したこの二人がその生涯に繰り返した長距離の移動は，交通手段の発達した現代に生きる私たちの想像をはるかに超えるものがある。その意味で，彼らの著書『バーブル・ナーマ』と『ターリーヒ・ラシーディー』は，優れた史書・回想録であると

同時に，彼らの度重なる長距離移動の記録であるともいえる。

本章は，15～16世紀の内陸アジアで長距離移動を繰り返した人びとの一例としてミールザー・ハイダルを取り上げる。ただし，ミールザー・ハイダルのことは日本ではよく知られていない。そのため，最初にミールザー・ハイダルの生涯を年表形式でやや詳しく紹介する。この紹介を通じて，彼がいかにしばしば長距離の移動を行ったかが，おのずから明らかとなるであろう。

次に，ミールザー・ハイダルが行った旅のうちの一つを，当時の危険に満ちた陸路の旅の典型として紹介する。ここで扱うのは，ヒジュラ暦913年（西暦1507年）にウズベキスタンのブハーラーを発ち，タジキスタンを経て，アフガニスタン東北部の山岳地帯バダフシャーン[3]の中心地であったカルア・イ・ザファル[4]に至るまでのミールザー・ハイダルの旅の顛末である。彼の旅をたどることによって，当時の陸路の旅の様相の一端を知ることができるであろう。

また，ミールザー・ハイダルは，この旅の途中でバダフシャーンにおけるイスマーイール派[5]の一派ニザール派[6]の活動を知り，それについてもきわめてユニークで興味深い記録を残している。この記録の紹介によって，不明の部分もなお多い「バダフシャーンのイスマーイール派」，あるいは「イスマーイール派ネットワークの中でのバダフシャーン」について検討するための一つの手掛かりを提供できればと考えている。

繰り返しになるが，本章の目的は，①ミールザー・ハイダルの生涯を紹介すること，②彼がその生涯に長距離の移動を繰り返したことを確認すること，③彼の旅の一つを紹介することによって，当時の陸路の旅の様相を瞥見すること，④当時のバダフシャーンにおけるイスマーイール派の活動についての情報を提供すること，以上の4点である。

1. ミールザー・ハイダルの生涯

1. 年表でたどる生涯

ミールザー・ハイダルは，カザフスタンやウズベキスタンなどの中央アジ

ア諸国で彼をテーマとする国際学会が何度も開かれていることからもわかるように，中央アジアでは歴史上の重要人物の一人に数えられている。しかし日本では彼のことはほとんど知られていない。そのため，以下に主として『ターリーヒ・ラシーディー』，『バーブル・ナーマ』，『アクバル・ナーマ』，『アクバル諸章』，『フィリシュタ史』，『千年史』等の記述に基づいて，ミールザー・ハイダルの生涯を，彼が密接な関係を持った彼のいとこバーブル，バーブルの子フマーユーン(在位1530-40, 55-56年)，そして彼が長らく仕えたモグールのスルターン・サイード・ハンなどの生涯とも関連付けながら，やや詳しい年表形式で紹介する[7]。年号は最初にヒジュラ暦，次にカッコ内に西暦を示す。

888(1483) 2月14日，バーブル，中央アジアのフェルガーナ地方の中心地アンディジャーンに生まれる。父はティムール朝の君主スルターン・アブー・サイード・ミールザー(在位1451-69年)の子で，ティムール朝フェルガーナ地方の支配者ウマル・シャイフ・ミールザー。母はモグーリスターン・ハン国の君主ユーヌス・ハンの次女クトゥルク・ニガール・ハニム。

899(1494) バーブル，父の急死により，フェルガーナ地方の支配者となる。

903(1497) バーブル，サマルカンドの支配権を掌握。100日間で放棄。

905(1499/1500) ミールザー・ハイダル，中央アジアのウラ・テペ[8]に生まれる。父は，モグーリスターン・ハン国の君主でタシュケントに居住していたスルターン・マフムード・ハン(ユーヌス・ハンの長男)の臣下で，9年間にわたってウラ・テペを領地として支配したモグールの名門ドゥグラト家[9]のミールザー・ムハンマド・フサイン・キュレゲン[10]・ドゥグラト。母はモグーリスターン・ハン国の君主であったユーヌス・ハンの三女フブ・ニガール・ハニム(バーブルとミールザー・ハイダルの母は姉妹，したがって両者はいとこ同士の関係にあった。なお，ミールザー・ハイダルは父のウラ・テペ支配が6年経過した年に生まれたという)。

905(1500) ウズベクのシャイバーニー・ハン(在位1500-10年)，サマルカンドを征服。ティムール朝サマルカンド政権崩壊。シャイバーン朝(1500-99年)成立。その直後，バーブル，ウズベクの隙をついてサマルカンドを奪回。

906(1501) シャイバーニー・ハン，サリ・プルの戦いでバーブルを破る。バーブル，サマルカンドに5ヵ月間籠城。

907（1501） 孤立無援のバーブル，姉ハンザーダ・ベギムをシャイバーニー・ハンに与え，サマルカンドを脱出。母方のおじであるモグールのスルターン・マフムード・ハンにタシュケントで合流。

908（1503） シャイバーニー・ハン，フェルガーナ地方のアフスィ近郊の戦いでモグールのスルターン・マフムード・ハン，スルターン・アフマド・ハンの兄弟を破り，両人を捕虜とし，タシュケントを占領。ただし，後，両ハンを釈放。この戦いの後，ミールザー・ムハンマド・フサインはその子ミールザー・ハイダルを連れてヒサール[11]方面に脱出。この地でティムール朝の有力者，ホスロー・シャー[12]に敗北。ムハンマド・フサインはタジキスタンの山地カラ・テギン方面に脱出。ミールザー・ハイダルは姉ハビーバ・スルターン・ハニシュとともにホスロー・シャーの捕虜となり，アフガニスタンのクンドゥズに移され，ここに約1年間を過ごす。

バーブルは，アフスィの戦いの後，ウズベクの探索を逃れてフェルガーナ地方南部の山岳地帯でゲリラ的生活を送る。

冬，モグールのスルターン・アフマド・ハン，アクスで病死。

909（1504） シャイバーニー・ハン，フェルガーナ地方を征服。ミールザー・ムハンマド・フサイン，シャイバーニー・ハンの招請によりハンのもとに至り，ハンによってシャフリサブズ（ケシュ）を領地として与えられる。同年，ウズベクがホスロー・シャーを破りクンドゥズを征服。ミールザー・ハイダル，解放されて姉とともにシャフリサブズで父に合流。

910（1504） バーブル，中央アジアからアフガニスタンに転出。9月，カーブルを征服。ここに小王国を建設。

911（1505） ミールザー・ムハンマド・フサイン，ミールザー・ハイダルを伴ってシャフリサブズから逃亡，ホラーサーンに向かう。ヘラートで，ティムール朝ヘラート政権の君主スルターン・フサイン・ミールザー（在位1469-1506年）の歓迎を受ける。この地でサマルカンドから来たモグールのユーヌス・ハンの妃でスルターン・マフムード・ハンの母シャー・ベギム[13]，ユーヌス・ハンの長女ミフル・ニガール・ハニム[14]と会い，ともにカーブルに向かう。

911（1506） バーブルの母クトゥルク・ニガール・ハニム，カーブルで死去。シャー・ベギム，ミフル・ニガール・ハニム，ミールザー・ムハンマド・フサイン父子ら，カーブルに到着，バーブルの歓待を受ける。年末，スルターン・フサイン・ミールザー死去。

912（1506） バーブル，ティムール朝の総力を挙げてのウズベクとの対決に参加

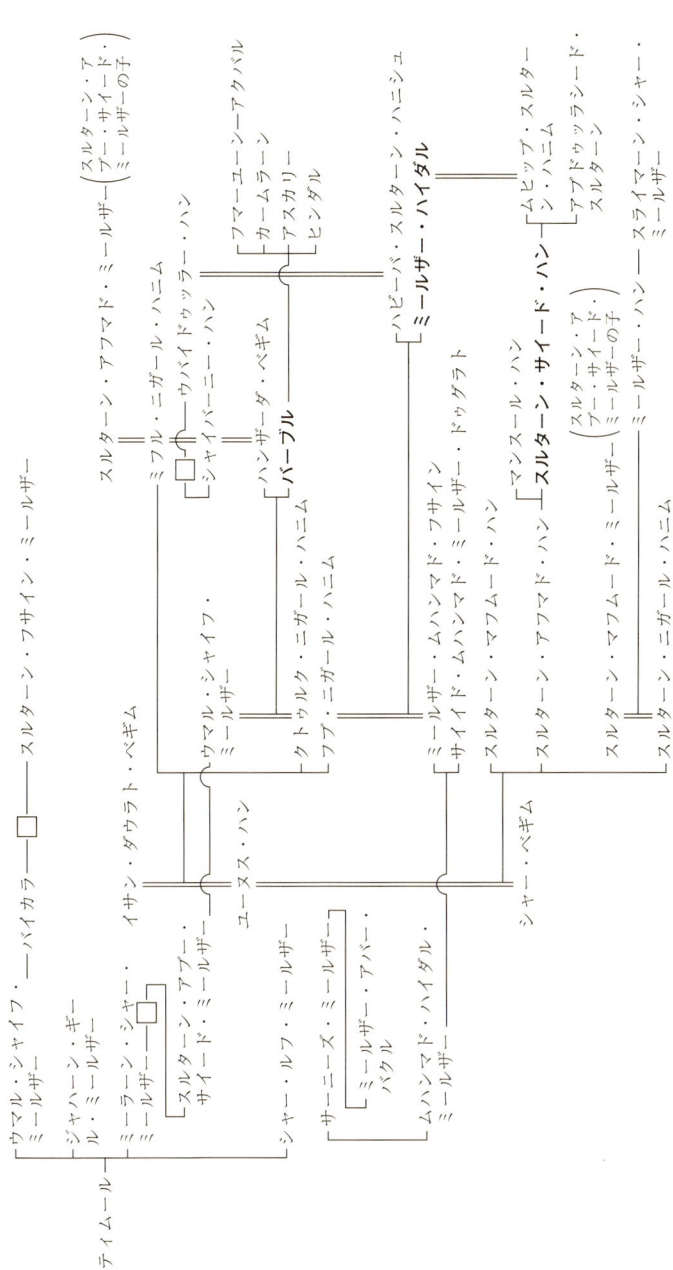

第5章　ミールザー・ハイダルの生涯と彼のバダフシャーンへの旅　127

図5・1　ミールザー・ハイダルの系図　∥は婚姻関係を示す。

すべく，カーブルからホラーサーンに向け出発。出発に際し，留守中のカーブルの管理をミールザー・ムハンマド・フサインに委ねる。バーブル不在のカーブルで，シャー・ベギムは自らの血を引く孫のミールザー・ハン[15]をカーブルの支配者に擁立，ムハンマド・フサインをも仲間に引き入れて反乱，カーブルの内城を包囲。バーブル，ヘラートからの帰還の途上，この反乱を知り，カーブルに急行，反乱の平定に成功。バーブルはシャー・ベギム，ミールザー・ハン，ムハンマド・フサイン全員の罪を許し，彼らをホラーサーン方面へ追放。追放された彼らはカンダハールに向かう。ミールザー・ハンはカンダハールに留まり，ムハンマド・フサイン父子はホラーサーンに向かう。

913（1507） 5/6 月，シャイバーニー・ハン，ヘラートを征服。ティムール朝ヘラート政権滅亡。ミールザー・ムハンマド・フサイン，シャイバーニー・ハンの招請によりヘラートに赴き，シャイバーニー・ハンに歓待される。ミールザー・ハイダル，シャイバーニー・ハンの甥でブハーラーを統治するウバイドゥッラー・ハン（在位 1533-40 年）が任地に戻る際に，その求めによって父と別れ，ブハーラーに随行する（ウバイドゥッラー・ハンがミールザー・ハイダルの姉ハビーバを娶っていたため）。冬，シャイバーニー・ハン，カザフに遠征。遠征に当たり，シャイバーニー・ハンはムハンマド・フサインをまずブハーラーまで随行させ，カザフ遠征の際は子ティムール・スルターンが統治するサマルカンドに彼を留める。春，シャイバーニー・ハン帰国。ホラーサーンに向かう。その後，モグールのスルターン・マフムード・ハンがモグーリスターンからフェルガナに来たため，両者の連結をおそれて，ムハンマド・フサインにホラーサーンに来るようにと命ずる。

　秋，カンダハールからカーブルのバーブルのもとに戻っていたミールザー・ハン，バーブルと別れ，祖母シャー・ベギムらとともにバダフシャーンに向かう。ミールザー・ハン，バダフシャーンの一部で支配権を確立。

913（1508） 3 月 6 日，バーブルの長男フマーユーン，カーブルで生まれる。

914（1508/09） シャイバーニー・ハン，モグールのスルターン・マフムード・ハンをその 5 人の子らとともに，フェルガナのホジャンド河畔で捕らえ，全員を殺害。ミールザー・ムハンマド・フサイン，自らの運命を悟り，息子のミールザー・ハイダルに身の安全を保つための忠告を残し，サマルカンドからホラーサーンに向かう。ヘラート近郊でシャイバーニー・ハンに会見後，彼もヘラートで殺害される。

　ミールザー・ハイダル，ウズベクによる殺害の危機を逃れてブハーラーを脱出，

ヒサールを経てバダフシャーンのカルア・イ・ザファルに向かう（彼のこの旅については，後述）。モグールのスルターン・サイード・ハン，フェルガーナからカルア・イ・ザファルに到着。数日後，カーブルに向かう。その出発から18日後に，ミールザー・ハイダル，カルア・イ・ザファルに到着。

914(1509)　冬，シャイバーニー・ハン，カザフに遠征[16]。春，帰還。ミールザー・ハイダル，ミールザー・ハンの庇護下にカルア・イ・ザファルで約1年間を過ごす。スルターン・サイード・ハン，カーブルに到着，以後，バーブルのもとで2年あまりを過ごす。

915(1509)　夏，カーブルのバーブルより，ミールザー・ハイダルを招請する旨の書簡届く。秋，ミールザー・ハイダル，バダフシャーンを出発してカーブルへ向かう。

916(1510)　ミールザー・ハイダル，カーブルに到着，バーブルの歓待を受ける。以後，バーブルの傍らで2年半を過ごす。この地でスルターン・サイード・ハンにも会う[17]。
12月，サファヴィー朝(1501-1736年)のシャー・イスマーイール(在位1501-24年)，マルヴの戦いでシャイバーニー・ハンを破り，敗死させる。この機会をとらえ，バーブル，スルターン・サイード・ハン，ミールザー・ハイダルを伴ってサマルカンド奪還に向かう。

917(1511)　バーブル，ヒサール方面を制圧。ミールザー・ハイダルのおじサイイド・ムハンマド・ミールザー・ドゥグラト，ウズベクからアンディジャーンを奪還。バーブル，ヒサールからスルターン・サイード・ハンをアンディジャーンに派遣。バーブル，サファヴィー朝のさらなる援軍を得てウズベクに勝利。10月，バーブル，ミールザー・ハイダルとともにサマルカンドに入城。スルターン・サイード・ハン，アンディジャーンで支配権を確立。

918(1512)　4/5月，バーブル，キョリ・マリクの戦いでウズベクに敗北。ミールザー・ハイダル，高熱のためこの戦いには不参加。バーブル，サマルカンドを放棄。ミールザー・ハイダル，バーブルとともにヒサールに退却。しかし，この地からバーブルと別れ[18]，アンディジャーンのスルターン・サイード・ハンに合流。

919(1513)　ミールザー・ハイダル，スルターン・サイード・ハンの娘ムヒッブ・スルターン・ハニムを娶り，キュレゲンとなる。

920(1514)　夏，スルターン・サイード・ハン，ウズベクの来襲のため，アンディジャーンを放棄。カーシュガルに向かい，ドゥグラト家のミールザー・ア

バー・バクル[19]が48年間[20]支配してきたカーシュガルを征服。ついでヤルカンドに入城。この一帯の支配権をモグーリスターン・ハン家の手中に取り戻す。カーシュガル・ハン国(ヤルカンド・ハン国)成立。以後，ミールザー・ハイダル，スルターン・サイード・ハンの腹心の臣下・友人としてその統治を補佐。チャルディラーンの戦い。サファヴィー朝のシャー・イスマーイール，オスマン朝(1299-1922年)のセリム1世(在位1512-20年)の火器によって敗北。

922(1516) スルターン・サイード・ハン，トゥルファン，チャリシュなどタリム盆地東部一帯を支配する兄のマンスール・ハンと会見。

924(1518/19) スルターン・サイード・ハン，第1次バダフシャーン遠征。

926(1519/20) スルターン・サイード・ハン，兄のマンスール・ハンと2度目の会見。ミールザー・ハン，バダフシャーンで死去。代わって，フマーユーン，バダフシャーンの支配者となる。

928(1521) スルターン・サイード・ハン，モグーリスターンの草原地帯に遠征。

932(1526) フマーユーン，バーブルの求めにより，第6次ヒンドゥスターン遠征に参加するためバダフシャーンからインドに至る。4月，パーニーパトの戦い。バーブル，ローディー朝軍を打破し，デリー，アーグラに入城。ムガル朝成立。

934(1527/28) 3月，カーヌワーハの戦い。バーブル，ラーナー・サンガー率いるインド軍を打破。戦いの後，フマーユーン，バダフシャーンに帰る。
1527年から28年にかけての冬，ミールザー・ハイダル，スルターン・サイード・ハンの子アブドゥッラシード・スルターンとともにボロールに遠征。春，ヤルカンドに帰還。

935(1528/29) フマーユーン，バダフシャーンを離れ，インドに向かう。

936(1529/30) スルターン・サイード・ハン，第2次バダフシャーン遠征。ミールザー・ハイダル，先鋒としてバダフシャーンに赴き，カルア・イ・ザファル周辺を略奪。その少し前，フマーユーンの弟ヒンダル，フマーユーンの命でバダフシャーンの支配者としてカルア・イ・ザファルに入城。バーブル，スルターン・サイード・ハンのバダフシャーン来襲を知り，ヒンダルを召喚，代わりにミールザー・ハンの子スライマーン・シャー・ミールザーを派遣。スルターン・サイード・ハン，ミールザー・ハイダル，撤兵してヤルカンドに帰還。

937(1530) 12月26日，バーブル死去。4日後，フマーユーン即位。

938(1532) 年末，スルターン・サイード・ハン，チベットに遠征。ミールザー・ハイダル，先鋒としてマールユール(西チベット)に赴く。

939(1532/1533) マールユールから移動してカシュミールへ赴き，この地を制圧。フトバがスルターン・サイード・ハンの名で詠まれ，貨幣が発行される。マールユールに戻り，ハンに合流。次いでウルサング（中央チベット）に向かい，4ヵ月を過ごす。年末，スルターン・サイード・ハン，体調不良のためヤルカンドに向かう。

940(1533/1534) スルターン・サイード・ハン，ヤルカンドへの帰還の途上，7月23日，高山病により死去。その長男アブドゥッラシード・スルターン，即位しハンとなる[21]。アブドゥッラシード，ドゥグラト家を弾圧。ミールザー・ハイダルのおじサイイド・ムハンマド・ミールザーやハン自身の近親者を相次いで殺害。身の危険を感じたミールザー・ハイダル，ヤルカンドへは帰らず，ラダックのレー方面に向かい，冬を過ごす。

940(1534) 春，糧食・装備を欠く27名[22]とともに厳寒の中をバダフシャーンに向かう。ワハーンを経て，ミールザー・ハンの子スライマーン・シャー・ミールザー治下のバダフシャーンに到達。スライマーン・シャー・ミールザー，敬意をもってミールザー・ハイダルを遇す。

941(1534/35) 冬をバダフシャーンで過ごす。春，同地の平原で過ごす。夏，カーブルに向かう。カーブルを離れ，ラホールのバーブルの次男カームラーンのもとに身を寄せる。カームラーン，カンダハールに遠征[23]。その間，ラホールの管理をミールザー・ハイダルに委ねる。遠征は1年以上に及ぶ。

942(1535/36) カームラーン，カンダハールでサファヴィー朝のサーム・ミールザーを破り，ラホールに凱旋。カームラーン，ミールザー・ハイダルの俸禄を15ラク[24]から50ラクに加増。フマーユーン，スルターン・バハードゥルの支配するグジャラートに遠征，一時的に征服。

943(1536/37) フマーユーン，グジャラートの統治を弟アスカリーに委ね，アーグラに帰還。グジャラート，独立を回復。ミールザー・ハイダル，カームラーンのもとで過ごす。

944(1537/38) 引きつづきカームラーンのもとで過ごす。フマーユーン，アーグラに滞在。

945(1538/39) フマーユーン，ベンガルに遠征，この地を一時的に制圧。バーブルの四男ヒンダル，アーグラで反乱。カームラーン，反乱鎮圧のためデリーに至る。おそらくミールザー・ハイダルも同行。ヒンダルの反乱，鎮圧される。

946(1539) 6月，ガンジス河畔のチャウサの戦い。フマーユーン，アフガン人のシェール・ハーンに敗北。フマーユーン，アーグラでカームラーンに会う。

カームラーン，病気を理由にラホールへ去る。ミールザー・ハイダル，フマーユーンの説得でカームラーンに同行せず，フマーユーンのもとに留まる。

947(1540) 5月，カナウジの戦い。ミールザー・ハイダルも参加。フマーユーン，シェール・ハーンに敗北。フマーユーン，アーグラ，ラホールを経て，以後，各地をおよそ3年間さまよった後，イランに亡命[25]。6月，シェール・ハーン，アーグラに入城。スール朝成立。カナウジの戦いの後，ミールザー・ハイダル，ラホールからシェール・ハーンに対する反撃の基地を獲得する目的でフマーユーンと別れ，400名の奴隷や自由人を率いてカシュミールに向かう。11月，カシュミールへの峠を越える。

948(1541) 8月，300人の軍勢で，5000騎，2頭の象，多数の歩兵からなるカシュミール軍を背後から攻撃して破り，カシュミールの支配権を掌握[26]。

948(1541/42)年と950(1543)年の間 二つの部分から構成される『ターリーヒ・ラシーディー』の第2部(回想録・同時代史)を第1部(モグーリスターン・ハン国史概説)に先立ち執筆，完成。

949(1542) 11月，フマーユーンの長男アクバル，ウマルコトで誕生。

950(1543/44) ミールザー・ハイダル，根拠地をカシュミールのインダルコトに移す。

951(1544) 『ターリーヒ・ラシーディー』第1部の執筆に着手。フマーユーン，サファヴィー朝の君主シャー・タフマースプ(在位1524-76年)に拝謁。

952(1545/46) 『ターリーヒ・ラシーディー』完成。フマーユーン，亡命先のイランから戻って，カンダハールに入城。

953(1546/47) 『ターリーヒ・ラシーディー』第1部に記述を追加。

954(1547/48) カーシュガルから使者到着。ラルまで出迎えに赴く。

958(1551) ミールザー・ハイダル，カシュミール人に夜襲され死去[27]。スリーナガルに埋葬される。

962(1555) フマーユーン，デリーの王位に復帰。

963(1556) フマーユーン，事故死。

2. 旅から見た生涯

以上の年表から，ミールザー・ハイダルの足跡をたどると，次のごとくである。

ウラ・テペ→ヒサール→クンドゥズ→シャフリサブズ→ヘラート→カーブル→カンダハール→ヘラート→ブハーラー→ヒサール→ルースターク→カルア・イ・ザファル→カーブル→ヒサール→サマルカンド→ヒサール→アンディジャーン→カーシュガル→ヤルカンド→ボロール→ヤルカンド→カルア・イ・ザファル→ヤルカンド→マールユール→カシュミール→ウルサング→レー→バダフシャーン→カーブル→ラホール→デリー→カナウジ→アーグラ→ラホール→カシュミール

　ミールザー・ハイダルの足跡が，現代の地域や国の名でいえば，タジキスタン，アフガニスタン，ウズベキスタン，中国新疆ウイグル自治区，中国チベット自治区，パキスタン，インドという広範な地域にまたがっていたことがわかる。彼は，ヒンドゥークシュ山脈，チベット高原，バダフシャーンなど高峻な山岳地帯をも含むこの広範な地域を馬やロバで旅したのである。
　ミールザー・ハイダルの旅の目的は，敵からの逃亡，より安全な地への亡命，敵や味方の招聘による移動，追放されての移動，君主に扈従（こじゅう）しての移動，君主の命による移動，敵を征服するための移動，新しい根拠地を求めての移動など，様々である。いずれも，戦乱の時代が引き起こした移動であるといってもよいであろう。つまり，ミールザー・ハイダルは，ほとんどの場合，政治的な理由で，父とともに，あるいは親族とともに，あるいは部下たちとともに，長距離を移動した，あるいは移動せざるを得なかったのである。ただ，注目されるのは，政治的な理由による逃亡，亡命，あるいは必要に迫られての移動であっても，ミールザー・ハイダルが，とにかく無事に，いつも目的地に到着しているという事実である。ではその要因は何か。
　その要因として，最も大きかったと思われるのは，ミールザー・ハイダルの目的地にはいつも彼自らの親族がいた，ということではなかろうか。彼が旅した一帯では，ティムール朝，ウズベク（シャイバーン朝），モグール，サファヴィー朝などの諸勢力が抗争を繰り返していた。しかしこの政治的な対立にもかかわらず，ティムール朝，ウズベク，モグールの支配者たちは複雑な婚姻・血縁関係で結ばれていた。このため，ミールザー・ハイダルが向

かった先には，いつも彼の親族がおり，その親族のもとに到着すれば，彼らが彼を保護したのである。ティムール朝のバーブルは彼のいとこであり，フマーユーンやカームラーンはバーブルの子であった。さらにスライマーン・シャーはミールザー・ハイダルの母方のいとこミールザー・ハンの子であった。また，ウズベクのウバイドゥッラー・ハンは彼の姉を娶った義兄であり，さらに，シャイバーニー・ハンがミールザー・ハイダルの父ミールザー・ムハンマド・フサインを2度にわたって自らのもとへと招請したのは，彼らが義兄弟の関係にあったからである。すなわち，シャイバーニー・ハンの妃ミフル・ニガール・ハニムとムハンマド・フサインの夫人フブ・ニガール・ハニムはともにモグールのユーヌス・ハンの娘であった。

　つまり，ミールザー・ハイダルが旅した地域は，ティムール朝，ウズベク，モグールといった諸勢力が抗争を繰り返す政治的混迷の世界であったが，同時に，この世界は，支配階級が婚姻・血縁関係を通じてゆるやかに結ばれた，かなりまとまりのある一つの世界であったともいえるのである。そうであれば，そのまとまりのある世界の中で支配階級に属する人びとが，婚姻・血縁関係を利用して，この世界の中で新しい旅の目的地を次々に見つけ，そこへ無事に到達し，そこで親族の保護のもとに新たな生活を始めることが難しくはなかったと考えられるのである。

　さらに，メンタル面から考えると，必要に迫られたとはいえ，ミールザー・ハイダルがしばしば長距離の旅に出たのは，彼が，移動を生活の基本とする遊牧民の子孫であったため，我々とは異なり，長距離の移動をさほど苦にしていなかったとも考えられるのである。ミールザー・ハイダルが，1510年におけるバーブルの，サマルカンド奪取を目指す，馬による厳冬の過酷なヒンドゥークシュ越えに自ら志願して参加したのも，彼の遊牧民的なメンタリティーを抜きにしては考えることができない。

　いずれにしても，ここでは，ミールザー・ハイダルがしばしば長距離の移動をしたこと，また戦乱の世であるにもかかわらず，彼が，そのような移動の結果，安住の地を見つけることがつねに可能であったことのみを確認しておきたい。ミールザー・ハイダルの長距離の，度重なる旅を可能にした要因

図 5・2　ミールザー・ハイダルの巡った地

については，彼と同時代を生き，彼と同様に長距離の旅をしたバーブル，フマーユーン，ミールザー・ハンらの事例をも検討して，将来，より説得力のある解答が得られればと考えている。

2. ミールザー・ハイダルのバダフシャーンへの旅

ここでは，ミールザー・ハイダルが行った旅のうちの一つを，当時の危険

に満ちた陸路の旅の典型として，また，旅には新たな，興味深い見聞が伴うものであったことを示す一例として，紹介する。

1. 危険な旅

すでに年表にも記したように，1508年の春，前年より，シャイバーニー・ハンの命によりサマルカンドに居たミールザー・ハイダルの父ミールザー・ムハンマド・フサインはシャイバーニー・ハンからホラーサーンに来るようにとの新たな命を受けた。この時，ムハンマド・フサインは自らに迫る運命を悟ったが，ブハーラーにいた息子の命を助けたいと考え，ヘラートへの出発を前にして，当時7～8歳[28]の少年ミールザー・ハイダルに次のように述べたという。

> 私はお前をマウラーナー・ムハンマドに委ねます。どんなことでも彼のいうことをしっかり聞きなさい。彼が私の代わり(khalīfa)です。彼の父が私の師(ustād)であり先生(muʻallim)でした。世代を通じて彼の祖先たちもずっとそうでした。彼の父は誕生から現在に至るまで私の親友であり仲間(ham-rāz u jalīs u ham-suḥbat u anīs)でした。お前が困難に陥ったときに，彼(マウラーナー・ムハンマド)がお前のことをまず考え，お前を安全へと導いてくれることを私は期待しています[29]。

ミールザー・ムハンマド・フサインは息子の命運を，代々，彼らのいわば家庭教師を務めてきた学者一族のマウラーナー・ムハンマドの手に委ねたのである。その後，ムハンマド・フサインはサマルカンドを離れ，ヘラート郊外でシャイバーニー・ハンに会った。その直後，年表にも記したように，シャイバーニー・ハンは臣下に命じてムハンマド・フサインをヘラートで殺害させた[30]。ついでハンはブハーラーへ人を派遣し，ミールザー・ハイダルをヘラートに連れてきて，川で溺死させよとの命令を出した。ブハーラーを統治するウバイドゥッラー・ハンはこの命を拒否できず，手元に置いていたミールザー・ハイダルをその人物に引き渡した。しかし，その人物は命令を

実行する前に，ムハンマド・フサインがブハーラーに残したと聞いていた財貨を見つけるために数日間を費やした。この数日間が幸いした。マウラーナー・ムハンマドは，ナクシュバンディー教団のマウラーナー・ムハンマド・カーディーに相談した結果，その忠告に従って，ミールザー・ハイダルを連れてブハーラーからバダフシャーンへ逃亡することとした[31]。当時，バダフシャーンの中心地カルア・イ・ザファルがミールザー・ハイダルのいとこであるミールザー・ハンの支配下にあったためである。

　マウラーナー・ムハンマドはミールザー・ハイダルをまずブハーラー城内[32]に住む知人の家に潜ませた。そしてムハンマド・フサインの何人かの従者たちに，「我々は夜に逃走する予定なので，鞍を付けた数頭の馬をある方向に連れていくように」と告げた。それは，ウズベクの追及者たちが，ミールザー・ハイダルらが馬で城外へ逃走したと考え，城内には注意を向けず，城外の遠方のみを捜索するようにするためであった。ミールザー・ハイダルらが知人の家に潜んだ日の夜，従者たちが与えられていた指令を実行した。この計略が功を奏し，ウズベクによって城内はまったく捜索されなかった。

　ミールザー・ハイダルらは14日間，その知人の家に潜伏した。その後，ロバ使い達の一行に紛れ込んで秘かにブハーラーを出発し，タジキスタン地方の当時の中心都市ヒサールに到達した。ところがヒサールのバーザールでマウラーナー・ムハンマドが人に気づかれた。発見されるのを恐れ，ミールザー・ハイダルらはただちにヒサールから出発した。逃走の途中，ミールザー・ハイダルはロバから落ち，左ひじを脱臼した。しかし，接骨医のいるヒサールには戻れず，また村では接骨医を発見できなかった。そのため，ミールザー・ハイダルは，旅の間，夜も眠れないほどの激痛に苦しんだ。

　ミールザー・ハイダルらは，フッタラーンの村々の一つであるプーシャングに到達し，ホージャ・ハビーブッラーと皆に呼ばれていたこの村の地主の家に数日間滞在した。彼が接骨医を見つけてきてくれ，その治療のおかげで，その夜，ミールザー・ハイダルは2ヵ月ぶりに安眠できたという。つまり，ミールザー・ハイダルらはヒサールを出てからこの地に着くまでに，すでに2ヵ月ほど旅して来たことになる。

その頃のある日，一人の兵士が現れた。彼はマウラーナー・ムハンマドの昔の知己で，マウラーナー・ムハンマドと歓談した後，翌日去って行ったが，去る前にホージャ・ハビーブッラーにミールザー・ハイダルらがウズベクの追及から逃走中であることを告げ，もしなお世話をしつづければ，やがて彼に大きな災厄が降りかかるであろうと警告していった。ホージャ・ハビーブッラーがミールザー・ハイダルらのところに来て，そのことを告げるとともに，後ほど自分に何が起ころうとかまわないので，この地を去るようにと勧めた。そのため，ミールザー・ハイダルらはただちにここから出発した[33]。

2. バダフシャーンにおけるイスマーイール派の活動

ここで，ミールザー・ハイダルは次のように記している。

当時，バダフシャーンではシャー・ラズィーウッディーンという名の一人のチェラーグ・コシュ (chirāgh-kush)[34] が出現していた。人々は彼に従わないすべての者を殺害していた[35]。そしてこの行為を，救済の手段，来世の報いを得るための手立てと見なしていた。彼によって諸道が封鎖されており，私たちがバダフシャーンに行くことは困難となっていた。

シャー・ラズィーウッディーンはコヘスターン[36]のムラーヒダ（邪教徒たち）の一人である。呪われたあのムラーヒダの物語はすべての史書に見いだされる。ほとんどのバダフシャーンの人々はあの派の信徒である。彼らは現世を永遠のもの (qadīm) と考え，復活 (ba‘th u nashr) を認めていない。彼らはいつも次のようにいっている。「預言者の時代にはシャリーアの規定に従うのが誰にとっても義務であったが，今日では信仰告白をし，規定の若干に従うのが義務である。他の規定は消え失せた。自分の家族と寝ること（性交）は合法である。その［寝てはいけないという］束縛から結婚によって解放されるのではない。誰とであれ寝るのが可能で，欲望が生じたならば［寝るのは］合法である。もし全員が娘，息子，母であったとしても合法である。すべての者の血（生命）と財産［を取ること］はすべての者にとって合法である。」

そしてミールザー・ハイダルは次のように断言している。

ムラーヒダの一派はこの世で最悪の不信者である(madhhab-i mulāḥida badtarīn kufr ast dar 'ālam)。

彼のこの一派に対する強烈な嫌悪感が明白に知られるであろう。つづけて次のように述べる。

　シャーヒー・ベグ・ハン(シャイバーニー・ハン)がバダフシャーンを征服したとき，前述のように[37]バダフシャーンの人々はそれぞれが独立していた。彼らは人をスィースターンに派遣し，このシャー・ラズィーウッディーンを招請し，連れてきた。彼は彼らの古くからの精神的な指導者の子孫(pīrzāda-yi qadīmī-yi īshān)で，人々は，毎年，彼と彼の祖先らに寄進を欠くことがなかったのである。
　彼の到着より前に，前述のごとく，ハン・ミールザー(ミールザー・ハン)が[カーブルからバダフシャーンに]到着し，[バダフシャーンのラーグ出身の有力者]ズバイルを殺し，君主になっていた。[しかし]ラーグの人々とバダフシャーンのハザーラジャートの大半は彼(シャー・ラズィーウッディーン)に服従した。彼は完全な統治権を所有していた。バダフシャーンのすべての人々は，遠近を問わず，秘かにであっても，公然としてであっても，彼に帰依していた[38]。

ここに，「ほとんどのバダフシャーンの人々はあの派の信徒である」と記されているように，16世紀初頭のバダフシャーンではイスマーイール派(ニザール派)の信徒が多数を占め，またバダフシャーンのイスマーイール派とイラン東部のイスマーイール派との間には，距離的には大いに離れているにもかかわらず，古くから「寄進を欠くことがない」密接な関係がつづいていたことがわかるであろう。明らかに信徒たちはイスマーイール派のネットワークで結ばれていたのである。

ここで，イスマーイール派の歴史を少し振り返ってみたい。中央アジアのカバーディヤーン[39]出身で，11世紀の有名なイスマーイール派宣教師であるナーセレ・ホスロー[40]は，カイロなどへの旅から中央アジアへ帰還した後は，バルフを中心に宣教活動をつづけていた。しかしやがて迫害を受けてバダフシャーンに亡命し，最後はコクチャ川上流のユグナーンで没した[41]。このことからもわかるように，イスマーイール派と11世紀のバダフシャーンとの関係も深かった。

　イスマーイール派のうち，13世紀にモンゴルによって一時滅ぼされたニザール派は，14世紀の初頭，ムハンマド・シャーヒー派とカースィム・シャーヒー派の二派に分裂していた。『ターリーヒ・ラシーディー』に見えるシャー・ラズィーウッディーンはおそらくムハンマド・シャーヒー派の第30世イマームであり，その後継者である第31世イマームは，デカン高原のニザーム・シャーヒー朝で神学者，詩人，名文家，外交官として活躍したシャー・ターヒルであるとされている。ただしこのシャー・ターヒルはインドでは十二イマーム派に身を隠して(タキーヤ)，ニザール派の教えを説いたという[42]。

　ミールザー・ハイダルの記述に戻ると，ミールザー・ハイダルはナクシュバンディー教団の信奉者であり，この教団はスンナ派四大法学派の一つハナフィー派に属していた。彼の記述は，スンナ派の人びとがシーア派のイスマーイール派，特にニザール派の人々をどのように見ていたかをよく示す興味深い記録と言えよう。このように，イスマーイール派，特にニザール派は，スンナ派の人々から完全な異端，「この世で最悪の不信者」と見なされていた。それにもかかわらず，そのイマームは「古くからの精神的な指導者」として，バダフシャーンでなおも影響力を持ちつづけていたのである。

3．危険な旅のつづき

　『ターリーヒ・ラシーディー』の記述に基づいて，その後のミールザー・ハイダルの旅をたどると次のごとくである。

　彼らがイスマーイール派に関する話を耳にしたのはフッタラーンの村々の

一つディリー・バーザールに到達したときであった。そのためこの地でこの先どうすべきかを相談したが，土地の者の話から，その方面の有力者でアンジールガーンのシャー[43]であるニークパイ・シャーが，ウズベクのハムザ・スルターン[44]に服属してはいるものの，ミールザー・ハンの味方であり，シャー・ラズィーウッディーンとも往き来していることを知った。マウラーナー・ムハンマドはミールザー・ハイダルをある人の家に残して，ニークパイ・シャーのもとに赴き，自分たちがミールザー・ハンのいるカルア・イ・ザファルを目指していること，もし手助けしてくれるなら，のちにミールザー・ハンから莫大な褒賞が与えられるであろうことを説明した。結局，ニークパイ・シャーが臣下の中から5人の信頼できる者たちを選んで護衛につけてくれることになった。ミールザー・ハイダルらは，5人と一緒にアム川(パンジュ川)を渡ってルースタークを目指すこととし，この地を出発した。ルースタークは当時荒廃していたが，イスマーイール派の脅威からは安全であったからである。一行には，カルア・イ・ザファルを目指す3人の貧しい商人たちも加わった。貧しい商人とはいえ，当時の旅が，なるべく多人数でまとまる方がより安全と思われていたことを示す一つの証拠である。

　午後にアム川をアフガニスタン側へと渡った。ところが夜になると，護衛の5人はミールザー・ハイダルらにまず関税(bāj)だと言って金銭を要求した。それを渡すと，さらに各人別々に金銭を払えと言うのでそれも渡した。するとさらにミールザー・ハイダルらの持ち物を略奪すると言って脅し，殺害のための手始めに皆を縛った。彼らがマウラーナー・ムハンマドに手をかけたとき，彼は威厳のある声で次のようにいった。「お前たちは私たちに危害を加えることなどできない。[ミールザー・ハイダルの方を指さして]このお方を知らないのか。このお方はミールザー・ハンの弟(実際にはいとこ)で，ブハーラーを逃れて兄上のもとへと行かれるところだ。このお方の大勢の臣下の一隊が大急ぎで後を追って来ている。何人かはニークパイ・シャーのもとに留まっている。もし私たちがカルア・イ・ザファルに着かなかったら，お前たちに何が起こるか想像できるだろう」と。この言葉を聞くと田舎者たちは急におとなしくなり，取ったものを返し，ミールザー・ハイダルらがさら

に護衛の任務をつづけるように言ってもそれを聞かず，すぐに立ち去っていった。

ミールザー・ハイダルらの一行は護衛を失ったものの，神の加護を信じて夜明けまで前進をつづけた。昼の間は1ヵ所に潜伏し，夜になると進んだ。そして夜明けにルースタークに着いた。こうして彼らは「呪われたムラーヒダの敵意」から安全となり，その翌日，カルア・イ・ザファルに無事到着したのである[45]。

ミールザー・ハイダルはここでミールザー・ハンの歓待を受け，その保護のもとに，以後約1年間この地に滞在することとなる。彼が滞在した頃のバダフシャーンでミールザー・ハンを取り巻いた状況がいかなるものであったかについて，ミールザー・ハイダルは次のように記す。先の引用とも記述が重複する部分もあるが，異なった情報も含まれるのでそのまま引用する。

　　装備・糧食もなく，悪を企てるバダフシャーン人らに囲まれたそのカルア[・イ・ザファル]におけるミールザー・ハンの諸状況はきわめて窮迫していた。後述するように，ハザーラジャートで最も強固なタンギ・バーラー（「上の隘路」）に始まる地域はカーシュガル[のミールザー・アバー・バクル]に属していた。農地があり富んでいるバダフシャーンの平坦な諸地方はウズベクの支配下に入っていた。残りの一帯はウズベクに対する恐れから荒廃していた。[前述したように]シャー・ラズィーウッディーンという名のチェラーグ・コシュがスィースターンから連れてこられて，このバダフシャーンで君主位につけられていた。そしてこの二つ，一つは恐ろしい山の豹，他は凶暴な川の鰐，つまりウズベクとカーシュガルの者たちから残されていたすべては，スィースターンから人々が連れてきて君主位に推戴し，無神の宗教（dīn-i ilḥād）をあからさまに表明していたシャー・ラズィーウッディーンという名の一人のチェラーグ・コシュたる邪教徒（kāfir）が，そのほとんどを掌握していた。ムスリムである虐げられたミールザー・ハンは，その中にあって，生計の手段すらこと欠く有様であった。

　その冬（1508年から1509年にかけての冬）はどうにか過ぎた。[1509年]春の

初め頃，シャー・ラズィーウッディーンの信徒たちの間で不和が生じた。そして，遂には彼の首を切り，ミールザー・ハンのもとに持ってくるという事態にまでなった。結局，このムラーヒダの敗北によって権力の一つ（quvvatī）がミールザー・ハンの手に入った[46]。

つまり，バダフシャーンにはウズベク，カーシュガル，イスマーイール派の三勢力が割拠し，イスマーイール派の内紛によってシャー・ラズィーウッディーンが殺されたのちも，ミールザー・ハンの支配できる地域はきわめて限られたものだったのである。このような状況の中，ティール月の終わり（1509年夏），カーブルのバーブルのもとからミールザー・ハイダルに，カーブルへの招請状が届いた。このため，915年ラジャブ月の初め（1509年10月），彼はカルア・イ・ザファルを出発してカーブルに向かった。彼はまた，ヒンドゥークシュを越える新しい旅に出たのである。なお，ミールザー・ハイダルの出発に際し，ミールザー・ハンは餞別として用意したいと考えた，1着の色付きの衣服すら，見つけることができなかったという。ミールザー・ハンの置かれた状況がいかに厳しいものであったかを理解できるであろう。

以上が，ミールザー・ハイダルの危険に満ちた旅の顚末と，バダフシャーンにおけるイスマーイール派の活動についての報告である。逃避行とはいえ，当時の旅が危険に満ちたものであったことが想像できるであろう。それでも，ミールザー・ハイダルは何度も旅に出た。そしてそのたびに，彼は，無事，ともかく目的地に到達したのである。

おわりに

本章では，まず，中央アジア出身のモグールの貴族で，モグール史概説と自己の回想録・同時代史を含む名著『ターリーヒ・ラシーディー』を著したミールザー・ハイダルの生涯を年表形式で紹介した。この紹介によって，日本では知られることの少ないこの人物の経歴を概略ながら伝えることができたと思われる。

彼の経歴から，彼が，カーシュガル，ヤルカンドの一帯で，モグーリスターン・ハン国の継承国家の一つであるカーシュガル・ハン国の創設者スルターン・サイード・ハンとともに過ごした二十数年間を除き，それに前後する時代，つねに一ヵ所には長く安住できず，長距離の移動を繰り返さなければならなかったことが明らかとなった。では，彼はなぜ移動を繰り返したのか。この設問に対する解答は，おそらく，彼の生きた時代が，ウズベク，ティムール朝，モグール，サファヴィー朝，それにイスマーイール派等が入り乱れて抗争するまさに「戦乱の世」であったため，人びとは移動せざるを得なかった，あるいは，移動を余儀なくされた，ということであろう。

ただ，戦乱の世であるにもかかわらず，ミールザー・ハイダルは，なぜ何時も，とにかく無事に，遠い目的地に到達できたのか。それは，当時，彼が活動した一帯が婚姻・血縁関係でゆるやかに結ばれた一つのまとまりのある世界であったためであろうという一応の解答を先に本文で示した。しかし，ミールザー・ハイダルの父のように，親族のもとに無事到達しても，そこで殺害される場合もあった。このような事例も考慮してみる必要があるであろう。つまり，この問題については，今回のミールザー・ハイダルの旅についての情報のみからでは，明確な答を提出することができない。このため，問題のより深い考察は将来の課題として残し，ここではミールザー・ハイダルがしばしば長距離を移動し，とにかくそのたびに，自らの目的地に無事到達したことのみを確認しておきたい。

次に，ミールザー・ハイダルのブハーラーからバダフシャーンに至る旅を紹介し，当時のバダフシャーンにおけるイスマーイール派（ニザール派）の活動についても触れた。これによって，当時の陸路の旅が危険に満ちたものであったこと，また，当時のバダフシャーンには同派の信徒が多く，イラン東部から招聘されたこの派のイマームが権力をふるっていたこと，そして彼らが，スンナ派のミールザー・ハイダルらによって明白な「異端」とみなされていたことを明らかにした。

ただし，ミールザー・ハイダルの否定的な言説にもかかわらず，イスマーイール派（ニザール派）はこの時代以降，現代に至るまでバダフシャーンで支

第5章 ミールザー・ハイダルの生涯と彼のバダフシャーンへの旅　145

持者を持ちつづけた[47]。それはなぜなのか。さらに，ミールザー・ハイダルのこの派の教義等に関する記述ははたして正確なものか，それとも単なる偏見にすぎないのか[48]。このような問題についてもさらに詳しい検討が必要であろう。

　本章は，このように課題を多く残した不十分なものと言わなければならない。ただ，これらの問題については，今後さらに検討していきたいと考えている。

1) この史書が『ターリーヒ・ラシーディー』と名付けられたのは，著者のミールザー・ハイダルによれば，以下の三つの理由による。1. モグールのトゥグルク・ティムール・ハンがマウラーナー・アルシャドゥッディーンの手によってイスラームに改宗したこと，2. モグールの君主の中には，トゥグルク・ティムール・ハン以前にイスラームに改宗した者もいたが，なおも宗教的な成熟(ルシュド)を遂げておらず，このハン以降に，初めて宗教的な成熟を遂げたこと，3. 完成時の君主がアブドゥッラシード・ハンであり，この史書が彼に献呈されたこと。なお，arshad, rushd, rashīd は，いずれも"rashada"というアラビア語動詞(「(救済への)正しい道を進む，正しい道にある」)から作られた派生語であり，それぞれ「宗教的に最も成熟した者，最も正統なる者」「宗教的な成熟，正統」「宗教的に成熟した者，正統なる者」を意味する。したがって，この書名には，「宗教的に成熟した者の歴史」「正統なる者の歴史」「ラシード史」といったいくつかの意味が含意されている[Elias, N. ed., Ross, E. D. trans., *A History of the Moghuls of Central Asia, being the Tarikh-i-Rashidi of Mirza Muhammad Haidar, Dughlát*, London: S. Low, Marston, 1895, re-issue, 1898; repr. New York: Praeger, 1970(TR(Ross tr.)と略称), p. 3; Ghaffarī-Fard, A. ed., *Mīrzā Muḥammad Ḥaydar Dughlāt, Tārīkh-i Rashīdī*, Tehran: Mīrāth-i Maktūb, 2004(TR(Tehran ed.)と略称) p. 7; Thackston, W. M. ed. and trans., *Mirza Haydar Dughlat's Tarikh-i-Rashidi. A History of the Khans of Moghulistan*, Cambridge, Mass: Harvard University, 1996, Vol. 1, Persian Text(TR(Thackston ed.)と略称), p. 5, Vol. 2, English Translation and Annotation(TR(Thackston tr.)と略称), p. 4]。

2) この見解については，間野英二『バーブル・ナーマの研究 IV 研究篇：バーブルとその時代』松香堂，2001 年，134-143 頁の「『バーブル・ナーマ』と『ターリーヒ・ラシーディー』——その相互関係」を参照いただきたい。

3) 古来，ラピスラズリやルビーなど宝石の産地として知られるバダフシャーンは，本来はアム川上流域，すなわちパンジュ川の両岸地帯を指す名称であるが，現在は，パンジュ川を境に，アフガニスタンのバダフシャーン州と，タジキスタンの山岳バダフシャーン自治州の二つに分かれている。この二分化は 1895 年に英国とロシアの間で締結された協定の産物であるが，本章で扱うのはアフガニスタン側のバダフシャーン

である。

4) カルア・イ・ザファル(Qal'a-i Ẓafar,「勝利の砦」の意)は16世紀のバダフシャーンの中心地であった。イライアスは「その遺跡は, コクチャ川の左岸, アルグ川の河口より少し下流, テシュカーンの流れの河口より上流にある。(中略)カルア・イ・ザファルがどのくらいの間バダフシャーンの首都であったかはわからない。しかしミールザー・ハイダルの記述によって, 15世紀の末までに建造されたものと見られる。1516年にフマーユーンがそこに避難した際にはバダフシャーンの首都であった。しかしそれ以後については何の記述も知られない」と記す[TR (Ross tr.), p. 220, note 2]。ミールザー・ハイダルは, ブハーラーからカルア・イ・ザファルまでの旅行中, ルースターク(パンジュ川左岸, アフガニスタン側にあるが, コクチャ河畔の町ではない)を出発した次の日, ここに到着している。したがってルースタークから一日行程内のところにあったはずである。

5) シーア派のイスマーイール派については, 菊地達也『イスマーイール派の神話と哲学——イスラーム少数派の思想史的研究』岩波書店, 2005年; Daftary, F., *The Ismāʻīlīs: Their history and doctrines*, Cambridge: Cambridge University Press, 1990 参照。

6) ニザール派については, 13世紀にモンゴルによって征服された「暗殺者教団」や, 現代のパリ近郊に本拠を持ち, パキスタンなどで影響力を持つアーガー・ハーン4世が有名である。

7) 以下の年表の記述は,『ターリーヒ・ラシーディー』など一次史料の記述に基づくものであるが, ここでは特別な場合を除き, 典拠を示すことは省略する。ミールザー・ハイダルについての二次的な参考文献は, 以下のごとくである。Elias, N., "Introduction. Section I: The author and his book," in TR (Ross tr.), pp. 1-27; Barthold, W., "Ḥaydar Mīrzā," *Encyclopedia of Islam*, new ed., Leiden: E. J. Brill, 1971; Thackston, W. M., "Chronology of the Tarikh-i-Rashidi," in TR (Thackston tr.), pp. xv-xvi; Derysäliev, Ä. ed., *Mûxammed Xajdar Dulati. Ömirbayandyq-bibliografiyalyq anyqtamalyq (Autobiographic-bibliographic Directory)*, Almaty: M. X. Dulati Qogamdyg Qory, 1999; Haidar, M., *Mirza Haidar Dughlat as depicted in Persian Sources*, New Delhi: Manohar, 2002; Rahmonov, V. and A. A'zamov, "Muhammad Haydar Mirzo Dug'lat," *Zahiriddin Muhammad Bobur Entsiklopediyasi*, Toshkent: "Sharq" Nashriyot-Matbaa Aktsiyadorlik Kompaniyasi Bosh Tahriyati, 2014. なお, ジャリロフ・アマンベク, 河原弥生, 澤田稔, 新免康, 堀直『『ターリーヒ・ラシーディー』テュルク語訳附編の研究』NIHUプログラム「イスラーム地域研究」東京大学拠点, 2008年も『ターリーヒ・ラシーディー』に関連する研究として参考になるであろう。

8) 現タジキスタンのウラ・タッパ。ストリーシュナ, ウスルーシャナともいう。ホジャンドの西南約70 kmにある都市。当時はタシュケントに本拠を置くモグーリスターン・ハン国のスルターン・マフムード・ハンの支配下にあり, その臣下で, ハン家の女婿でもあったミールザー・ハイダルの父ミールザー・ムハンマド・フサインが, 900-1008 (1494-1503) 年の9年間, この地を領地として保有していた[バーブル

『バーブル・ナーマ　ムガル帝国創設者の回想録』（間野英二訳注），平凡社東洋文庫，2014 年，第 1 巻，88 頁; TR (Tehran ed.), p. 240; TR (Ross tr.), p. 154]。なお，TR (Ross tr.) の Introduction，またそれに従った，間野英二『中央アジアの歴史——草原とオアシスの世界』講談社現代新書，1977 年，および Rahmonov (2014) はミールザー・ハイダルをタシュケント生まれとするが，誤りである。

9) ドゥグラト家は，『元朝秘史』によれば，モンゴルのメネン・ドトンの子孫ドコラダイを始祖とするモンゴル系の遊牧集団で，チャガタイ・ハンに従って中央アジアに移住した。そして，13 世紀以降，16 世紀に至るまでカーシュガルを中心とする「マンガラーイ・シュベ（先鋒地帯）」と呼ばれた一帯の支配権を保有して，この地で権力を行使しつづけた。14 世紀以降，彼らは中央アジアに移住したモンゴル人の中では最も早くイスラーム化し，また徐々にテュルク化していった。ドゥグラト家はモグーリスターン・ハン国で常にハンに次ぐ高位であるウルス・ベギの地位を占め，多くの特権を持ちつづけた。間野 (2001)，270-274 頁参照。

10) キュレゲン (kürägän) は「婿，女婿」の意。ミールザー・ムハンマド・フサインが，チンギス・ハンの子孫でモグーリスターン・ハン国の君主であったユーヌス・ハンの婿（娘の夫）であったため，キュレゲン（女婿）の称号を帯びた。

11) ヒサールはヒサーリ・シャードマーン（「喜ばしきヒサール」）とも呼ばれ，現タジキスタンの首都ドゥシャンベの西約 30 km の地点に廃墟がある。

12) ホスロー・シャーはティムール朝サマルカンド政権の君主スルターン・マフムード・ミールザーの臣下であるにもかかわらず，君主とほとんど同等の権力を行使した。ホスロー・シャーについては，『バーブル・ナーマ』（間野訳注），第 1 巻，80-81 頁，第 2 巻，23-27 頁参照。

13) シャー・ベギムはバダフシャーン王家出身で，ユーヌス・ハンの妃。彼女はアフスィの戦いの後，シャイバーニー・ハンにいったん捕虜にされ後に釈放された子のスルターン・マフムード・ハンとともにモグーリスターンに帰っていた。しかし，子のハンとの間に確執が生じ，ハンと別れてサマルカンドのシャイバーニー・ハンのもとに至ったが，ホラズム遠征を前にしたシャイバーニー・ハンは，彼女をサマルカンドからホラーサーンへ去らせた。なお，シャー・ベギムはバーブルの義理の祖母に当たる。

14) ミフル・ニガール・ハニムはティムール朝サマルカンド政権の君主スルターン・アフマド・ミールザーに嫁いでいたが，1494 年の夫の死後もサマルカンドに居住していた。1500 年，シャイバーニー・ハンがサマルカンドを征服すると，その妃とされた。しかし，1501 年，シャイバーニーがバーブルのサマルカンド出城の条件として，その姉ハンザーダ・ベギムを娶った際に，おばと姪を同時に妻に持つことは違法のため，離縁され，サマルカンドに留まっていた。その後，シャー・ベギムのホラーサーンへの旅に同行したのである。

15) 本名はスルターン・（ウ）ヴァイス・ミールザー，通称がミールザー・ハン（ハン・ミールザーとも呼ぶ）。彼はティムール朝サマルカンド政権の君主スルターン・マフムード・ミールザーの第 5 子で，母はユーヌス・ハンとシャー・ベギムの間に生ま

れたスルターン・ニガール・ハニム。この人物については，未発表の別稿「ティムール朝の王子ハン・ミールザー小伝」で詳しく紹介する予定である。

16) この遠征については，磯貝健一「イブン・ルーズビハーンのカザク遠征——*Mihmān-nāma-yi Bukhārā* から *Sulūk al-Mulūk* へ」『西南アジア研究』43, 1995年, 1-20 頁参照。

17) ミールザー・ハイダルは，のち，スルターン・サイード・ハンと自らの交流の期間を「24年間」とするが [TR (Tehran ed.), p. 173; TR (Ross tr.), p. 137]。これは，この 916 年から数えて，ハンが死去する 939 年までの 24 年間を指すと思われる。

18) この別れまでのバーブルとミールザー・ハイダルの交流については，間野 (2001), 109-133 頁の「バーブル・パーディシャーとハイダル・ミールザー——その相互関係」を参照していただきたい。

19) ミールザー・アバー・バクルは，ミールザー・ハイダルの祖父ムハンマド・ハイダル・ミールザーの兄サーニーズ・ミールザーの子。カーシュガルを 24 年間支配していたおじのムハンマド・ハイダルからカーシュガルを奪い，来攻したユーヌス・ハン，ムハンマド・ハイダルの連合軍を撃退して，以後，長期にわたってカーシュガル，ヤルカンドの一帯で絶対的な権力を行使した。なお，ミールザー・ハイダルはこの祖父の名を継いだ [TR (Tehran ed.), pp. 381-384; TR (Ross tr.), pp. 251-254]。

20) 『ターリーヒ・ラシーディー』のペルシア語刊本 [TR (Tehran ed.), p. 384] は「46 年」とするが，筆者が参照した諸写本の中で，このように記されている写本は，British Library. MS. Add. 24,090, 170b の 1 写本のみで，他の 7 写本 (Sankt-Peterburgskij Filial Instituta Vostokovedenija Rossijskoj Akademii Nauk. MS. B648, fol. 145a; 同 MS. C394, 123b; Institut Vostokovedenija Akademii Nauk Respublika Uzbekistana. MS. 1430, fol. 161b; British Library MS. Or. 1715, fol. 108a; 同 MS. Or. 157, fol. 192a; 同 MS. Or. 6477, fol. 233b; Bibliothéque nationale. MS. Suppl. Persan1483, fol. 174b) はすべて「48年」である。したがって，TR (Ross, tr.), p. 253; TR (Thackston, ed.), p. 212; TR (Thackston, tr.), p. 166 の「48年」が正しいと思われる。

21) 小松久男ほか編『中央ユーラシアを知る事典』平凡社，2005 年, 557 頁に見える系図にはスルターン・サイード・ハンの死とスルターン・アブドゥッラシード・ハンの即位を 1537/38 年とするが，940 年ムハッラム月 1 日，すなわち 1533 年 7 月 23 日が正しい。詳しくは，Akimushkin, O. F., "Khronologija pravitelej Vostochnoj chasti Chagatajskogo ulusa (linija Tugluk-Timur-khana)," *Vostochnyj Turkestan i Spednjaja Azija*, Moskva: Izdatel'stvo 《Nauka》 Glavnaja Redaktsija Vostochnoj Literatury, 1984, p. 159 参照。アキムシュキンは，『千年史』(Qāzī Aḥmad Tattavī and Āṣaf Khān Qazvīnī, *Tarīkh-i Alfī*, Āl-i Dāūd, A. ed., 2008, Tehran: Fikr-i Rūz, p. 486) に拠ったものと思われる。

22) 『千年史』は 25 人とする [*Tarīkh-i Alfī*, p. 477]。

23) この遠征の年代は明確でないが，『千年史』は 941 年の出来事とする [*Tarīkh-i Alfī*, p. 479]。

24) ラクは 10 万。俸禄の単位は「白いタンガ」と呼ばれた銀銭と思われる。50 ラクは

500万タンガ。ミールザー・ハイダルによれば，1ラクは2万シャールヒー銀貨，1シャールヒーは銀1ミスカールに相当するという［TR（Tehran ed.），p. 674; TR（Ross tr.），p. 469］。

25) フマーユーンのイラン亡命については，Ray, S., *Humāyūn in Persia*, Kolkata: The Asiatic Society, 1948, repr. 2002 参照。

26) ミールザー・ハイダル支配時代のカシュミールの情勢と，当時のカシュミールで作られたミールザー・ハイダルを称える詩の断片については，小倉智史「中世後期・近世カシミールにおける支配の正当性と宗教アイデンティティ」今松泰・澤井一彰編『前近代南アジアにおけるイスラームの諸相 在来社会との接触・交流と変容』人間文化研究機構地域研究間連携研究の推進事業「南アジアとイスラーム」，2015年，73-99頁が参考になる。

27) ミールザー・ハイダルの死因について，『アクバル・ナーマ』は，ミールザー・ハイダルが自らの部下が誤って放った矢に当たって死去したという説もあることを紹介している［Beveridge, H., *The Akbarnāma of Abu-l-Faẓl*, Vol. 1, Calcutta: The Asiatic Society of Bengal, 1902, repr. Lahore: Book Traders, no date, pp. 405-406］。また『アクバル諸章』は，夜襲中に，自らの部下が誤って放った矢に当たって死去したという説と，屠畜人が矢で彼の太腿を射たという説，そしてカマール・クカという人物が刀で殺したという説を挙げ，ただ体には矢傷しか見られなかったとしている［Haidar (2002), p. 106］。また，TR（Ross tr.），p. 490 をも参照。なお，エルスキンは，彼がカシュミール人に睡眠中の邸を夜襲され，殺されたとする［Erskine, W., *A History of India under their two First Sovereigns of the House of Taimur, Baber and Humáyun*, Vol. 2, London, 1854, repr. Shannon（Ireland）: Irish University Press, 1972, p. 368］。このように，彼の死因は必ずしも明らかではない。さらに，死去の日付についても，ロス英訳書の序論の，おそらく958年ラマザーン月の末，つまり1551年10月の初め頃とする説や，サックストンの10月に殺害されたとする説がある［TR（Ross tr.），p. 22; TR（Thackston tr.），p. xvi］。これらは，『アクバル諸章』にミールザー・ハイダルが攻撃に出発する少し前の日付として，958年ラマザーン月27日（1551年9月28日）が見えるため［Haidar (2002), p. 104］，そこから死去の日を推定したものと思われる。

28) ミールザー・ハイダルは905（1499/1500）年生まれであるが，生まれた月日が不明のため，このとき何歳であったかは確定できない。

29) TR（Tehran ed.），p. 335; TR（Ross tr.），p. 209.

30) バーブルはミールザー・ムハンマド・フサインのこの死について「この人間性に欠け正義を知らぬ男（ムハンマド・フサイン）は，その命を助け与えたという私の親切を完全に忘れ，シャイバク（シャイバーニー）・ハンのもとで私の陰口をたたき，私について文句をいっていた。しかしほどなくして，シャイバク・ハンは彼を殺し，彼にその報いを受けさせたのである」と手厳しく述べている［『バーブル・ナーマ』（間野訳注），第2巻，218頁］。

31) TR（Tehran ed.），p. 338; TR（Ross tr.），pp. 209-210.

32) ロスの英訳は "outside the city of Bukhara" とするが，原文は "darūn-i shahr-i

Bukhārā"であるから，"inside the city of Bukhara"と訳すべきである[TR(Ross tr.), p. 215; TR(Tehran ed.), p. 343]。サックストンは"on the outskirts of Bukhara"と訳すが[TR(Thackston tr.), p. 144], 話の展開からすると"darūn"を"outskirts(周辺ないし郊外)"と訳すことにも賛成できない。

33) TR(Tehran ed.), pp. 343-346; TR(Ross tr.), pp. 215-217.

34) 「チェラーグ・コシュ」はシーア派のイスマーイール派を指す。サックストンによれば「ランプの火を消したのち，奔放な性行為を繰り返す者たち」の意[TR(Thackston tr.), p. 146, note 1]。

35) 「人々は彼に従わないすべての者を殺害していた」の原文は，参照できた写本のうち，タシュケント写本 MS. 1430, p. 142 のみに見え，テヘラン刊本も採用した "Har ke-rā ittibā'-i ū namīyāftand mīkushtand" である。この部分を，ロスは "His followers used to put to death every one they met", またサックストンは "Everyone [his followers] found they killed" と訳す[TR(Ross tr.), p. 217; TR(Thackston tr.), p. 146]。これは，参照できた写本のほとんどすべてに見える "Har ke-rā atbā'-i ū mīyāftand mīkushtand" に従ったものであろう。しかし，文脈からして，タシュケント写本のみに見える形が正しいものと判断した。なお，サンクト・ペテルブルク写本 MS. B648, fol. 127b はこの部分が不完全で，"mīyāftand mīkushtand" と見えるのみである。

36) 13世紀のモンゴルの侵入期にも，イラン東部とアフガニスタンの国境付近のコヘスターンにはガーイン城などニザール派の山城が多数連なっていた。コヘスターンのニザール派については，たとえば，B.ルイス『暗殺教団――イスラームの過激派』(加藤和秀訳)，新泉社，1973年，67-68頁参照。

37) 「ホスロー・シャーの領域(クンドゥーズを中心とする地域)がウズベクに併合されたとき，バダフシャーンの人々の若干はウズベクに服従せず，何度かウズベク軍を敗走させた。そして各千人隊長がサルダールの地位に昇り，ウズベクの首を絞首台に置いた。彼らの長はズバイル・ラーギーであった」[TR(Tehran ed.), pp. 328-329; TR(Ross tr.), pp. 202-203]。

38) TR(Tehran ed.), pp. 346-347; TR(Ross tr.), pp. 217-219.

39) 現タジキスタンの，アム川に北から流れ込むカーフィルニハーン川流域の町。

40) 詩人・旅行家としても著名なナーセレ・ホスローについては，黒柳恒男「ナーセル・ホスローの生涯と作品」『東京外国語大学論集』8，1961年，55-66頁; 森本一夫監訳, 北海道大学ペルシア語史料研究会訳「ナースィレ・フスラウ著『旅行記(Safarnāmah)』(I)-(IV)」『史朋』35-38, 2003-2005年; Corbin, H., "Nāṣir-i Khusrau and Iranian Ismā'īlism," *Cambridge History of Iran*, Vol. 4, Cambridge: Cambridge University Press, 1975, pp. 520-542; Hunsberger, A. C., *Nasir Khusraw, the Ruby of Badakhshan: A Portrait of the Persian Poet, Traveler and Philosopher*, London and New York: I. B. Tauris, 2000 参照。

41) 現在のジョルム南方のハズラティ・サイイド(Ḥażrat-i Sayyid)(またはハズラティ・サイード Ḥażrat-i Sa'īd)村にナーセレ・ホスローの廟がある。この廟についてはアフガン人の外交官・詩人による詳細な報告が出ている[Khalīlī, Kh. A., "Mazār-i

Nāṣir-i Khusraw," *Yaghmā*, 20-9, 1967, pp. 472-476, 641］。また，Wood, J., *A Personal Narrative of a Journey to the Source of the River Oxus*, London: John Murray, 1841, pp. 260-261 にも記述がある。

42）Daftary(1990), pp. 453-54, 471, 487-90; Poonawala, I., "Shāh Ṭāhir," *Encyclopedia of Islam*, new ed., Leiden: E. J. Brill, 1995.

43）アレクサンドロス大王の子孫を称した当時のバダフシャーン王，たとえばバーブルの義理の祖母シャー・ベギムの父でバダフシャーン王であったシャー・スルターン・ムハンマドをはじめ，バダフシャーンの有力者は「シャー」という称号を帯びた。マルコ・ポーロの『東方見聞録』にも「アレクサンダー大王とペルシア王ダリウスの王女との間にできた子供が，この国の王位を世襲している。この国では歴代の王がアレクサンダー大王を記念して，現在に至るまで《ズルカーネイン》の称号をとるが，これはアレクサンダーをサラセンの言葉に直したものである」と見える［マルコ・ポーロ『東方見聞録』(愛宕松男訳注)，平凡社東洋文庫，1970年，第1巻，99頁］。

44）ウズベクのハムザ・スルターンとマフディー・スルターンはヒサール，バダフシャーン，クンドゥズ，バグラーンの一帯を統治していたが，1511年，カーブルからサマルカンド奪還に向かったバーブルの軍勢に敗れ，殺害されることになる。

45）TR(Tehran ed.), pp. 347-348; TR(Ross tr.), pp. 215-220.

46）TR(Tehran ed.), pp. 357-358; TR(Ross tr.), p. 227.

47）1959-63年，ソ連の調査隊がタジキスタンの山岳バダフシャーン自治州で約250種類のイスマーイール派(ニザール派)関係の文献を発見したことが知られている。これらの文献は主にシュグナーン地方(パンジュ川右岸のグンド，バルタング，シャー・ダラなど)のこの派の信奉者たちによって保存しつづけられてきたものである(Daftary(1990), pp. 27, 441 参照)。つまりバダフシャーンには20世紀までイスマーイール派(ニザール派)を支持する人々が存在しつづけたのである。また，近現代のタジキスタン側バダフシャーンにおけるイスマーイール派の活動については最近の著書である Mastibekov, O., *Leadership and Authority in Central Asia: An Ismail community in Tajikistan*, London: Routledge, 2014 が参考になる。

48）現代のタジキスタン側バダフシャーンでも，イスマーイール派(ニザール派)の人々が，スンナ派とシーア派の両派の人々から異端とみなされているという報告もある［Mastibekov(2014), p. 152］。この事実からも，イスマーイール派，特にニザール派の教義・行動には他とは大きく異なる点があった可能性もある。つまり，ミールザー・ハイダルの記述も単なる偏見とは簡単には言えないのである。

第6章　明清交替期の地方士大夫と旅
―― 福建寧化県の李世熊を中心として

三 木　　聰

　　　　　　　　　　　　は じ め に

　移動・移住・旅という本書の主題に即して，本章では中国史における明清王朝交替の時代を生きた一人の地方士大夫の旅を取り上げることにしたい。その士大夫とは，中国東南沿海に位置する福建省の西部地区，明清時代の行政区画でいえば汀州府寧化県の泉上里(現在の福建省三明市寧化県泉上鎮)出身の李世熊である。

　李世熊は，字は元仲，号は媿菴で，明清交替以降は，寒支道人と号した。その生没は，明の万暦30(1602)年および清の康熙25(1686)年であり，享年は数えで85，当時としてはきわめて長寿であった。のちに詳述するように，李世熊は明の諸生(廩生)で，後世には「文章・気概によって当代に聞こえ，その名は大いに轟いていた」と評されている[1]。著書には個人文集として『寒支初集』10巻および『寒支二集』6巻があり[2]，また康熙『寧化県志』全7巻も，康熙23(1684)年に李世熊が83歳で上梓した個人の著作である[3]。ほかにも『寇変紀』『寇変後紀』など，多くの著述が残されている[4]。

　本章が李世熊の旅を考察するにあたって，中心的に取り上げる史料は『寒支二集』巻首に収められた，李世熊の年譜「寒支歳紀」(以下「歳紀」と略称)である[5]。「歳紀」の「丙戌」すなわち順治3(1646)年によれば，この年，李世熊は45歳であったが，「入山」(隠棲)して「歳紀」の筆を絶ったという。したがって，この年以前の記載内容は李世熊の自撰であるが，順治4(1647)年以後については世熊の49歳という「晩年」に生まれた三男向旻(之権)に

よって書かれたものである[6]。

　次に、本章の標題にある地方士大夫という、あまり馴染みのない表記について述べておきたい。ここでは中央と地方、あるいは中心と周縁というような相対的地方性を含意している。その出身地に軸足を置いた場合、李世熊には四重の地方性を読み取ることができよう。すなわち、第一に、明末段階の政治的・経済的中心としての北京や蘇州を包摂する北直隷・南直隷に対して東南沿海の福建という地方性、第二に、福建の中心である福州府に対して閩西（福建西部）の汀州府という地方性、第三に、汀州府の中心である附郭の長汀県に対して寧化県という地方性、そして第四に、寧化県の中心である県城に対して泉上里という地方性である。まさに地方士大夫と称する所以である。

　以下、こうした地方性をまとった李世熊の旅を通じて、17世紀中葉に起こった明清王朝交替という激動の時期を駆け抜けた一人の地方士大夫と時代との関連性について考察することにしたい。

1. 李世熊と明清交替

　「歳紀」では、崇禎17(1644)年に「5月、始めて烈皇（崇禎帝）の殉難を知る」と書かれているが、明朝の滅亡が伝えられてから[7]、その一方で、順治4(1647)年に清朝権力がこの地域をほぼ掌握するまでの間に、汀州府寧化県では土豪黄通による抗租反乱が起こった。それは順治3(1646)年6月という、まさに李世熊が45歳のときであった。黄通によって県内外の郷村地域に張りめぐらされた一種の軍事的組織ともいうべき「長関」は、いわば権力の空白期においてある意味で「地域権力」を構成していた。黄通の抗租反乱をはじめ、この時期に続発した諸反乱および反清蜂起については、李世熊が康熙『寧化県志』および『寇変紀』『寇変後紀』などで詳細に描写している[8]。

　「歳紀」には「時に寧化では長関の変が起こった。乱民は衆を率いて〔県〕城に入り、八十数家を劫掠した」と書かれているが、それにつづいて、かつては寧化県の知県（県知事）を務め、南明隆武政権(1645-46年)のもとで兵部侍郎に陞っていた于華玉が「乱民」の招撫に失敗して俘虜になるという事件に

ついて記述されている[9]。

　7月4日、兵部侍郎の于華玉公が、兵を率いて寧化に来たが、私の言を聞かず、7日に軽身で[黄通の]招撫に出かけて、乱民に捉えられた。[さらに]殴打・恥辱を受けてほとんど死にかけ、中沙に3日間拘禁された。私は[県]城で身代金として銀千両余を措置し、乱民の党に支払ったので、[于]公は帰された。

　自らの助言を無視して失態を演じた于華玉の救出のために、李世熊は寧化県の郷紳・士大夫の中心としてきわめて高額の身代金を用意したのであり、その後、同月12日には、丘応登とともに中沙に出向いて直接「長関凶党」に解散するように説得したのであった[10]。なお『寇変紀』にはこの事件のことがより詳細に叙述されている。すなわち、李世熊が身代金を措置する上で主導的役割を果たした点は、俘虜となった于華玉の書簡に「諸郷紳は元仲（李世熊）とともに速やかに身代金を措置するように商議して欲しい」と書かれていたことからもうかがうことができる[11]。すでに森正夫が指摘するように、李世熊は「寧化県の政治に同県の士人層を代表する存在」として関与したのであった[12]。

　その後、李世熊の手を離れた「歳紀」には、反乱・騒擾の記述がさほど多くはなく、順治8(1651)年の「建昌の四営潰賊」、順治9(1652)年の「粤寇」の泉上里襲撃にともなう「隣郷の土賊」の蜂起に触れ、最後に康熙13(1674)年の「閩藩の変叛」すなわち耿精忠の乱（三藩の乱）に言及するのみである。耿精忠の乱については「歳紀」で次のように書かれている。

　3月、閩藩が変叛し、民を募って兵とした。土寇が四起し、城・郷の路は[連絡を]絶った。[李世熊は]そこで数十郷を連合して保民会を作り、専ら[閩藩の]軍に従って寇を導き、本境に害をもたらすことを禁じた。部署は厳密であり、寇は敢えて侵犯することはなかった。他郷では多くのところで統率がなく、紛々として募兵に応じて従軍し、死者はただ数千人のみでは

すまなかった。泉上一里だけは免れることができたのである。

　耿精忠の乱による社会的混乱の中で，李世熊は泉上里周辺の「数十郷」を統率して「保民会」を組織し，自らのリーダーシップのもとに郷里の自衛を成し遂げたのであった[13]。

　なお「歳紀」によれば，李世熊は順治9(1652)年9月から同族の者たちを率いて麻布崗に土堡（土塁に囲まれた城砦）を建設し，翌年の冬にはそれが完成したという。現在の泉上鎮に隣接する四角形の「大土堡」がそれであり，今でも一部残存する版築の外壁に囲まれた土堡内には，縦横9条に及ぶ直線の街路——ほぼ南北に7条，東西に2条——が存在しており，往時を偲ばせるものとなっている[14]。

　康熙『寧化県志』の寇変志および『寇変紀』『寇変後紀』などに見える諸反乱の詳細な分析を通じて，李世熊と泉上里を中心とする「地域社会」との関係を明らかにしたのは森正夫である[15]。如上の諸史料が明清交替期以降の社会的混乱状況を描いていたこととも相まって，森は「明朝から清朝への交替という全国規模の政治的変動にもかかわらず，李世熊の問題関心は，第一義的には，この変動自体にではなく」，「あくまでも「吾郷」の存在，それを前提とした「吾族」の安泰にある」と指摘している[16]。また近年では，ほぼ同時期を生きた江南の陳子龍との関連において李世熊にも言及し，「福建西北山間部という僻遠の位置と「族党」から構成される地域社会が明朝国家を超える媒体となったのであろうか」とも述べている[17]。森のこうした見解がきわめて実証的・説得的で，かつ妥当なものと思われる一方で，筆者自身も含めて，従来の研究は明清交替期すなわち黄通抗租反乱期とそれ以降を注視することに重きを置いてこなかったであろうか。李世熊にとって「地域社会が明朝国家を超える媒体となった」契機がそれ以前のどこに存在していたのかを明らかにする必要があるのではなかろうか。それは取りも直さず，李世熊が「入山」して「歳紀」の筆を絶ったこととも関連すると思われるからである。

　福建の漳州府漳浦県出身で，清初の康熙末年に台湾で起こった朱一貴の乱

の鎮圧に活躍した藍鼎元による李世熊の伝記には，次のような注目すべき内容が書かれている[18]。

　私が聞いたところでは，先生(李世熊)は若いとき，かつて単身で泉州へ行き，安海に出て，ひそかに鄭芝龍を観察したとのこと。その思いには深いものがある。唐王(隆武帝)が福建に立つに及んで，明の命数はすでに尽きた。「太陽や月が出ているのに，松明の火を消すことが許されない」(『荘子』逍遙遊)とは。先生が[隆武帝の]招聘に応じなかったのは宜なるかな。もしも先生が若いころに志を得ていたならば，癸未・甲申(崇禎16-17(1643-44)年)の間には，必ずや観るべきものがあったであろう。身体のなかの熱血は，これを清涼の郷に注ぐとは，悲しいことではないか。

　「志を得て」官僚として活躍した藍鼎元にとって，李世熊という存在は科挙に合格して挙人，あるいは進士となっていたならば[19]，王朝の終末という混乱の時期の明朝国家にとって何かを成したであろう人物として映っていたのである。そのことは泉州府の安海に鄭芝龍を見に行ったというエピソードとも関連しており，藍鼎元は李世熊の安海行を「その思いは深い」と賛嘆している。藍鼎元の評価は，寧化県という福建山区の出身でありながら，福建に固有の海の世界を媒介として時代の寵児になろうとしていた鄭芝龍への関心という，この時代の空気を敏感に嗅ぎ取る李世熊の能力に対するものだったのではなかろうか[20]。
　安海行について李世熊自身は「歳紀」の中で，崇禎8(1635)年7月の福州における抜貢生の試験に失敗した後に，

　また単身で泉州へ行き，安海に出て，ひそかに鄭蚩虹を観察した。時に鄭は[福建]巡撫の鄒[維璉]と合わず，鄒が兵部に移ると，鄭は猜疑心を懐いて髪を下ろした。私は『春秋渉録』を著し，序でこのことを譏った。

と記している。鄭芝龍を見るためにわざわざ安海にまで行くとは，まさに李

世熊の並々ならぬ関心をうかがうことができよう[21]。しかも『春秋渉録』の中で，鄭芝龍の行いを非難さえしているのである。

このように，明清交替期以前の李世熊には，泉上里から寧化県までのいわば身近な地域社会を超えた，より大きな地域としての福建，さらには明朝国家へと拡がる世界に対する問題関心を見いだすことができると言えよう。しかしながら，李世熊は自らそれを断ち切って「入山」という途を選択したのであった。

「歳紀」の中で，崇禎17(1644)年の「烈皇殉難」(明朝滅亡)から順治3(1646)年の隆武帝の「駕陥」(清軍による汀州での捕縛・殺害)までの一連の動向について，李世熊は比較的詳細に書き残している。特に「乙酉」すなわち順治2(1645)年の7月1日，隆武帝が福州で即位して以降，翌年6月に黄通による「長関の変」が起こるまでの記事は，その多くが万暦46(1618)年の李世熊17歳のときにはじめて出会って以来，師と仰いできた黄道周に関連するものであった[22]。

　　乙酉，44歳。(中略)7月1日，隆武帝が福州で立った。黄石斎先生(黄道周)は内閣に入り，上奏によって私に内閣中書[の官]を授けるように推薦した。私は赴かずに，ただ書簡によって黄先生に謝意を表すだけであった。8月，[黄先生は]また私の名を勧進箋(推薦状)に書き，貢生となることが認められたが，私は学院に赴いて身分保証書を提出しなかった。時に石斎先生は，兵を率いて[江西の]広信に駐屯していた。(中略)
　　丙戌，45歳。正月，建寧府へ行った。[そこで江西の]撫州・広信が倶に[清軍によって]陥落し，黄石斎先生が殉難したことを聞いた。土盛りをして追悼した。士大夫で[黄石斎先生のために]哀歎する者はおらず，たとい先生の同年の朋友で，蔣徳璟公の如きものも，また上奏で[その哀惜を]表白することはなかった。私はそこで「孤忠を褒恤するの疏」を書いて上奏しようとしたが，通政司の鄭鳳来に抑えられて[隆武帝まで]達することはなかった。3月，[江西・福建の省境に位置する]杉関が再び戒厳となり，隆武帝は延平に行幸した。私は鬱々として帰郷し，口を噤んで時事を言わなかっ

た。

　これにつづいて，上述の「長関の変」と于華玉の一件とが描かれた後に，行幸先の延平から[23]，8月26日の清流県を経て，27日には汀州府城に至り，月末には清軍によって殺害される隆武帝の末期が簡略に記述されている[24]。そして最後に，「私は雷扶九(雷羽上)とともに涙を流し，別れて遂に入山した」と書かれているのである[25]。明朝の滅亡から南明弘光政権(1644-45年)の瓦解を経て，さらには唐王隆武帝の死までを目の当たりにして，李世熊は「明の遺臣」として隠棲することを決意したのであった[26]。

　だが，李世熊「入山」の直接の契機として，黄道周の殉難に冷水を浴びせるような隆武政権の対応があったことは確かなように思われる。『寒支初集』所収の「孤忠を褒恤するの疏」は，「輔臣」の黄道周が孤軍奮闘して清軍に囚われ，絶食して死地に赴くという凄絶な死を迎えた「烈士」であるにもかかわらず，「百僚は声を飲んで，寂として顕彰もしない」という状況——それは「人情の頽廃」そのものであった——に対して大いなる憤懣を表明するとともに，また次のように述べている[27]。

　　敵によって死んだ者が褒められなければ，すなわち[敵に]降伏した者も罰せられない。名臣が殉難に遇っても，士夫が哀悼を加えなければ，すなわち臣下が節を喪っても，士夫は辱とは思わない。醜□は蒙昧を振り落として，朝士を嘲笑わない者がいないのを知らないのか[28]。

　『寒支初集』では，この上奏文の末尾に，さらに次のような一文がつけ加えられている[29]。

　　通政司の鄭鳳来は[この疏に]反駁して[次のように]言っている。輔臣が俘虜となっ[て殉じ]たことには，未だ確報がない。どうして前もって恤典(功労)がないことを予想できようか。宜しく静かに論が定まるのを俟って，後日[官職・名号を]封進すべきであり，[そうすれば]よいであろう，と。考えるに，

輔臣が節を尽くして[殉難して]から，すでに一月が経っている。[それでも]なお邸報(官報)では未だ確定していないと云い，朝廷を挙げて押し黙ったままである。ああ人心の死は久しい。国が亡びないように望んでも，[果たして]できようか。

　黄道周の殉難を通じて改めて明白になった，隆武政権における「人心の死」すなわち官僚・士大夫の道義的な頽廃を，李世熊はとうてい受け入れることができなかったのであり，こうした事態を直接的な契機として「鬱々として帰郷」し，隆武政権崩壊後に「入山」したのであった。しかしながら，それと同時に，彼の心底には明末段階からつながる国家の政治や官僚に対する不信の念が形成されていたのではなかろうか。それは李世熊自身の科挙への挑戦と密接に関連していたように思われる。

2. 李世熊と科挙の旅

　「歳紀」によれば，李世熊は万暦44(1616)年の15歳のとき，童試に第1位で合格し，翌年には県学の生員となった[30]。その後，順治2(1645)年に44歳で抜貢生の選考のために福州に赴くまで，科挙をめざして数多くの試験を受けている。その間，天啓4(1624)年の23歳時には，福建の提督学政周之訓によって学資支給の廩膳生に選ばれたのであった。すでに南炳文が詳述するように，万暦45(1617)年の16歳から崇禎15(1642)年の41歳まで，同じく提督学政によって行われた歳試・科試を李世熊は11回も受験し，そのうちの7回で第1位を獲得している[31]。たとえば「歳紀」の崇禎5(1632)年には，次のように書かれている。

　　壬申，31歳。正月，何宗元先生(何万化)が，汀州で歳考(歳試)を行い，また私を第1位に選抜し，さらに賞賛を加えた。

　しかしながら，李世熊は生員(廩生)から挙人，あるいは貢生へと進むこと

はできなかった。自身で「幼少時より[生員となって]学校にいたが，9度も場屋(貢院)に躓いた」と述べるように，李世熊が挙人を取得するための郷試に合格することはなかったのである[32]。ただし，ここでは9度とあるが，実際には8度であり，万暦46(1618)年の17歳から崇禎12(1638)年の38歳まで，3年ごとに8回，連続して郷試を受験したのであった[33]。さらに，崇禎元(1628)年・同8(1635)年・順治2(1645)年の3度，国子監へ進学するための貢生の選抜に応じたものの，同様に不首尾に終わっている[34]。

「歳紀」では，受験の失敗について「及第せずに帰った」あるいは「落第して帰った」などと記されている。こうした簡略な表現の中に，李世熊の失意の深さを読み取ることもできるのではなかろうか。しかしながら「歳紀」には，読みようによってはいささか恨みがましく思われる，次のような表現も存在する。

丙子(崇禎9(1636)年)，35歳。(中略)8月，省試(郷試)に応じた。試験の[経書]七義は，きわめて意に適ったが，しかし結局は合格しなかった。(中略)乙酉(順治2(1645)年)，44歳。正月，再び省会(福州)に赴いて貢生の選抜に応じた。督学の李長倩は，もとより低劣で道理のない文章を好み，私を抑えて選抜しなかった。

李世熊にとって「科挙の旅」とは，そのほとんどが郷試の受験と抜貢生の選考のために，寧化県の泉上里を出発して福州府城へ赴くという11回に及ぶ旅であった。特に郷試を8回連続で受験するというように，そこには李世熊の科挙に対する並々ならぬ執念を感じることができよう。また，その一方で，歳試・科試では毎回，きわめて高い評価を得ながら，どうしても郷試には合格できないことによって，回を追うごとに，その失意と挫折感とは増大していったに違いない。福州から寧化へ向かう帰りの行程は，李世熊にとって，まさに失意の旅であったと言えよう。

ところで，李世熊の失意と挫折感とは，単に何度も郷試に応じながら，その障壁を越えられない自分自身のふがいなさによってもたらされたものだっ

たのであろうか。「歳紀」によれば，順治 3 (1646) 年の 3 月，建寧から「鬱々として帰郷」した後，6 月以降，李世熊のもとには恩貢生に認定するという隆武帝の勅旨が届けられ，世熊は汀州府および寧化県を通じて廷試を受験するように促されたのであった。それに対して提出されたのが「廷試の免除を乞うの疏」である。『寒支初集』に収録された上奏文には，次のような記述を見いだすことができる[35]。

　　学官は頽廃した年によって，低劣[な者]に物分かりがよく，士子は蠅や蟻のような[わずかな]情によって，コネを利用して裏口に走る。全身が潔癖で，氷のような気骨があっても，守令(知府・知県)が名を聞いて面識がなければ，「老いて牖下に死す(寿命を全うする)」とはいえ，推薦[の列]に登ることはできない。このよう[な状況]であれば，挙げられる者は不才[の士子]であり，才ある者は挙げられないことになる。(中略)
　　士たる者は，もともとの等輩や，些末で低劣なものを習い見ており，心では古今の成敗を理解することもできず，口では当世の利害を言うこともできない。一旦，官僚となって赫々たる名声を得たならば，[物事は]掌を返すように容易になる。こうして富者はコネを通じて賄賂を納め，貧者は上策を建言して，ことごとく本業を棄て去り，飢えたように貴顕を拾い取ろうという思いを抱くようになる。確かにこうして士は士たることに安んじないのである。(中略)
　　士が士たることに安んじなければ，士は治めることができない。民が民たることに安んじなければ，民は理めることができない。下が上を犯し，賤が貴を凌ぎ，利が義を破り，良心は喪われ，制度は壊されて礼法が守られなければ，この枝のような[無用で多くの]官は木偶の坊になるだけである。

「才ある者」が選抜されない科挙の世界の頽廃は，挙業(科挙のための学問)に従事する士人の劣化を招く。「士が士であることに安んじない」状態は，まさに「上と下」「貴と賤」「義と利」という秩序の転倒に繋がり，制度や礼法の破壊という，あらゆるシステムの機能不全をもたらすことになる[36]。李

世熊の失意や挫折感は，自らの科挙における失敗にとどまらず，明清交替期という時代，あるいはこの時期の国家そのものに対する絶望へと変化していったのではなかろうか。李世熊が「鬱々として帰郷し，口を噤んで時事を言わ」ず，「遂に入山した」所以は，こうしたところにもあったように思われる。

　次に，11回の「科挙の旅」に関連して，李世熊の郷里である寧化県泉上里と省都の福州との間における旅程および交通手段の問題を検討することにしたい。「歳紀」では，天啓元(1622)年の7月，李世熊が2度目の郷試に応じた後に「遂に落第して帰る。船上で[屈原の]『離騒』に2巻の評註を加えた」と記されている。帰りの旅で船を利用していることがうかがえる。

　また順治2(1645)年の正月，最後の貢生の選考に赴いた後，李世熊は福州から興化府莆田県を経由して広東の潮州府掲陽県へ行き，かつて福建の提督学政を務めた郭之奇を訪ねた[37]。「歳紀」には「郭正夫先生を待つ」と書かれているのみで，実際には郭之奇に会えなかったようである。しかしながら，当時の掲陽県知県は汀州府永定県出身で旧知の呉煌甲であった。李世熊はかつて煌甲をきわめて高く評価しており，この地で旧交を温めたに違いない[38]。その後，李世熊は潮州から韓江(汀江)を遡上し，福建・広東の省境に位置する永定県を経由して帰郷した。当時，寧化県では広東の賊「閻羅総」が欲しいままに焼打ちや掠奪を行っていた[39]。引きつづいて「歳紀」は，次のように記述している。

　　寇賊が退くのを俟って，そこで舟を雇って建渓に出たところ，遂に南都（南京）が再び陥落したことを聞いた。敗残兵が道を塞いで行くことができず，そこで舟を換えて三山（福州）へ趨った。時に6月12日であった。

　南京陥落（弘光政権の崩壊）後の混乱の最中，はじめは小船を雇って建渓（建寧府方面）へ向かい，途中からはおそらく大きな乗合船で福州へ下ったものと推測される[40]。

　当時，寧化県の泉上里から福州へ行く場合には，おそらく次の三つの経路

が存在したと思われる。第1に，泉上里からほぼ東へ帰化県城まで行き，そこから船で明溪を下って延平府沙県の莘口で閩江の三大支流の一つである沙溪に出て，その後は延平府城を経由して福州へ向かうというものである[41]。第2に，同じく泉上里から帰化県へ出て，そこから北北東へ，明清時代の主要な駅路を利用して延平府の将楽県城へ行き，将溪を下って順昌県城に至り，同じく閩江三大支流の西溪（富屯溪）から閩江に乗って，延平府城経由で福州に到達するというものである。そして第3に，まず泉上里から西へ寧化県城まで出て，城外で船に乗って清溪を下り，清流県を経由して永安県に至る[42]。次いで沙溪によって延平府城を経由し，そのまま閩江を福州府城まで下るというものである。李世熊がどの経路を取ったのかは定かでないが，順治2（1645）年にはほぼ船を利用していることから，第1または第3の経路を取ったものと思われる。

第3の経路については，康熙30年代後半に汀州府知府に在任した王廷抡の判牘（判決文）に，清流県の生員が県衙門（役所）に乱入し，知県に対して暴力を振るった案件に関連して，次のような記述を見いだすことができる[43]。

本年7月9日，本県の知県湯伝榘は，憲台（上官）による郷試［関係］の出張命令を受けて，舟を求めて省会へ赴くために，前もって価銀を払って，魏尾の篷船（とま船）を雇い，期限どおりに出発しようとした。

知県の公務出張に民間の船が借り上げられるという事実関係のおもしろさはさておいて，寧化県の隣に位置する清流県からは直接，船で，福州まで航行することができたようである。また乾隆初年に刊行された陳其楫の『天下路程』には，汀州から延平までの行程に関連して「寧化県」のところに「城外で船を雇うと，そのまま延平府に到る」という割注がつけられている[44]。

以上のように，李世熊の「科挙の旅」は，おそらく往路はそのほとんどが船に揺られ，閩江水系の大小の河川を下って福州まで至り，復路は失意のままに同じく船で帰途に就くというものが多かったと思われる。

3. 李世熊と交遊の旅

　順治3(1646)年の「入山」より以前，李世熊は「科挙の旅」を含めて，毎年のように旅に出ているが，そのほとんどは各地の官僚・郷紳・士大夫を訪ねて交友関係を結び，あるいは交遊を深めるための旅であった。

　「歳紀」によれば，万暦46(1618)年の17歳のとき以降，45歳の「入山」以前に，郷紳・士大夫層との間で交遊の見られる年次はあわせて21年にも及び，旅先で交わりのあった人の数はほぼ80名にものぼる[45]。以下，「歳紀」の記載の中から，「入山」以前における李世熊の旅のうち，13回分を取り上げて，その大概を整理することにしたい。

　① 天啓3(1623)年，22歳の9月，李世熊は受験とは関係のない旅に出た。行き先は福建沿海の興化府莆田県であり，それは興化府推官の佘昌祚を訪ねる旅であった。天啓元(1621)年の郷試で，李世熊と佘昌祚との間には，有名なエピソードが存在していた。同考官を務めた佘昌祚は自身が採点した李世熊を第1位に推そうとしたが，その「離奇」(奇抜さ)を嫌った正考官に拒絶され，激昂した昌祚が李世熊の答案を袖に隠して持ち帰ったために，世熊は「副榜」(次点)にさえ入らなかったというものである[46]。

　莆田では，佘昌祚によって当地の「文社」(科挙を目指す士人層の結社)を紹介され，そこに入って「諸士」と互いに学識を競い合った[47]。また李世熊は郭朗山の家に寄寓したが，その息子だと思われる郭邦筦とは「同業」すなわち挙業に励む同志として切磋琢磨したという。

　「歳紀」には「臘月(12月)，家に帰った」とあることから，おそらくは9月から12月まで莆田に滞在したものと思われる。その間，李世熊にとって「最も志を同じくする者」は朱泰禎・余光・黄光・周嬰・徐胤鉉・方祖玄・林賀・周昭夏の8名であった。朱泰禎は天啓元(1621)年の挙人で[48]，余光は府学の諸生として「文名」が高く，のちに李世熊が出会う弟の余颺は崇禎10(1637)年の進士である[49]。黄光はこの後，天啓7(1627)年に挙人となり[50]，黄光と並び称された周嬰も，崇禎13(1640)年に「御賜進士」となっている[51]。

方祖玄も崇禎年間には歳貢生となっていた[52]。

② 天啓 4 (1624) 年 2 月，李世熊は 23 歳ではじめて福建を離れ，広東の潮州府掲陽県へ向かった。前年の 11 月，莆田滞在中に，佘昌祚が服喪のために帰省するとき，掲陽県の知県何望海への推薦状を残してくれたからである[53]。「歳紀」には「佘先生は私の貧しさを憐れんでおり，先生の恩恵に背くことを望まなかった」と書かれている。2 年前に，李世熊の父親は訴訟沙汰に巻き込まれ，それもあってか，父の資産は蕩尽したという[54]。佘昌祚は生員の李世熊を，幕友（地方官のブレイン）として何望海に推薦したのであろうか。あるいは「文名」の高い何望海に李世熊が知遇を得るように取り計らってくれたのかもしれない。

掲陽県では，何望海が公務で広州へ出張中であり，李世熊は 20 日間滞在した後に，はじめて望海と面会することができた。しかしながら，汀州府における廩生選抜試験の実施という連絡が入り，李世熊は 10 日も経たずに掲陽を後にしたのであった。

③ 天啓 6 (1626) 年，25 歳のとき，李世熊は南京への旅に出た。この年のことを「歳紀」は次のように述べている。

丙寅，25 歳。3 月，艾千子が寧化に来て，知県の江公〈士登〉を訪ね，遂に私と交友を結んだ。4 月，金陵（南京）に遊んだ。俞仲茅〈彦〉・俞伯彭〈鑣〉・胡長白〈宗仁〉・艾子魏〈容〉と知り合い，皆と詩文の応酬を行った。

この南京への旅については，当地の士大夫との間で「詩文の応酬」が行われたことに触れるのみであるが，ここに見える俞彦・胡宗仁・艾容はともに応天府上元県の出身で，俞彦は万暦 29 (1601) 年の進士から光禄寺少卿にまで陞（のぼ）っており，艾容は崇禎年間の副榜で「時に門を出て士と交わり」，その中には後述の艾南英も含まれていたという[55]。

この年は上記以外の事柄についてまったく記載されておらず，ここではむしろ李世熊が艾千子，すなわち艾南英と知り合ったことに注目すべきであろう。艾南英は，江西の撫州府東郷県の出身で，千子は字である。2 年前の天

啓4(1624)年に挙人に合格していた。艾南英は「古学の復興」を主張して，当時，士人層の間ではかなりの影響力を有していたという[56]。同様に，「古学の復興」を提唱して崇禎2(1626)年に張溥・張采らによって設立された復社(東林党の流れを汲む文人の結社)とは方法論をめぐって対立し，また江南の松江府華亭県の陳子龍と艾南英との間で「激しい論戦」も行われた[57]。その一方で，寧化県では李世熊が弟子の黎有綱とともに，復社の名簿に登載されているのである[58]。

④ 天啓7(1627)年，26歳の8月，李世熊は3度目の郷試に失敗した。その折，福州において陳元綸・曾異撰・陳肇曾・陳燕翼・董養河と交友関係を結んでいる。陳元綸は，黄宗羲によって余颺とともに福建の文社を代表する人物に挙げられている[59]。曾異撰は泉州府晋江県が原籍であるが，当時，福州府侯官県学の生員であった。李世熊より10歳以上も年長で「諸生に浮沈すること二十年」というように，世熊と同様になかなか郷試に合格できずにいたが，崇禎12(1639)年に49歳で挙人となった[60]。陳肇曾は天啓元(1621)年の挙人である[61]。陳燕翼は侯官県出身で，崇禎7(1634)年に進士となっている[62]。また董養河は閩県出身で，のちに貢生から中央官僚となった[63]。

⑤ 崇禎2(1629)年3月，28歳の李世熊は再び広東の潮州へ向かった。今回は，潮州府通判として在任していた江士登を訪ねる旅であった[64]。「歳紀」によれば，江士登は天啓6(1626)年に寧化県の知県として在任しており，それが機縁であったと思われる[65]。潮州では蔡廷銓と知り合い，また汀州への復路に位置する大埔県では呉瀛・呉洲らと，汀州府に入って上杭県では劉廷標・温夢良らと出会っている。劉廷標は後に，貢生から任官し，崇禎末には雲南の永昌府通判となったが，流賊による混乱のなかで殉職している[66]。

⑥ 崇禎3(1630)年，29歳の2月，李世熊は勉学のために福州へ出かけた。同年の8月には郷試が行われており，2月以降，8月まで福州に滞在したようである。この間「省士と蕊珠社を結び，交遊[の範囲]は日々に広がった」という。この年の郷試では，蕊珠社から董謙吉および蔡秋卿の2名が合格し，翌年にはともに進士に及第している[67]。董謙吉は李世熊が3年前に出

会った董養河の息子であり[68]，蔡秋卿はのちに広東の肇慶府知府などに就任している[69]。

また「歳紀」には，福州における次のようなエピソードも残されている。

> 孫鳳林先生〈昌裔〉が，私を宿舎に訪ね，驚いて[次のように]言った。「私は元仲が白髪の老人だと考え，このような青年だとは思いもしなかった。何と文章と年齢とが懸け離れていることか」と。

孫昌裔は侯官県出身で，万暦年間の後半から天啓年間にかけて，中央の戸部郎中や浙江の杭州府知府，さらには浙江提督学政を歴任した，福州の郷紳であった[70]。その孫昌裔がわざわざ滞在先まで訪ねてくるほど，当時，李世熊の文名は聞こえていたのである。

⑦ 崇禎5(1632)年10月から翌6(1633)年にかけて，李世熊は遠く蘇州への旅に出た。このとき，李世熊は31歳になっていた。直前に，延平府順昌県で私塾を開いており，順昌からそのまま出発したのである。今回の旅は，蘇州府城の西北，大運河沿いに位置する滸墅関の税務に携わっていた戸部主事の何楷を訪ねるのが目的であった[71]。何楷は福建の漳州府鎮海衛出身で，天啓5(1625)年の進士である[72]。「歳紀」によれば，李世熊は天啓4(1624)年に書簡を通じて知り合い，同7(1627)年にははじめて汀州で顔を合わせている。また，この蘇州行について，李世熊は次のように書き残している。

> 往復の間，独りで[杭州の]西湖に[船を]浮かべ，連日，一人の名士にも会わなかった。張天生・呉静腑は，これを聞いて怒って[次のように]言った。私(李世熊)は一人きりで行動し，人情[の機微]を知らない。かつ目には他の士子が映っていない，と。

蘇州への往復の旅が，浙江の杭州を経由したものであったことがわかる。「歳紀」の前年，崇禎4(1631)年には「この年，はじめて越中(浙江)の諸名士に書簡を通じた」と書かれており，ここに見える張玄(張天生)・呉思穆(呉静

腑)とはすでに交流があったにもかかわらず[73]，李世熊は両人に会わずに帰ったのであった。

⑧ 崇禎8(1635)年7月，34歳の李世熊は，またも郷試に落第した。そのまま福州から興化府莆田県へ行き，その後は上述のように，単身で泉州府の安海に出向いている。

再訪した莆田では，余光・余颺兄弟の文来閣に寓居して「二余と甚だ[詩文に]傾倒した」という。すでに述べたように，余光とは李世熊が22歳ではじめて莆田に滞在したときに知遇を得ており，余颺とは2年前に出会っていたことが「歳紀」には記されている[74]。

⑨ 崇禎11(1638)年から同12(1639)年にかけて，李世熊は江西を経由して南直隷へ至る旅に出た。それは37～38歳のときであった。

崇禎11(1638)年の正月，李世熊は汀州府の科試で第1位となり，提督学政呉之屏に絶賛された。10月，同じく呉之屏の檄を受けて参加した延平府の「彙試」でも第1位を獲得した。そのまま，11月に延平から長期間の旅に出発したのである。福建・江西の省境に位置する杉関を越えて向かった先は江西の建昌であり，何万化との再会が目的であった。何万化は福建の提督学政を務めていた崇禎2(1629)年および同5(1632)年の歳試ないしは科試で，つづけて李世熊を第1位に選抜して称賛を加えていた。このとき何万化は江西の分守湖東道に在任しており，李世熊に「銀数十両」を援助してくれたという[75]。

翌年の正月，李世熊は建昌を出発して次の目的地へ向かった。その後の旅について「歳紀」は次のように叙述している。

乙卯，38歳。正月，建昌から[河の]流れに順って[南直隷寧国府の]宣城へ入り，余賡之を訪ねた。舟が撫州を過ぎるときは，艾千子の家に宿泊した。宣城に到着すると，曾弗人が先に来ており，梅無猶の天逸閣に寓居していた。私は迎春寺に身を寄せた。宣城君(余賡之)は，大いに二人の客のために評判を高めてくれていた。当代の名士が，風に靡くように[他郷から]集まり，[当地は]甚だすばらしい[学術・詩文の]府となった。(中略)私は太平か

ら金陵へ到り，何玄子と再会した。そこで趙退之〈韓〉と知り合った。

　今回は，まさしく知友との再会の旅であった。江西省の建昌から撫州を経由し，おそらくは長江を下って寧国府宣城県へ至ったものと思われる。経由地の撫州では艾南英(艾千子)と再会したであろう。目的地の宣城では当時，知県として余颺(余廣之)が在任していた[76]。また，おそらくは示し合わせていたと思われるが，曾異撰(曾弗人)も当地に来訪していた。余颺の計らいもあって，福建からはるばるやって来た李世熊・曾異撰の文名は南直隷の地まで聞こえていたのであり，周辺の各地から「名士」が集い，彼らの間で「詩文の応酬」が行われた[77]。なお宣城では，麻三衡・徐律時・梅朗中・顔紹庭らと知り合っている[78]。

　ところで，李世熊と曾異撰との出会いは，既述のように，天啓7(1627)年のことであった。その翌年には「歳紀」に，

　　この年，曾弗人が三山(福州)から来て，従兄の[李]伯啓の家に寄寓した。[詩文の]唱和を間断なく行い，すこぶる言葉の楽しみを極めた。私の文章も少し変わったように覚えたが，弗人は賛嘆して，当代の[周]瑜・[諸葛]亮だと言った。

と記されているように，両者はきわめて親密な間柄になっていたのである[79]。

　この後，李世熊は南京で何楷(何玄子)と再会した。南京からの帰途について「歳紀」には「呉・越より閩に帰る」と書かれているのみであるが，おそらくは長江・大運河によって杭州へ行き，銭塘江を遡上して厳州・衢州を経由し，浙江・福建の省境を仙霞関で越えて建寧府浦城県に入り，浦渓・建渓および閩江本流を下って福州まで戻ったものと思われる[80]。福州では郷試の受験が待っていた。

　⑩ 崇禎14(1641)年，40歳のとき，李世熊は泉州・漳州へ出かけている。この旅も馮之図および王廷璧との再会が目的であった。馮之図は当時，分守漳南道として在任しており，李世熊は前年に知遇を得ていた[81]。王廷璧は漳

州府龍渓県の出身で，崇禎12(1639)年の挙人である[82]。当地では新たに呂士坊・何熹とも出会っている[83]。

⑪ 崇禎16(1643)年，李世熊は42歳になっていた。前年の10月に提督学政郭之奇の依頼によって「下南四郡」の歳試の採点に駆り出され，ほぼ半年の間，泉州の衙門で缶詰めにされていた[84]。「歳紀」には自ら「疲労困憊した」と書き残している。その後，一旦は帰省した後，冬には福州へ出かけている。目的は再び郭之奇に会うためであった。この年は福州で越年し，そこで李世熊は莆田の鄭郊と知り合い，また浙江の嘉興から黄道周を訪ねてきた陳尽謨とも交わりを結んでいる。鄭郊(鄭牧仲)は興化府学の生員で，その学識は高い評価を受けており，黄道周も「鄭牧仲は一日に千里［行って］も，得がたい才能である」と述べたという[85]。

⑫ 崇禎17(1644)年，既述のように，5月には明朝倒壊の消息が届いていたが，8月，福建の廩生に対して貢生の選抜が行われるとの報に接した李世熊は，試験が行われる建寧へ向かった。実際には試験は中止となったにもかかわらず，李世熊はそのまま建寧に留まっていた。10月，弘光政権の吏部左侍郎に登用された黄道周が建寧に到着し，李世熊は正式に許されてその門下に入った。その後の行動も含めて「歳紀」には次のように記述されている。

> 私は始めて進物を持参して［黄道周の］弟子となったが，きわめて称賛された。遂に先生に従って武夷山に遊び，山中で4泊した。同行した者は，林守一〈逢経〉・洪遵光〈京榜〉・林君若・鄭牧仲・陳英子であり，［山中で］先生の詩12章に唱和して帰ってきた。

このとき，李世熊は林逢経・鄭郊ら5名とともに黄道周に同道して景勝地，武夷山を巡って詩文の唱和を行うという，ゆったりとした時間を過ごしたのであった[86]。

⑬ 順治2(1645)年，李世熊44歳の旅は，すでに触れたように，郭之奇を訪ねることを目的に福州から莆田を経由して，三たび潮州へ向かうものであった。莆田では陳玄藻に会い，方鏽等と交わりを結んでいる。陳玄藻は，

天啓年間の礼部主事時代に宦官魏忠賢に逆らって地方に左遷され，最終的には貴州布政使にまで至った，当地の郷紳である[87]。

　以上，李世熊の「交遊の旅」として「歳紀」に見える 13 回の旅を取り上げ，若干の整理を加えてきた。「科挙の旅」とも関連するが，寧化から福州へは何回も出かけている。また，福建の莆田へは 3 度，広東の潮州へも 3 度，旅をしている。なかでも，順治 2 (1645) 年のそれは，寧化→福州→莆田→潮州→寧化という，福建の山区を出発して沿海地域へ向かい，さらには広東の一部を回って帰郷するという旅であった。南京・蘇州という南直隷への旅も 3 回行われている。特に崇禎 11 (1638) 年から翌 12 (1639) 年にかけては，延平を出発した後，江西の建昌・撫州から南直隷の寧国府宣城県を経て南京に至り，浙江の杭州を経由して福建に戻るという長旅であった。
　こうした数々の旅を通じて，李世熊は多くの官僚・郷紳・士大夫と出会い，

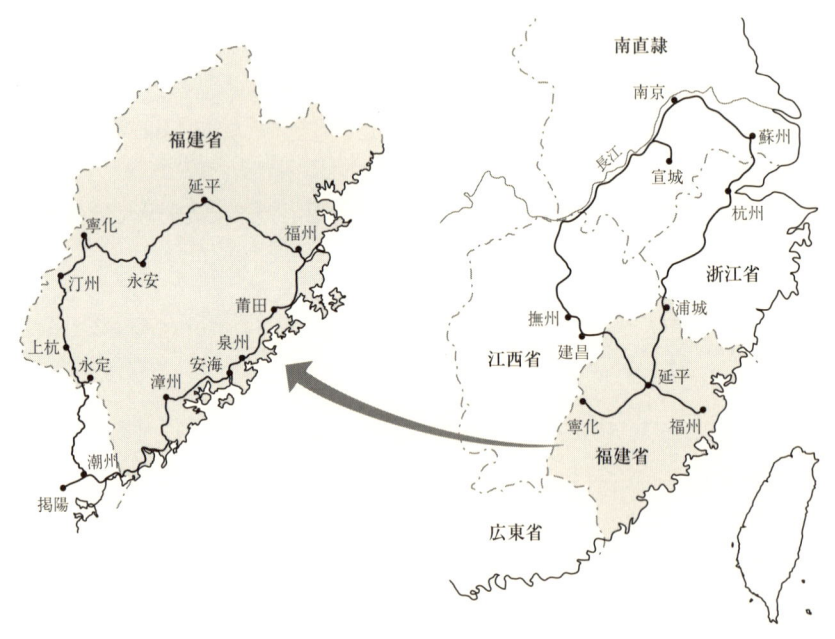

図 6　李世熊の旅の足跡　（左：1645 年／右：1638-39 年）

交遊を深めていったのである。結果として，そこには読書人としての知のネットワークが構築されていたと言えよう[88]。こうした人びとのなかでも，特に李世熊と深い交わりを結んだのは，艾南英・余颺・曾異撰の3人であったと思われる。上述のように，艾南英は復社に反対の立場にあったが，李世熊・余颺・曾異撰は復社に連なる者たちであった[89]。また，李世熊が旅を通じて出会い，交友関係を築いた士大夫のうち，余颺・曾異撰のほかにも，福州府の董謙吉・蔡秋卿・董養河・陳燕翼・王廷璧・陳肇曾・林逢経，興化府莆田県の朱泰禎・徐胤鉉・方祖玄，泉州府の陳鍾琨，漳州府の王廷璧・呂士坊・何燾，また福建以外では，浙江杭州府の張玄・呉思穆，南直隷寧国府の麻三衡・徐律時・梅朗中・顔紹庭，および広東潮州府の蔡廷銓は，それぞれ復社の名簿に名前が登載されている[90]。李世熊の旅によって紡ぎ上げられたものは，まさに復社系の知のネットワークであったということもできよう。

おわりに

　以上，本章では，主に「歳紀」(『寒支二集』巻首，「寒支歳紀」)の分析を通じて，明清交替期を生きた李世熊の旅を再構成してきた。

　福建と江西との省境に位置する僻遠の地，汀州府寧化県の出身という地方士大夫であることとも相まって，李世熊の旅の範囲はかなり限定的なものであったと言えよう。その旅において，近くは福州・莆田を中心とする福建の域内，および福建に隣接し，汀州府とは経済的にも密接な関係にあった広東の潮州府であり[91]，遠方でもせいぜい南直隷の南京・蘇州までであった。しかしながら，稟生という身分の地方士大夫でありながら，激動の時代を反映したかのようにほぼ毎年，李世熊は旅による移動を繰り返していたのである。

　「歳紀」による限り，李世熊の旅はおおよそ「科挙の旅」と「交遊の旅」とに整理することができる。万暦46(1618)年から順治3(1646)年までの間，李世熊は毎年のように旅に出ており，旅先ではその地の官僚・郷紳・士大夫と交友関係を結び，学術的・文学的交流を行っていた。また，それら交わりを結んだ士大夫の多くは，明末に成立する復社に連なる人びとであり，李世

熊の旅を通じて，まさに復社系の知のネットワークが構築されていたと言えよう。

李世熊は順治3(1646)年，黄道周・隆武帝の死を経て「入山」した。その後，汀州府一帯が清朝の統治下に入ってからは，特別な礼遇による府城への招請を断り，また「閩藩」(耿精忠)の招聘も一貫して拒絶しつづけたのであった[92]。「歳紀」のなかで，三男の李向旻は「入山」以後の李世熊について，次のように書き残している。

しかしながら，身は隠棲して城市に入らなかったとはいえ，およそ防備を設けて暴乱を禦ぎ，郷里を経営することは，またつぶさに苦心を極めた。[寧化]一県の利害については，当事者があるいは書簡で諮問し，あるいは廬舎(いおり)に至って面談した。およそ人々を救済して，物ごとに利益をもたらしたことは，数えることができない。

「入山」以後の李世熊は，森正夫が述べるように「郷里」あるいは「一県」という範囲の「地域社会」のために尽力したのであった。しかしながら，明朝の倒壊から黄道周の殉難，さらには南明隆武政権の瓦解を経て，悲憤慷慨して「入山」し，地域社会のために粉骨砕身するに至った李世熊の思考または信念は，まさに10代の後半から40代の半ばまで，ほぼ毎年のように行われた旅を通じて知り合った多くの郷紳・士大夫との交遊によって鍛え上げられたものであったと言えるのではなかろうか。

その後，李世熊はほぼ完全に旅から離れることになる。ただ唯一の例外が，康熙4(1665)年の64歳のとき，息子の向旻(之権)とともに江西へ向かった旅である。李向旻が書いた「歳紀」によれば，それは贛州・吉安を経て青原山浄居寺に愚者大師(方以智)を訪ね[93]，その後は広信府推官の任期を終えた弟子の黎士弘と合流して数ヵ月ほど南昌に滞在し，さらに鄱陽湖に船を浮かべ，廬山の五老峰などの景勝地を遊覧するという旅であった[94]。その旅情を記した「賦詩」は「ことごとく[寒支]初集内に載せる」という[95]。

1)『清史稿』巻 501,列伝 288,遺逸 2,李世熊。なお張鳳英『李世熊——一個明遺民的世界』(中国厦門大学碩士学位論文,2008 年)は,李世熊を多方面から論じたものであり,すぐれた李世熊論となっている。
2) 前者はわが国では国立公文書館(旧内閣文庫)および静嘉堂文庫(ただし 8 巻本)に所蔵されているが,後者はかつて日本には現存しなかった。しかしながら,現在では両者ともに「清初檀河精舎刻本」が『四庫禁燬書叢刊』(北京出版社・北京,2000 年)に収録されており,容易に披閲が可能となった。
3) 森正夫『森正夫明清史論集 第 2 巻〈民衆反乱・学術交流〉』汲古書院,2006 年所収の「一七世紀の福建寧化県における黄通の抗租反乱(一)——一七世紀の福建寧化県における諸反乱の展開過程」,137 頁参照。
4)『寇変紀』『寇変後紀』などは,その標点本が中国社会科学院歴史研究所清史研究室編『清史資料』第 1 輯(中華書局・北京,1980 年)に収録されている。なお李世熊の著作については,張(2008),16-18 頁参照。
5) なお北京図書館編『北京図書館蔵珍本年譜叢刊』第 67 冊(北京図書館出版社・北京,1999 年)には「清道光間木活字本」による「李寒支先生歳紀」が収録されている。ただし「清道光間木活字本」は版本としては粗雑であり,「清初檀河精舎刻本」に較べてかなり劣るものだと言えよう。本章で「歳紀」を引用する場合は,基本的に「清初檀河精舎刻本」に拠る。また張(2008),81-88 頁には「歳紀」の翻刻がなされている。
6)「歳紀」の同年には,「丙戌以前は,先君が自ら歳紀を書いており,逐一考察することができる。入山して以後は,遂に再び書くことはなかった。(中略)不肖〈権〉は[先君の]晩年に生まれた。先君の 60 歳以前のことを,詳しくは知らない。今はしばらく見聞したものについて,いささかその大概を以後に述べることにする」と記述されている。なお,李向旻は「のちに名を之権に変更した」ことが,その誕生を記した「歳紀」順治 7(1650)年に見える。以下,本文・注を通じて,引用史料中に見える〈 〉内の記述は割注によるものである。
7) 福建の省都である福州には 5 月 21 日に北京陥落の消息が伝えられていた[岸本美緒『明清交替と江南社会——17 世紀中国の秩序問題』東京大学出版会,1999 年,156 頁]。
8) 黄通の抗租反乱および長関については,森正夫による「一七世紀の福建寧化県における黄通の抗租反乱(一)〜(三)」と題する 3 篇の論文[いずれも森(2006),第 2 巻所収],および森正夫『森正夫明清史論集 第 3 巻〈地域社会・研究方法〉』汲古書院,2006 年所収の「『寇変紀』の世界——李世熊と明末清初福建寧化県の地域社会」,同「民衆反乱史研究とフィールドワーク——明末清初福建省寧化県における黄通の抗租反乱に即して」吉尾寛編『民衆反乱と中華世界——新しい中国史像の構築に向けて』汲古書院,2012 年,443-479 頁がある。ほかに,三木聰『明清福建農村社会の研究』北海道大学図書刊行会,2002 年所収の「長関・斗頭から郷保・約地・約練へ——福建山区における清朝郷村支配の確立過程」,同『伝統中国と福建社会』汲古書院,2015 年所収の「乾隆年間の福建寧化県における長関抗租について——新史料二種の

紹介を中心に」，劉永華「一七到一八世紀閩西佃農的抗租・農村文化与郷民文化」『中国経済史研究』1998年3期，139-150頁などを参照。
9) 銭海岳『南明史』巻43，列伝19，于華玉(中華書局・北京，2006年，2088-2089頁)によれば，当時，于華玉は「漳南副使」に就いており，この事件の後に「兵部右侍郎・副都御史に累陞」したというが，『寇変紀』では当該事件を詳述した後に「このとき，于[華玉]には已に少司馬(兵部侍郎)の官銜が加えられていた」と書かれている[『清史資料』第1輯，35頁]。
10) 丘応登は，崇禎15(1642)年の挙人で，のちに清朝に出仕し，直隷順天府の劉河県知県に就任している。李世熊とは学問的に切磋琢磨した間柄であった[民国『寧化県志』巻14，列伝，明，丘応登]。
11)『清史資料』第1輯，35頁。
12) 森(2006)，第3巻，177-178頁。
13) 耿精忠の乱と長関との関連については，三木(2002)，332-335頁参照。
14) 李世熊『堡城紀』には「およそ七街で，広さ一丈，溝は二尺，街尾の左右は，各々が直街となっており，城[壁の内側]を周る通衢となっている」と記されている[『清史資料』第1輯，57頁]。筆者は2009年9月および2010年9月に当地を訪れて現在の状況を確認した。
15) 森(2006)，第3巻，第6章。
16) 森(2006)，第3巻，194頁。
17) 森正夫「明末清初，松江府の士人，陳子龍における王朝国家と地域社会」(公開講演レジュメ)第59回東北中国学会(弘前大学)，2010年5月29日，14頁。なお，陳子龍については，その後，森正夫「陳子龍的江南論」『明史研究』(中国明史学会)13輯，2013年，103-121頁が発表されている。
18) 藍鼎元『鹿洲初集』巻7，伝，「寒支先生伝」。なお当該の伝記は，銭儀吉『碑伝集』巻125，逸民下之上，李世熊にも収録されている。藍鼎元については，宮崎市定『宮崎市定全集 別巻〈政治論集〉』岩波書店，1993年，237-240頁参照。
19) 一般に，科挙を目指す童生は，まず童試(県試・府試・院試)に合格して生員身分を獲得する。その後，省レヴェルの郷試に合格して挙人となり，さらに北京で行われる会試に合格した後，朝廷における殿試を経て，科挙の最高学位である進士となる。他に生員から貢生(抜貢・歳貢)となって北京の国子監に入る途も存在していた。また生員には，資格の認定試験である歳試や郷試の予備試験である科試が課せられていたが，その優秀な者は学資が支給される廩生(廩膳生)に選抜された。宮崎市定『宮崎市定全集 第15巻〈科挙〉』岩波書店，1993年，参照。
20) この時期の鄭芝龍について，『南明史』巻119，列伝95，畔臣2，鄭芝龍(中華書局本，5454-5455頁)には，崇禎8(1635)年4月に海賊「劉香の乱」を鎮圧した後，鄭芝龍は「南海の利」を独占し，「商舶で諸国に出入りする者は，船舶ごとに銀三千両を納め，その符令(割り符)を得て出航した。芝龍は遂に海上の利益・交通によって朝廷の権貴となった」と記されている。
21) 「歳紀」では「鄭蜚虹」と記されているが，鄭芝龍の字，飛黄をもじったものであ

ろうか。
22)　李世熊は「歳紀」の万暦46(1618)年において「省試に応じた。時に黄石斎先生の名声は[世間に]甚だ轟いていた。私は往ってお会いし、手ずからその[科挙の]答案を書き写して戻ってきた。先生は私を見て言った。妙齢で志が篤い、と。下問はこのように、人をして愧じて畏れさせるものであった」と書き残している。なお、黄道周は、福建の漳州府漳浦県の出身であり、字は幼玄、号は石斎で、天啓2(1622)年の進士である。権勢に逆らって一時、官を剥奪されたり、広西に流されたりしたが、南明弘光政権では礼部尚書となり、隆武政権では内閣大学士となっている[『明史』巻255、列伝143、黄道周、および『南明史』巻40、列伝16、黄道周(中華書局本、1961-1978頁)など]。李世熊と黄道周との関係については、張(2008)、47-50頁参照。また黄道周については、福本雅一『明末清初 二集』同朋舎出版、1993年所収の「黄道周」および「黄道周と隆武朝」参照。
23)　隆武帝は前年12月に福州から建寧へ移っていた。福本(1993)、157頁、および顧誠『南明史 上』光明日報出版社・北京、2011年、211頁。
24)　「歳紀」には「8月26日、隆武帝は突然、清流県に出駕し、27日には汀州に至った。この月の晦日、帝は殺害された」とある。隆武帝の死について『南明史』巻2、本紀2、紹宗(中華書局本、114頁)では、8月28日のこととされており、顧(2011)、224頁でも、28日に清軍が汀州に到って隆武帝を捕縛し、その日のうちに殺害したと書かれている。
25)　雷羽上は、崇禎15(1642)年の挙人で、この年の6月には寧化県の郷紳・士大夫の一人として、李世熊とともに「長関襲城の変」に対処したという[康熙『寧化県志』巻4、人民部、人物志、先賢1、雷羽上]。
26)　「歳紀」の順治4(1627)年に「遂に祝髪して寒知と名のる」とあるように、李世熊は翌年、髪を下ろしたのであった。この間の李世熊の行動については、張(2008)、24-25頁参照。
27)　『寒支初集』巻10、奏疏、「褒恤孤忠疏」。
28)　『寒支初集』の四庫禁燬書叢刊本では「醜□」と1字が消されているが、もともとは「夷」字が書かれていたのではなかろうか。
29)　『寒支初集』巻10、奏疏、「褒恤孤忠疏」。
30)　前注19を参照。
31)　南炳文『明清考史録』人民出版社・北京、2013年、213-214頁。
32)　『寒支初集』巻10、奏疏、「乞免廷試疏」。
33)　南(2013)、214-215頁。
34)　南(2013)、216-217頁。
35)　『寒支初集』巻10、奏疏、「乞免廷試疏」。
36)　明末における「在来の社会秩序の崩壊」については、森(2006)、第3巻所収の「明末の社会関係における秩序の変動について」参照。
37)　「歳紀」の崇禎14(1641)年7月には「学憲の郭正夫〈之奇〉が、汀士を較べて、私を第1位に選抜した」とあり、同15(1642)年には「郭公は再び汀士を較べ、また私を

第1位に選抜した」とある。郭之奇は広東の潮州府掲陽県出身で，崇禎元(1628)年の進士である。礼部主客司主事・同郎中などを経て福建提学僉議に就任した。晩年は南明の永暦政権に従ってベトナムまで逃れたが，清朝によって康熙元(1662)年に広西の桂林で処刑された[雍正『掲陽県志』巻6，人物，郷賢，郭之奇；『南明史』巻52, 列伝28, 郭之奇(中華書局本，2532-2536頁)など]。

38)「歳紀」の崇禎8(1635)年には「この年，始めて呉愉之〈煌甲〉と知り合った。愉之は20歳そこそこであったが，私はきっと[科挙に]合格すると確信した」と書かれている。李世熊の予見どおり，呉煌甲は崇禎16(1643)年に進士となり，翌年5月に掲陽県知県に着任した[康熙『永定県志』巻7，選挙誌，進士，明，呉煌甲；雍正『掲陽県志』巻5，宦蹟，明，呉煌甲]。

39) 森(2006), 第2巻, 142-143頁参照。

40) 小船から大船への乗り換えについて，たとえば陳其楫『天下路程』巻3,「福建上杭県由小淘至延平府路程」の「延平府」には「小淘の小船は，永安に到って大船に[乗り]換え，そのまま[延平]府に到る」と見える。

41) 莘口が当時，市場町となっていたことについては，三木(2002), 126頁参照。

42) 陳其楫『天下路程』巻3,「福建汀州府由九龍灘到延平府水陸路程」。

43) 王廷掄『臨汀考言』巻14, 審讞,「清流県劣衿曾之撰，殷本管長官」。

44) 陳其楫『天下路程』巻3,「福建汀州府由九龍灘到延平府水陸路程」。

45) 張(2008), 89-92頁には「李世熊交遊名録」が作成されている。

46)「歳紀」では「興化[府]司理(推官)で銅梁[出身]の佘冀望先生〈諱は昌祚〉は，冠(第1位)を本房で取ろうとしたが，離奇を理由に大主考に抑えられた」と書かれている。このエピソードは，李世熊の伝記の多くで採用されている。たとえば，李世熊の弟子にあたる黎士弘の『託素斎文集』巻4, 墓誌銘系,「前徵君泉上李先生墓表」，銭儀吉『碑伝集』巻125, 逸民下之上，李世熊所収の魏礼「李君世熊墓誌銘」および『清史稿』巻501, 列伝288, 遺逸2, 李世熊など。また，郷試における正考官・同考官・副榜などについては，宮崎(1993), 第15巻, 94-95, 111頁参照。

47) 明末の文社については，小野和子『明季党社考——東林党と復社』同朋舎出版，1996年所収の「復社の運動」，井上進『明清学術変遷史——出版と伝統学術の臨界点』平凡社，2011年所収の「復社の学」および謝国楨『明清之際党社運動考』(中華書局・北京，1982年)参照。

48) 乾隆『莆田県志』巻13, 選挙志，明，郷挙。

49) 乾隆『莆田県志』巻22, 人物志，文苑伝，明，余颷には余光の伝が附されている。なお「歳紀」には，崇禎6(1633)年に陳鍾典・余颷・葉甲等と知り合ったことが書かれている。

50) 乾隆『莆田県志』巻13, 選挙志，明，郷挙，および巻22, 人物志，文苑伝，明，周嬰，附黄光。黄光はその後，南直隷滁州の来安県知県に就任している。

51) 乾隆『莆田県志』巻13, 選挙志，明，進士，および巻22, 人物志，文苑伝，明，周嬰。周嬰はその後，江西の南安府上猶県知県に就任している。

52) 乾隆『莆田県志』巻14, 選挙志，歳貢，明,「崇禎元年戊辰到十七年甲申」。

53) 何望海は福建の邵武府邵武県の出身で，天啓2(1622)年の進士であり，「博学多才で，文名は甚だ顕著であった」という[咸豊『邵武県志』巻14，人物，文苑，補遺，明，何望海]。「歳紀」でも，佘昌祚が李世熊の答案を持ち出した天啓元(1621)年の郷試合格者として，何望海の名が挙げられている。
54) 「歳紀」の天啓2(1622)年には「時に父は無頼に誣告されたが，寇公(汀州府推官寇従化)によって潔白となった。[私は]これに感じ入って忘れなかった。この年，父の資産は蕩尽し，書籍を購う力も無かった」と書かれている。
55) 康熙『上元県志』巻19，人物伝，治行，明，俞彦，および巻19，人物伝，文学，明，艾容。なお同じく，巻20，人物伝，隠逸，明には胡宗仁の伝も収められている。
56) 小野(1996)，416頁。なお艾南英は『明史』巻286，列伝176，文苑4に立伝されている。
57) 小野(1996)，414-416頁。
58) 井上進「復社姓氏校録附復社紀略」『東方学報〈京都〉』65，1993年，598頁。黎有綱について，「歳紀」では天啓7(1627)年，李世熊26歳のとき「長汀の黎振三〈有綱〉は，私から課業を受け，我が郷の囲珑岩に宿泊した」と記されている。だが，黎有綱は崇禎5(1632)年の冬に病没している。
59) 謝(1982)，194頁。
60) 乾隆『福州府志』巻61，人物12，文苑，明，曾異撰および乾隆『泉州府志』巻54，文苑，明文苑3，曾異撰。なお「歳紀」の崇禎12(1639)年には「呉・越より閩に帰り，[郷]試に応じたが，私は落第した。弗人(曾異撰)は合格した」と書かれている。
61) 乾隆『福州府志』巻40，選挙5，明，挙人。なお陳肇曾は崇禎元(1628)年の北京において，のちの復社に繋がる「燕台十子の盟」に参加している[小野(1996)，414頁]。
62) 乾隆『福州府志』巻50，人物2，列伝，侯官，明，陳燕翼。陳燕翼はその後，広東の潮州府程郷県知県や工科給事中を歴任している。
63) 乾隆『福州府志』巻49，人物1，列伝，閩県，明，董養河。
64) 康熙『広東通志』巻13，職官中，潮州府，明，通判。
65) 康熙『寧化県志』巻3，人民部上，官師志，官師題名，明知県，江士登には「青陽の挙人で，天啓5年の任。潮州通判に陞る」と見える。
66) 劉廷標は『明史』巻295，列伝183，忠義7に立伝されている。なお「歳紀」の順治18(1661)年には，6月5日の夜，夢の中に劉廷標が現れたことが記され，あわせて「7月，劉霞起先生(劉廷標)の墓表を作る」と書かれている。その墓表は『寒支初集』巻8，墓表に「明雲南永昌府通判劉公墓表」として収録されている。
67) 董謙吉・蔡秋卿はともに閩県の出身である[乾隆『福州府志』巻39，選挙4，明，進士]。
68) 前注63を参照。
69) 乾隆『福州府志』巻39，選挙4，明，進士。
70) 乾隆『福州府志』巻39，選挙4，明，進士，および巻50，人物2，列伝，侯官，明，孫昌裔。

71) 康熙『漳州府志』巻22, 人物志2, 明, 経済, 何楷には「崇禎時に, 戸部主事に起用され, 滸墅関の税務を掌り, 事が終わって[戸部]員外郎に進んだ」とある。
72) 康熙『漳州府志』巻22, 人物志2, 明, 経済, 何楷および『明史』巻276, 列伝164, 何楷。なお何楷は, 南明隆武政権で戸部尚書・都察院左都御史に就任している。
73) 呉思穆は杭州府銭塘県出身で, 清の順治8(1651)年に広東の恵州府和平県知県に就いている[康熙『広東通志』巻13, 職官中, 恵州府, 皇清, 和平県知県]。
74) 前注49を参照。
75) 何万化は, 南直隷松江府青浦県の出身で, 天啓2(1622)年の進士である。福建の提督学政を務めた後, 分守建寧道を経て, 崇禎10(1637)年に「江西湖東参政」に就任している[嘉慶『松江府志』巻55, 古今人伝, 明, 何万化]。
76) 余颺は, 崇禎10(1637)年に進士に及第すると同時に宣城県知県となり, その後, 3年にわたって在任したが, 同年の進士である夏允彝・陳子龍とともに「海内に名望があり」[乾隆『莆田県志』巻22, 人物志, 文苑伝, 明, 余颺], また「文名をほしいままにして, 好んで士人たちと交わった」という[嘉慶『宣城県志』巻12, 名宦, 明, 知県, 余颺]。
77) 乾隆『福建通志』巻51, 人物, 泉州府, 明, 曾異撰には「著書の紡授堂詩文集は, 海内[の人口]に膾炙し, 李世熊が序を書いている。識者は[曾異撰・李世熊を]両絶と賛嘆している」とある。なお前注60に引く乾隆『泉州府志』所載の伝記の当該箇所は, 乾隆『福建通志』の記事を踏襲したものである。
78) 麻三衡は生員で, 徐律時はこの翌年に進士となっている。前者については, 『勝朝殉節諸臣録』巻10, 入祠士民上に, 後者については嘉慶『宣城県志』巻15, 人物, 宦業, 徐律時に拠る。
79) 李世熊と曾異撰との関係については, 張(2008), 45-47頁参照。
80) この経路については, 陳其楫『天下路程』巻1, 「福建省到浙江杭州府路程」に拠る。
81) 雍正『湖広通志』巻47, 郷賢志, 武昌府, 明, 馮之図。「歳紀」の崇禎13(1640)年に「9月, 馮密菴参憲〈之図〉の知遇を得た」とある。
82) 康熙『龍渓県志』巻7, 選挙志中, 明選挙, 挙人。「歳紀」によれば, 李世熊が王廷璧と知り合ったのは, 崇禎9(1636)年8月に福州で郷試に応じた際であったと思われる。
83) 「歳紀」には「何祖述〈燾, 即ち玄子の息子〉」と書かれており, 何燾は何楷の息子であった。
84) 「下南四郡」の意が不分明である。「下南」はほぼ「閩南」と同義であり, 福建沿海地域の南部を指していると思われるが, 明代で該当するのは泉州府・漳州府の「二郡」であり, 「四郡」ではない。三木(2002), 142頁, 161頁, 注44参照。
85) 乾隆『莆田県志』巻26, 人物志, 隠逸伝, 明, 鄭郊。
86) 張(2008), 47頁参照。
87) 乾隆『莆田県志』巻24, 人物志, 仕蹟伝, 明, 陳玄藻。
88) 李世熊は, そのほか, 天啓4(1626)年には漳州府鎮海衛出身の陳之奇と, 崇禎9

(1636)年には福州府閩県出身の董応挙と，さらに崇禎13(1640)年には汀州府推官を務めていた宋応星と知り合っている．陳之奇はのちに四川巡撫となったが，張献忠の乱によって殉職している．董応挙は万暦から天啓にかけて，太僕寺卿・工部侍郎・戸部侍郎など中央の高官を歴任した．宋応星は技術書『天工開物』の撰者として著名である．

89) 井上(1993), 592, 598 頁．
90) 井上(1993), 563-564, 570, 592-594, 596, 613 頁．
91) 三木(2002), 94 頁．
92)「歳紀」の順治4(1647)年・同5(1648)年および康熙14(1675)年に拠る．
93) 方以智については，坂出祥伸『中国思想研究〈医薬養生・科学思想篇〉』関西大学出版部，1999 年所収の「方以智の思想——質測と通幾をめぐって」参照．
94)「歳紀」によれば，康熙4(1665)年2月に出発し，「仲冬(11月)，郷里に戻った」という．
95)『寒支初集』巻2，古今詩には，関連するものとして「青原訪愚者大師次文信公韻二首」「五老峯」「虔州懐古」などが収録されている．

第Ⅲ部

居　住

settlement

第7章 1730年前後作製の
　　　　スーラト絵図を読み解く

長島　弘

はじめに

　日本の江戸時代の前半に相当する17世紀から18世紀初頭にかけての時期，インドではムガル朝が最盛期を現出し，インド洋海域の諸国・諸地域のみならず，ヨーロッパ諸国の東インド会社等と同朝との間で経済的・文化的交流が盛んに行われた。特にインド西部のグジャラート州のスーラトは同朝最大の国際港市として大いに繁栄した。しかし，デカンのマラーター勢力のグジャラート州内への侵入などにより，1710年代から同州は政治的，経済的に混乱期に入る。本章は，おそらく1730年前後に作製されたと推定されるスーラト絵図を読み解くことを通して，ムガル朝盛時の盛んな国際交流の帰結としてのスーラトの状況を明らかにし，当時の活発な人の移動を実証することを目的とする。同時に，同絵図にはムガル朝末期における繁栄の翳りの様相も垣間見られることにもふれてみたい。

　はじめにスーラト絵図を読むための一つの前提として当時のスーラトの面積と人口を確認しておこう。スーラトは1664年にシヴァージーの率いるデカン地方のマラーターの軍勢の侵略を受け，その直後から1679年にかけて煉瓦造りの市壁が築かれた(後の内壁)。またアウラングゼーブ(在位1658-1707年)の末年以来，国の統治力が緩み，マラーター勢力その他の攻撃にさらされたので，新たな市壁(外壁)の建設が1710年代末に開始された[1]。内壁内の面積約178 ha，内外壁間の面積約736 ha，合計面積914 haとされる[2]。江戸時代の長崎の面積(内町26町と外町54町の合計)が約200 haであったの

で[3]，スーラトの内壁内の面積はほぼ長崎の面積に相当する。人口については，当時スーラトを訪れたヨーロッパ人旅行者が，10万人以上(内壁建設直前の時期)や20万人(外壁建設前の時期)という数字を挙げている[4]。イギリス東インド会社によるスーラト統治が始まった頃の人口(外壁内の総面積に相当する地域に居住する人口)は，1816年の同社による人口調査に基づいて15万人以下とされる[5]。なお，江戸時代の長崎の人口は1696年の6万5000人弱が最高であった[6]。

1. スーラト絵図の書誌的先行研究

　本章で対象とする絵図は，グジャラート州に隣接する今日のラージャスターン州ジャイプール市のマハーラージャ・サワーイー・マーン・スィング2世博物館に所蔵されているカタログ番号118の絵図である(口絵)。サイズは186×210 cmで，白い綿布に描かれているが，今ではかなり黄ばんでいる。
　この絵図の表面には何ら名称が書かれていないが，裏面には粗雑なデーヴァナーガリー文字のラージャスターニー語(あるいはヒンディー語。両言語は共通性が大きい)で，「スーラトの絵図(tarah sūrat kī)」[7]と書かれている。絵図には黒インクで，建物，道路，街区等の名称が，①アラビア文字(またはペルシア文字とウルドゥー文字)と②デーヴァナーガリー文字で書かれている。使用言語は，①ペルシア語(一部はウルドゥー語)と②ラージャスターニー語(またはヒンディー語)である。建物などの名称はペルシア語とラージャスターニー語の両言語で書かれていることが多いが，後でもふれるように，先にペルシア語で書かれ，後にラージャスターニー語で書かれたと考えられる[8]。なお，この絵図は川と城のある側(西)を上方として描かれている。
　このスーラト絵図については次のような先行研究がある。まず，ジャイプールの王宮や博物館にある絵図史料の研究に先鞭をつけたCh. スィングは次のように述べる。

　白い綿布の上に，不透明な水彩絵の具で一般都市を描いた絵図は，それ以

前の地図の伝統をふまえて、ムガル朝支配下のジャイプール王国のジャイ・スィング王(在位 1699-1743 年)の下で 18 世紀初めに生まれたものである。絵図の一部にジャイプールの宮廷画家の名前が記されていることなどから、それらの絵図はジャイプールで作製されたと言える。絵図の一つのアーグラ絵図は、描かれた一邸宅の名前から、同図が同王の治世に作製されたことがわかる。スーラト絵図も同様であったろう。さらに、それらの地図が収載された同王の遺品のリストが 1747 年に作成されていることから、それらは 18 世紀初頭から 1747 年までの間に作製されたと言える[9]。

しかし、ジャイプールの絵図にもいろいろな種類があり、そのすべてがジャイプールで作製されたわけではなく、特に地名がアラビア文字とデーヴァナーガリー文字で書かれている絵図は他所から入手された可能性が高いことは、後にスィング自身も認めている[10]。

次に、インド在来の広範な地図を収集し研究したことで知られる S. ゴールは概略次のように述べる。

ジャイプールの王室では、天文学に通じたイエズス会の神父たちをジャイプールに招致したことで知られる 18 世紀前半のジャイ・スィング王よりはるか以前から、グラフ用紙に平面図(アンベール城やジャイガル城の平面図など)が描かれていた。ジャイプール所蔵のアーグラ絵図はアーグラの市壁の修復工事のために描かれたものであるのに対して、地名がアラビア文字とデーヴァナーガリー文字で書かれたスーラトの大絵図は、他の絵図、たとえば「グジャラートとラージャスターン路程図」同様、おそらく他所からジャイプールにもたらされたものであり、スーラト絵図は典型的なムスリムの巡礼者用の地図であると思われる[11]。

ゴールはスーラト絵図のイギリス商館がユニオン・ジャック旗を掲揚していることから、この絵図が 1694 年以降に作製されたとしている[12]。しかし、スーラトの外壁の建設年時など当時のスーラトの歴史に不案内なために、不

十分な追究に終わっている[13]。この絵図をメッカ巡礼者のための図とみる彼女の説は興味深いが，そこで例として挙げられているものは携帯可能な小さな図である[14]。一方ここで扱うスーラト絵図は約2m四方の大絵図であり，一般巡礼者よりも王侯貴族・高官が巡礼からの帰途にスーラト絵図を自分の王宮や邸宅内に飾る目的で入手して帰ったということが考えられる。しかし，もしそうであったとしても，それらが初めから巡礼用や観光用に作製されたのかどうかの考察も必要であろう。外部からの依頼によって土産用に作製されたにしては，約170の街区の名称と約70の園の所有者名を記入するなど，スーラト絵図はあまりに詳細なものだからである。

スィングとゴールの研究は地図学の立場からの総合的研究であり，スーラト絵図の専論ではなかったのに対して，2006年の拙稿は歴史研究者の立場からスーラト絵図を紹介したものであった。そこでは，A. ダースグプタのスーラト史研究などを手掛かりに，この絵図が1720年代後半以降に作製された可能性が大きいことを指摘したが，絵図上の個々の施設や建物についてはごく簡単な紹介に止まり，同絵図の作製者や作製目的についても考察できていなかった。また当初の写真撮影の不備などもあり，絵図の地名の難読・誤読箇所もいくらか残された。本稿はそれらの点の追究の試みでもある[15]。

この絵図を読み解く一つの重要なキーワードは，「邸宅」を意味するアラビア語またはペルシア語のハウィーリー（ヒンディー語ではハヴェリー）という語である[16]。この絵図においてこの語は，公邸，高官や宗教者，商人の邸宅，およびヨーロッパ諸国の各東インド会社の商館など全部で18の建物に対して使用されている。そもそもこの絵図で目につく建物といえば，城や市壁や隊商宿（サラーイ）といった公的施設といくつかの宗教施設を除けば，これら18の邸宅（ハウィーリー）のみであるといっても過言ではない。したがって以下の各節では，上述の公的，公共的な施設と18の大邸宅を中心に見ていくことにしたい。ただし，当時のスーラトに住んだ人びとの多様性を示すために，そのような大邸宅には住まなかったが，当時のスーラトの商業界で活躍し，イギリスやオランダの東インド会社などの史料にその活動がしばしば取り上げられている若干の商人についてもふれる。

第7章　1730年前後作製のスーラト絵図を読み解く　189

以下，主要な建造物を，①公的施設・公邸，②バーザール・大商人の邸宅・ヨーロッパ諸国の商館，③宗教施設に分類し，順に見ていこう。

2. 絵図にみえる公的施設・公邸

まず本節では，公的施設（城，市壁，税関など）や隊商宿と公的性格の強い高官の邸宅を取り上げる。高官の邸宅には官職名やそれに類似した名を冠した邸宅（県知事公邸，警備長官邸，シャー・バンダル邸など）と個人名を冠した邸宅とがあるが，公邸（役宅）的な性格の強い前者のみを取り上げることにする[17]。

1. 城

スーラトはターピー川（タープティー川）の河口から約20 km遡った所の東岸に立地する都市である。ターピー川はインド全体のほぼ中央部に水源を持ち，西流してスーラトのところで南に折れてカンバーヤト湾に注ぐ。この絵図が製作されたと思われる1730年前後のスーラトは，ターピー川の左岸に建てられた城を中心に二重の市壁で囲まれた都市であった。城は1540〜45年にかけて当時のグジャラート王国（アフマド・シャーヒー朝）のフダーワンド・ハーンが建設した。彼は元々カトリック教徒のアルバニア人で，エジプトのマムルーク朝に仕え，ムスリムに改宗してホージャ・サファル・サルマーニーと名乗り，その後グジャラート王国に仕え，フダーワンド・ハーンの称号を授与され，スーラトの県知事となったといわれる，まさに国際的に移動した人物であった[18]。

本絵図では，城をペルシア語で「スルターンの内城（ark-i sulṭānī）」と書いている。デーヴァナーガリー文字では「アラブ・スルターニー（Arab sulṭānī）」となっているが，これはおそらく「ark」を「Arab」と誤読したものであり，ここからアラビア文字とデーヴァナーガリー文字は互いに別人によって書かれ，後者の地名は後で書かれたものと推定できる。絵図では川側の三つの堡塁の互いの位置関係も正しく描かれている。

この城の城守(qal'a-dār)は中央政府の砲兵長官(mīr-ātish)の印璽によって任命され，自身の官位(マンサブ)に応じた兵力のほかに，城守としての兵力(250騎)を保持することになっていた[19]。彼はもっぱら城内に詰めて怠りなく防備することが求められた。17世紀末のイギリス人J. オーヴィングトンによると，彼はいわば城に閉じ込められた「囚人」であった[20]。しかし，混乱期となった18世紀には，後に見る県知事のライバルとしてこの城守の役割が増大する。

2. 市　壁

　スーラト市内を取り囲む二重の市壁のうち，内壁は「都市の避難所(shahrpanāh)」，外壁は「世界の避難所('ālampanāh)」と呼ばれてきた。その命名時期は不詳であるが，遅くとも1760年代までに著された『アフマドの鏡』においてはすでにそう呼ばれている[21]。絵図では市壁の名称は書かれていない。市を囲む外壁は実際には城を中心にした扇形(円弧)であったが，絵図ではどちらかというと正方形の四隅の角が取れたようにデフォルメされている。しかし，内外壁に設けられている門については，その後の内壁の崩壊によってその存在がわからなくなってしまった門もこの絵図には描かれており，各門の名称も19世紀の地図より正確であると思われる[22]。

3. 県知事公邸と警備長官邸

　この絵図で「スルターンの宮殿(謁見)の邸宅(ḥawīlī-yi darbār-i sulṭānī)」(いわば公邸)となっている邸宅は，ムタサッディー(mutaṣaddī)の公邸である。ムタサッディーは多義的な語であるが，ここではカンバーヤトとスーラトの両港市に特に任命された知事を指す。スーラトの場合，市部だけでなくスーラト県全体の知事であったので，「県知事」と訳すこととする。スーラト県の重要な行政官としては，警備長官(fawjdār)が県全体(実際には主に郊外の農村部)の治安・防衛を担当したのに対して，県知事は主に徴税(地税や関税)・財政・市場関係業務を担当した[23]。時には彼が警備長官を併任することもあった。各東インド会社の文書において通常「スーラトの長官(governor)」と呼ばれているのは県知事である。県知事は中央政府の財務長官 (dīwān-i a'lā) の印璽によって任命された。『アフマドの鏡』によれば、スーラト県知事は自らの官位に応じた兵力のほかに、県知事としての兵力の維持を求められた[24]。

県知事の公邸は、内壁内の地域の南半のいわゆる官僚街のほぼ中央に位置し、赤い枠で囲まれ、その構内が黄色く塗られた施設である (図 7b の絵図上①)。ここはしばしば県知事と市民たち (商人やヨーロッパの各会社の関係者など) の会合が開かれる重要な役所であった。それに対して、主に農村部の治安を担当する警備長官の邸宅は内壁の外 (内外壁間の地域) にある。すなわち同地域の東南の角のゴーピー・タラーウと呼ばれる 16 世紀初頭建設の有名な円形の池 (絵図ではこの池はすでに干上がって、園として描かれている) の東北隅にあるドーム型の邸宅で、県知事公邸より明らかに小さく描かれている (絵図②)。なお市内の警察業務は警察長 (kotwār) が管轄したが、その邸宅は描かれていない。おそらく彼の地位が県知事や警備長官より低く、その家もそれほど大きくなかったためであろう。

4. ヤークート・ハーン・スィーディー邸

アフリカのハバシュ (アビシニア、すなわちエチオピア) 系のスィーディー一族はジャンジーラという小島 (今日のムンバイの南約 70 km) を拠点に主に海上で活動していたが、17 世紀後半にマラーター勢力の攻撃を受けて窮地に立つと、ムガル朝の援助を求めた。他方、ムガル朝は海軍を保有しておらず、彼らの海軍力に依拠してインド西部沿岸海域の航海の安全を図ろうとした[25]。スィーディー一族の首長は代々ヤークート・ハーンの称号を名乗り、「ムガル朝の艦隊の提督」と呼ばれ、毎年スーラトの関税収入から一定部分を自らの給与として受け取っていたが、合法・非合法の貿易にも従事していた[26]。スーラト絵図では城の北側の川岸近くに黄色く塗られたヤークート・ハーン・スィーディー邸 (いわば提督の公邸) (絵図③) があり、またターピー川の下流の内外壁の間の地域に「バンダリ・ザンギー」、つまり「ジャンジーラの埠頭」がある。通常スーラトには彼の代理人が居住しており、後にふれる

1732年のスーラト市内での内訌には，スィーディー勢力も最初から参加している[27]。

5. 徴税機関・造幣所

本絵図では城の北の川岸に海関税の「王の税関(furza-i bādshāhī)」(絵図④)が描かれ，黄色く塗られている。また川から税関への上陸地点には「王の税関の門(darwāza-i furza-i sulṭānī)」がある。なお，税関の南隣には「王の浴場(ḥammām-i bādshāhī)」(絵図⑤)があり，これも黄色く塗られている。

通りを挟んで税関の東向かいに二つの建物が並んでおり，両者とも黄色く塗られている。通りから見て向かって左が陸上経由物品税(maḥṣūr-i khushkī)の税関(絵図⑥)，右が造幣所(tanksāl)(絵図⑦)である。両役所については17世紀の旅行者の多くも言及している。これらが黄色く着色されているのは，王の機関，あるいはスーラトの経済にとって重要な機関であるからであろう。他方，城の南側には水上経由物品税(maḥṣūr-i tarī)の税関がある。これは国際的な「王の税関」とは異なり，おそらく国内の近傍海域から運ばれてくる物品のための税関と思われ，テント型の建物で，黄色く塗られておらず，重要性は陸上経由物品税の税関より低かったと思われる[28]。なお，海関税の税関長にはしばしば県知事の息子などが任命されたが，彼の邸宅は本絵図には描かれていない（あるいは，次にふれるように税関長がシャー・バンダルと同一視されたためであろうか）。

6. シャー・バンダル邸

「王の税関」の北隣にシャー・バンダル(shāh-bandar)邸が黄色く着色されて描かれている(絵図⑧)。シャー・バンダルはしばしば港務長，税関長などと同一視され，16，17世紀のインド洋世界で大変よく知られた存在であった。しかし，スーラトにおいて彼は本来外来商人の代弁者的存在で，税関長や港務長(海事警察長)とは異なった役職であった。それでもヨーロッパ人の旅行記などでしばしば三者は混同され，一様にシャー・バンダルと呼ばれる場合が少なくなかった。しかし18世紀初頭のオランダ語史料などでは，

第7章 1730年前後作製のスーラト絵図を読み解く 193

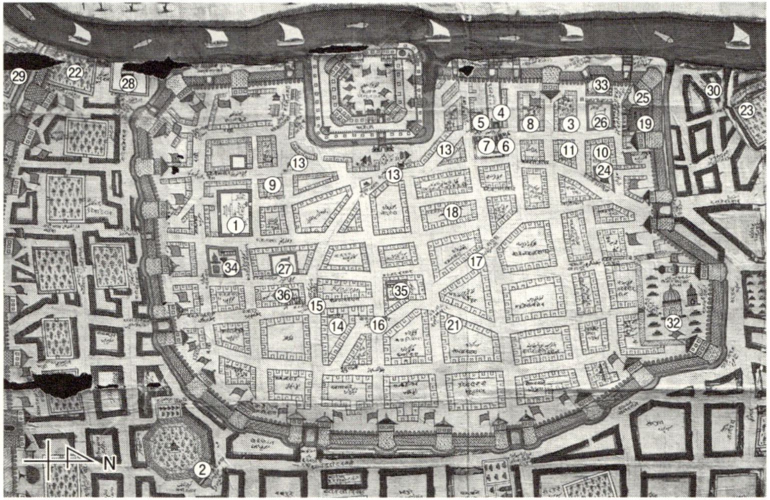

①スルターンの宮殿の邸宅（県知事公邸）
②警備長官邸
③ヤーク・バーン・スィーティー邸
④王の税関
⑤王の浴場
⑥陸上経由物品税の税関
⑦造幣所
⑧ジャー・バンダル邸
⑨バーニー・ハーナーンの隊商宿
⑩ムダリーの隊商宿
⑪ベーガムの隊商宿（図aを参照）
⑫城守のマイダーン（広場）
⑬城のマイダーン（新）
⑭穀物市場
⑮野菜市場
⑯魚市場
⑰両替商市場通り
⑱ミーンルザール・ザーヒド邸
⑲ムッラー・ムハンマド・アリー邸
⑳ムッラー・アブドゥルガフールの子孫のムハンマド・バーリスィー邸（図aを参照）
㉑ルスタム・バールスィーン邸
㉒バーンジー・サーリフ邸
㉓バーンジー・サーリフ園
㉔イギリス商館（旧）
㉕イギリス商館（新）
㉖フランス商館
㉗オランダ商館
㉘オランダの園兼埠頭
㉙フランスの園
㉚イギリスの埠頭
㉛ヴァラウクスの墓（図aを参照）
㉜サイイド・アイダルース廟とその関連施設
㉝サイイド・サアドゥッラー廟
㉞ホージャ・ディーワーニー・モスク
㉟チューレルガル・モスク
㊱ガネーシャ僧院
㊲アールバーレ僧院（図aを参照）

図7 スーラト絵図の全体図(a)と主要な建物等の配置図(b)（口絵を参照のこと） なお、一部の建物は全体図(a)に記載。

シャー・バンダルの重要性は低下し，三者の区別が明確になりつつあった。そしてダースグプタが説くように，税関の隣にあったのは，港務長のミーリ・バフル(mīr-i baḥr)の邸宅であった。この絵図にシャー・バンダル邸とあるのは，17世紀の三者の混同のなごりであろうか[29]。

7. 隊商宿(サラーイ)

　当時のスーラトはムガル朝最大の貿易港市であり，かつメッカ巡礼の基地でもあった。1666～67年にスーラト市を訪れたフランス人テヴノーは，貿易シーズンには，「町は人々でいっぱいで，快適な宿泊所はほとんど得られないし，三つの郊外はすべて満杯である」と述べているが[30]，具体的に絵図に記述された隊商宿は意外に少ない。このスーラト絵図に挙げられている隊商宿も四つのみで，それらはハーニ・ハーナーンの隊商宿(絵図⑨)，ムグリーの隊商宿(絵図⑩)，ベーガムの隊商宿(絵図⑪)，城守の隊商宿(絵図⑫)である[31]。そのうち最初の三つは街区の囲みの中に隊商宿名が書かれただけで，黄色く塗られてもいないことから，18世紀前半においては，それらの重要性は低かったことがうかがえる。

　以下，簡単に紹介すると，ハーニ・ハーナーンの隊商宿はアブドゥッラヒーム・ハーニ・ハーナーン[32]によって建設されたものと思われる。彼はアクバルのグジャラート遠征(1572,73年)に同行し，その後たびたび(1576,1584/85-1588/89年)グジャラート州太守に任命されている。この隊商宿は城とスーラト県知事の公邸との中間に位置し，それと隣接して「ハーニ・ハーナーンの救貧所(ランガル)」も見られる。

　ムグリーの隊商宿は，1644年に建設された[33]。この隊商宿の建設の由来については，次のような当時の銘板が残されている(要旨)。

　　神の影であるシャージャハーン(在位1628-58年)の臣であり，ハキーカト・
　　ハーンの称号を与えられたイスハーク・ベグ・ヤズディーが隊商宿を建設
　　し，それをワクフとした。メッカとメディナに巡礼する人たちの宿泊料は
　　無料とする。その他の人々から徴収された額のうち，必要経費を控除した

後の余りは巡礼者に与えられるべきである。騎兵や歩兵が入ることを禁ずる。違反する者は処罰されるであろう[34]。

　この銘板からは，スーラトがムガル朝を代表する貿易港であると同時にメッカへの巡礼船の出港地であったことに改めて気づかされる。ハキーカト・ハーンは，シャージャハーンの妃ムムターズ・マハル，ついで長女のジャハーン・アーラー・ベーガム(1614-81年)の家政の監督やシャージャハーンの奏聞官として仕えていたイラン系の人物であった。
　三つ目のベーガムの隊商宿は，おそらくこのジャハーン・アーラー・ベーガムの建設したものと思われる。彼女は1644年にスーラト(同地からの徴税権)を賜与され[35]，おそらくこの頃からスーラトとの関係を深めている。絵図の東南部，内外壁の間の地にあるベーガム・プラという街区は彼女の支援で建設されたものであろう。その中心にあるベーガム園は，テヴノーなど17世紀後半のヨーロッパ人旅行者によく知られた庭園であった[36]。絵図中の同庭園の十字の並木道と東屋の情景は，彼らの記述とよく合致している。
　絵図に描かれている四つの隊商宿のうち最も目を引くのは，外壁に内接し，城のほぼ真東に位置する「城守の隊商宿」である。外壁との位置関係から見て，この隊商宿はおそらく外壁のできた後に建てられたものと思われ，17世紀の旅行者の記録には現れていない。この隊商宿は珍しく門が二つあり，その一つは市壁の外壁の門を兼ねており，「城守の隊商宿の門」と呼ばれている[37]。この隊商宿が1720〜30年代に建設されたとすると，後に見る1730年前後の城守ベグラル・ハーンによる建設の可能性もあるだろう。

3. 絵図にみえるバーザール・大商人の邸宅・ヨーロッパ諸国の商館

　本節では商業と商人に強く関わるものとして，まずバーザールと商人街区，ついで大商人の邸宅(ハウィーリー)とヨーロッパ諸国の商館を取り上げる。

1. バーザールと商人の街区

バーザールの場所として，まず「城のマイダーン」と書かれている城の周囲三方に見られる広場(絵図⑬)があった。広場(南側)には，「商人のテント」や当時のスーラトの二大商人の一人だった「チェラビー家のテント」，さらには「布の蔵(koṭhe pārcha)」も見える。17世紀末のオーヴィングトンは，そこではモンスーン(雨季)を除いて毎日昼夜市が建ち，イギリス人もフランス人もオランダ人も現地人と一緒にそこに商品を並べて，彼らの船の積み荷を準備していると述べている[38]。

次に内壁内の東側の市壁に近いところに，穀物市場(絵図⑭)，野菜市場(絵図⑮)，魚市場(絵図⑯)がある。これらには「バーザール」ではなくて，「パイト」と「マンディー」いうヒンディー語系の名前がついている。穀物市場や野菜市場の周辺は主にヒンドゥー教徒(ジャイナ教徒を含む。以下同じ)の商人などの居住地であったようである[39]。

これら三つの市場から北西に走る道路は「両替商市場通り(bāzār-i ṣarrāf rasta)」(絵図⑰)で，当時両替商のほとんどはヒンドゥー教徒のバニヤー・カーストの人たちであった[40]。内壁内の北半部のその他の商人街区は，ここでは割愛する。

2. 大商人の邸宅

本絵図で「邸宅(ハウィーリー)」とされたもののうち，城の北方の商人居住区に立地することなどから判断して，ヨーロッパの諸商館以外の商人の邸宅と思われるのは7人のそれである。そのうちの4人についてはこれまでの先行研究においてもほとんど取り上げられておらず，本章でも今後の課題とせざるを得ない[41]。ここでは残りの3名について取り上げ，その後，本絵図で「邸宅」として描かれていないが，当時のスーラト社会において重要な役割を果たしたパーラク家とチェラビー家を取り上げて，当時の商人世界の多彩さを見てみたい。

i) ミールザー・ザーヒド邸

ミールザー・ザーヒドの邸宅は内壁内の北半の商人街の中でも比較的城に

近い街区に立地している(絵図⑱)。彼は、イギリス商館日記では「ミルザ・ザイド」と書かれ、新イギリス東インド会社[42]の設立直後の1700年から彼らに新商館用の建物を貸しており、「スーラトの主な商人の一人」と書かれている。彼は1720～30年代においても引きつづきイギリス商館の家主であり、ベンガルなどに船を派遣する船主商人の一人であった[43]。絵図では外壁のカタルガム門の外側(北側)に、彼の所有と思しきミールザー・ザーヒド園がある[44]。

ⅱ)ムッラー・ムハンマド・アリー邸

この絵図で最も目立つ商人の邸宅はこの人物の邸宅(絵図⑲)である。それは城の北方の川岸近くの内壁を背にした緑色の庭を持つ建物で、ペルシア語で「アブドゥルガフールの子孫のムッラー・ムハンマド・アリー邸」と表記されている。周囲に塀を巡らせ、ドーム屋根を持つ立派な門があり、庭にはモスクと思われる、より大きなドーム型の2階建ての赤い建物が建っている。なおこのモスクは、絵図の製作直前の1723年の建設といわれている[45]。

彼の邸宅はカラフルな目立つ建物として描かれている。アブドゥルガフール家はさらに、スーラト市の北部の外壁のバルヤーウ門を出た所に園を持つ(この園は「アブドゥルガフール園」と書かれている)。ここは一族の墓所でもあり、新任の県知事など賓客の接待のためにも用いられた[46]。ほかにも絵図からは、一族の私有地がスーラトの市壁内外に複数確認できる[47]。

ところで彼の父の養親(以下祖父と略称)であるアブドゥルガフールは、グジャラート州北部の古都パタン出身のボーホラー派のイスラーム教徒で、前歴はモスクの教師であったとの伝承があり、そのため「ムッラー(mullā)」と呼ばれている。彼は17世紀後半にスーラトにやって来て、1700年前後にはスーラト第一の船主商人(船持ち商人)になった[48]。1718年に彼が亡くなったときには850万ルピーの財産を残したといわれる。彼の養子の子(以下孫と略称)のムハンマド・アリーもインド洋周辺から中国にまで船を派遣するなど、スーラト一の船主商人として活躍する。『アフマドの鏡』では、ムハンマド・アリーと彼の祖父のアブドゥルガフールの名前に一貫して「商人の支柱('umdat al-tujjār)」というタイトルが付けられており、彼らがスーラ

ト一の商人と見なされていたことがわかる[49]。

ムハンマド・アリーは，財力にまかせた商独占などにより商人仲間のあいだで敵を多く作っただけでなく，商人の立場を越えて，政治に関与した。彼は早くからスーラトの外に自分の町を建設しようと試みている。そして最初の試みが失敗した後，スーラトの南の近郊のアトワー村に1727年頃に「城」を造り兵力を擁するとともに，人々の移住を促し，急速に町として発展させ，スーラトの商業や税収に脅威を与えた。歴代のスーラト県知事は当然そのような新町建設に反対した。するとムハンマド・アリーは，城守と提携したり，宮廷工作を行ったりして，県知事の更迭と新県知事の擁立劇を繰り返したが，彼がいよいよスーラトからの追放の危機に迫られると，従来は利害の対立していた他の商人やイギリス，オランダ，フランス商館員たちも彼とともに県知事の圧政に対する反乱に立ち上がった(1732年7月)。城守や海軍提督の代理人をも味方につけたこの反乱は，27日後に勝利して県知事の更迭に成功したが，ムハンマド・アリー自身は更迭された前県知事をその後ひそかに支援したため，新県知事(城守の弟または甥[50])によって城に幽閉の上，翌年殺害され，同時にアトワー村の「城」も完全に破壊された[51]。

以上の史実と関係して注目すべきは，本絵図において，スーラトの南の郊外のアトワー村の付近に，「ムッラー・アブドゥルガフールの子孫のムハンマド・アリーの園」が描かれていることである(絵図⑳)[52]。絵図のこの建物の特徴は，建物を取り囲む12の堡塁付きの囲壁とその内部の2階建ての建物(絵図の傷みがひどくて十分確認できないが)である。このような堡塁付きの囲壁と本格的な建物を伴った園はこの絵図では他に見られない。これが1727年頃に建設され[53]，1733年に破壊された「城」であると思われる。

ⅲ) ルスタム・パールスィー邸

本絵図の両替商市場通りの東側のチュールガル・モスクの近くに，「ルスタム・パールスィー邸」と書かれている(絵図㉑)。アラビア文字での記載がなく，薄い墨色の雑なデーヴァナーガリー文字でのみ書かれているので，最初は「邸宅」として描く意図がなかったものと思われるが，ここでは，少数派宗教であるパールスィー教徒の活動や彼とイギリス商館との関係を見るた

めに，同家を取り上げてみたい。

ルスタム・パールスィー，すなわちルスタム・マナク[54]の先祖はスーラトの南方のナウサーリー出身で，マナク自身は17世紀中頃からスーラトで活動を始め，同世紀末にはポルトガルの通訳兼航海許可証(カルタス，パス)発行代理人となり，1700年にイギリスの新東インド会社がスーラトに商館を設置すると，その筆頭ブローカー(仲買人，取引仲介人)に任命され，その後も合同東インド会社の筆頭ブローカーとして，1719年に亡くなるまで在職した。その間，新会社の商館用の建物(新商館)の賃借を仲介した[55]。彼の死後，イギリス商館の筆頭ブローカー職は，後に見るパーラク家のラールダース・ヴィタルダース・パーラクの手に移った。ルスタム・マナクの息子と孫たちは1720年代末にムンバイに拠点を移したが，スーラトとの関係は維持した[56]。本絵図ではもっぱら初代のルスタム・マナクの事業が反映されている。絵図の外壁内の東南部，ナウサーリー門の近くに彼の名を冠した「ルスタム・プラ」という名称の三つの街区が広がっているが，これは彼が故郷のナウサーリー辺りからパールスィー教徒の織布人らの移住を図った所とされる。またルスタム・プラ内と，絵図の東北端のタービー川上流の2ヵ所に「ルスタム・パールスィー園」が描かれている。後者は立派な煉瓦塀と3軒の家屋のある接待用の立派な園であり，この一族の繁栄ぶりがうかがわれよう。

iv) パーラク家

ヒンドゥー教徒のバニヤー商人の代表ともいうべき，パーラク家について見ていきたい。当時スーラトのバニヤー商人は「マハージャン」という自分たちの同業者組合を有していた。そのマハージャンの代表はナガルシェート(町の長)と呼ばれたが，それは代々パーラク家によって世襲されたといわれている。同家は1660年代にビームジー・パーラクがイギリス東インド会社のブローカーになって以来1730年代のこの絵図の時代まで，すでにふれたパールスィー教徒のルスタム・マナクがイギリスの筆頭ブローカーとして実権を握っていた15年間を除いて，長年イギリス会社の筆頭ブローカーとして，会社のためにインドの商品の購入や会社が持ち込んだ商品の販売，会社への資金の融資，県知事やムガル宮廷との交渉などに従事してきた。同家は

ヒンドゥー教徒の金融商人の多い地域，本絵図で言えば「両替商市場通り」にあったと言われるが，この絵図に同家は描かれていない。それは，おそらく当時のブローカーの資産規模がすでに見たムハンマド・アリーなどの大船主商人ほど大きくなく，また一般にバニヤー商人は自宅の外観を質素に見せる傾向があったからであろう[57]。

 v) ムハンマド・サーリフ・チェラビー家

　1700年前後の時期の港市スーラトで大きな勢力を持ち，ムッラー・アブドゥルガフールと対立・紛争を繰り返していた船主商人がトルコ系のムハンマド・サーリフ・チェラビー[58]であった。その後，1720年代から30年代初めにかけては，彼の息子のアフマド・チェラビーとムッラー・アブドゥルガフールの孫のムハンマド・アリーとの間に激しい対立がつづいた[59]。アフマド・チェラビーも1732年の県知事に対する反乱に参加しているが[60]，1736年に県知事によって暗殺された。ムハンマド・サーリフ・チェラビーの庭園が「ハージー・サーリフ園」(絵図㉒, ㉓)として2ヵ所に描かれている[61]。

3. ヨーロッパ諸国の商館

　スーラト内壁内には，国旗または類似の旗を掲げたイギリス，オランダ，フランスの東インド会社の商館が「邸宅」として黄色く塗られている。イギリス商館は，ムグリーの隊商宿の付近と豪商ムハンマド・アリー邸の隣の2ヵ所に描かれており，当時のイギリス商館日記では前者を旧商館，後者を新商館と呼んでいる(絵図㉔, ㉕)。フランス商館もムハンマド・アリー邸の付近に描かれている(絵図㉖)。他方オランダ商館は城の南東の県知事の公邸に近い所に立地している(絵図㉗)。また，タービー川の対岸の半島的な部分のスワリー村の隣には，それら3国とポルトガルの港(埠頭)と倉庫がそれぞれの旗を掲げて描かれている。そこでは，イギリスの旗が一際高く揚がっている。その西のスワリーの停泊地にはヨーロッパ帆船が描かれ，船には8種類の旗が掲げられているが，4ヵ国の旗以外はどこの国の旗か不詳である。

　この絵図ではタービー川の城側(東側)の川岸にも各国の埠頭や園が描かれている。オランダの園兼埠頭(絵図㉘)は南の内壁の外側に，フランスのそれ

はさらに南の外壁の外側にある(絵図㉙)。イギリスの埠頭は新商館の北の内壁の外側に見られる(絵図㉚)。イギリス商館は，オランダやフランスのように南部のタービー川河口に近い所に埠頭を得ようとしていたが，この絵図の段階ではまだ県知事によって承認されていない。

また城の対岸の半島の先端には，17世紀末に溺死したイギリス人ヴァウクスの尖塔型の墓が目立つように大きく描かれている(絵図㉛)。この墓はスーラトを目指す船舶にとってのランドマークとなった[62]。この半島部にはフランスの墓地も描かれている。しかし，今日の市内の北，内外壁間の地にあるオランダの墓地や，外壁外にあるイギリスの墓地が描かれていないのは不思議である。それらの墓地の高い尖塔を有する当時の墓群はおそらくヴァウクスの墓に勝るとも劣らぬ規模のものであったと思われるが，それらが描かれなかったのは，絵図作製者がイスラーム教徒の墓地をより重視したからであろうか。

ところで，絵図に描かれた各商館の所在地はどの程度正確に当時の実状を表しているのであろうか[63]。まず本絵図ではイギリスの新旧商館のうち，旧商館に国旗が掲揚され，新商館は内壁沿いの北西隅に目立たぬ形で描かれている。1709年にイギリスの新旧東インド会社が新会社を中心に完全に統合して合同東インド会社となった後は，新商館がイギリスの会社の拠点となったはずである。実際当時の商館日記からは，新商館が中心であることがうかがわれる。しかし，旧商館が放棄されたされたわけではなく，新旧両商館が併用され，クリスマスや新年の祝日には全員が旧商館に集まって会食している[64]。おそらく旧商館の長年の歴史が尊重されているのであろう。次にフランス商館についてみると，フランス東インド会社は先にふれたようにムッラー・ムハンマド・アリー邸の向かいに描かれている。これは従来W. フォスターが推定していた位置とは異なるが[65]，絵図上の位置が必ずしも間違いでないことは，1727年の水害についてのイギリス商館の日記によって，「元のフランス商館」の家主はムッラー・ムハンマド・アリーであり，その商館がタービー川沿いの新イギリス商館付近にあったことがうかがえるからである[66]。なお，1720年代後半のフランス東インド会社のスーラト商館は衰退

の極みで,残っているわずか1,2名のフランス人商館員も,商館から小さな個人住宅に移ったところであったが,絵図にはその移転が反映されていない[67]。

4. 絵図にみえる宗教施設

17,18世紀のスーラトの人口はヒンドゥー教徒が圧倒的に多く,ついでイスラーム教徒であった[68]。しかし本絵図で宗教関係者の邸宅として記載されているのはイスラーム教徒のサイイド・ザイン邸,サイイド・アリー邸,サイイド・サアドゥッラー邸のみである。実は,宗教関係の建築物といえば個人の邸宅より宗教施設自体であるが,この点でもイスラーム教の諸施設(モスクなど)が目立ち,ヒンドゥー教の宗教施設はほとんど見られない。イスラーム教の宗教施設はいずれも平面図的でなく立体的に描かれている[69]。

1. サイイド・アイダルース廟とその関連施設

本絵図の宗教施設の中で最も大きく,特に目を引くのは,内壁内の地区の北端に位置するサイイド・アイダルース廟[70]を中心とする複合施設である(絵図㉜)。壁で囲まれた構内には,中央にサイイド・アイダルースの廟,その北にはバーラー・ピール(大師)廟(未詳),その西にはミナレット(塔)が見え,他に10基の墓がある。その南側にはアイダルース家を始め,サイイドたちの邸宅や園が描かれている(サイイド・ザイン邸[71],サイイド・アリー邸,サイイド・ザインのバスティ[町]の園など)。またアイダルース廟の背後の内壁の外側(北側や東側)にも「サイイド・プラ」と呼ばれる街区がある。北側のサイイド・プラのさらに北側は墓地となっていて,この辺り全体が宗教的な地区であったことがわかる。またこの辺りの内壁が北方に突出して歪な形になっているのは,たとえ市壁建設のためであっても,この宗教施設が廟内の一部の勝手な割譲を許さないだけの権威を持っていたからであろう。

アイダルース家の故郷はアラビア半島南部のハドラマウトのタリームで,同家は15世紀末頃から海外に移住し始めたが,インドへは1551年に

「シャイフ」と呼ばれる人物がグジャラート州のアフマダーバードに移住し，そこに拠点を設けた。1610年に彼の孫のムハンマドがスーラトに移住すると，ハドラマウトの人々の来航がますます盛んになった。彼はスーラトで1622年に没したという[72]。

1730年代初めのこの宗教施設の長はサイイド・ザインであった[73]。1732年6月22日のイギリス商館日記には「[県知事に対する反乱開始の]その朝，商人たちがムハンマド・アリー邸に集合した後，サイイド・アイダルース邸に移動した。彼は[サイイドの]カースト(血族)の長であり，その大いなる知能と人間性のために全ムスリムによって大いに尊敬されている。(中略)彼らはそこで互いに助け合う誓いを立てている」と書かれている[74]。

2. サイイド・サアドゥッラー邸

この人物の邸宅は川岸の新イギリス商館の南に位置し，黄色く塗られており，川に出る門(サアドゥッラー門)もある(絵図㉝)。彼は聖者としてアウラングゼーブに影響力を持っていると考えられていたが，1701年のオランダ人とスーラト商人との紛争の際にはオランダ人に買収されていたという[75]。

3. ホージャ・ディーワーニーのモスク

このモスク(絵図㉞)は1530年頃に中央アジアのブハーラー付近からやって来たホージャ・ディーワーン・サーヒブという聖職者によって建立されたと言われている(現在は，ナクシュバンディー派に属する)。同モスクは県知事公邸の東に位置する。位置的には，内壁内の地域の北端にサイイド・アイダルース廟があるのに対して，南端に立地するのがこのモスクである。この施設にはモスクの他に，ホージャ・ディーワーニー廟とミナレットがある。この宗教施設は絵図ではアイダルース廟のそれほど大きくは描かれていない。

4. チュールガル・モスクとその他のイスラーム教関係施設

絵図の内壁内の東部の中央部にチュールガル・モスクが位置し，ミナレットがある(絵図㉟)。このモスクを中央に，北にアイダルース廟，南にホー

ジャ・ディーワーニー・モスクがバランスよく配置されている。このモスクの歴史等は未詳である。ほかにもイスラーム教の施設が数ヵ所見られるが[76]、ここでは割愛せざるを得ない。

以上見てきたように、本絵図ではイスラーム関係の宗教施設が目立つのに対して、ヒンドゥー教関係の宗教施設とわかるのは、城から見てオランダ商館の裏手（東）の「僧院(mahta)」[77]（絵図㊱）と東北の郊外のターピー川上流河畔のプール・パーレの僧院（絵図㊲）のみである。他にはヒンドゥー教の寺院は見当たらない。これは、実際にも描くにふさわしい大きな寺院がなかったゆえかもしれないが、やはり与える印象は圧倒的にムスリムの町というイメージである。各街区の中には、ヒンドゥー教徒の職人カーストの居住区と思われるものも多いが、それらは絵図ではまったく目立たない。

5. 絵図から読み取れたこと

本章では、1730年頃作製のスーラト絵図を用いて、当時の諸史料や今日の研究を手掛かりに、主要な施設・建物を中心に絵図を読み解いてきた。その結果は以下のようにまとめられよう。

第一に、本絵図はスーラトのデフォルメされた絵図ではあるが、城とその周辺を始めとして、各施設や建物は単なる想像でもって描かれたのではなく、実物に基づいてかなり特徴を捉えて丁寧に描かれている。草木や川、魚などはパターン化されているが、その場合でも、たとえばゴーピー・タラーウを実態に合わせて池ではなく園として描いているところなど、かなり当時の実態が反映されている。ただし、ヨーロッパの帆船に比べて、アジアのダウ船は小さな1本マストの船として描かれており、当時は2本マスト、3本マストの大型船もあったことが無視されている[78]。ここからはヨーロッパ船とアラビア海のダウ船との格差を誇張する、どちらかといえばヨーロッパ中心的な視点がうかがえるかもしれないが、そこには、たとえば江戸時代の長崎港図や出島図においてオランダ船を目立たせて描くように、ヨーロッパ船も多く来航するスーラト港の国際性を強調しようとする視点もまた感じられる。

第二に，高官や商人の「邸宅」の中で，街区の囲いの色とは異なった目立つ色を付されたものは，ヤークート・ハーン・スィーディー邸，ムッラー・ムハンマド・アリー邸と西洋各国の商館程度であり，意外と少ない。他方，宗教施設はイスラーム教のそれがほとんどで，サイイド・アイダルース廟の境内などは他の一般の街区と比べて，実際以上に広く描かれている。宗教者の邸宅は比較的多く描かれているが，彩色されているのは，サイイド・サアドゥッラー邸のみである。総じてイスラーム教徒とヨーロッパ諸商館がよく目立つ。特に顕著なのがムッラー・ムハンマド・アリーとその一族の関連施設である。彼は1720～30年代前半の時代におけるスーラト一の商人であり，新しくモスクや「城」風の建物を建てるなど，まさに絵になる存在であった。

　第三に，この絵図を読み解く中で，いかに多くの人びとが様々な国や地域から港市スーラトを訪れ，定住し，活動したかが明らかとなる。たとえばムッラー・ムハンマド・アリーは北グジャラートからの移住者の子孫，彼のライバルのアフマド・チェラビーはトルコ系（イラク辺りの出身），ルスタム・パールスィーはスーラト以南のナウサーリー出身のパールスィー教徒（ゾロアスター教徒），パーラク家は地元のバニヤー商人（ジャイナ教徒，元来の出身地は未詳），またイスラーム教の各聖者廟に祀られている聖者やその子孫はイエメンや中央アジアなどの出身，ムグリーの隊商宿を寄進した官僚はイラン系，帝国艦隊の提督やその代理人はエチオピア系であった。

　第四に，スーラトの外から移住してきた人びとは，それぞれコミュニティごとに一定の街区に居住することが多かったが，複数のコミュニティからの出身者が隣接して住むことも稀ではなかった。各国商館も自前の商館を建設するよりは，商人や高官の既存の邸宅を賃借して商館として用いる場合が多かった。また日頃は対立競争している商人たちが共通の利害の下で県知事などと戦うこともしばしば見られた。1732年の商人と県知事スフラーブ・ハーンとの27日間の内訌時の反知事側の共闘体制の代表者は，次のようにきわめて広範なものであった。ムッラー・ムハンマド・アリー，アフマド・チェラビー，ラールダース・ヴィタルダース・パーラク（以上，代表的商人），イギリス，オランダ，フランス（商館員），サイイド・ザイン・アイダルース

(宗教者)，テーグ・ベグ・ハーン(前県知事)，ベグラル・ハーン(城守)，スィーディー・マスウード(ムガル艦隊提督)および郊外のマラーター勢力。彼らの多くが，県知事の圧政が強まったときには反体制派になるものの，平常はスーラトの代表的な市民としてその邸宅が本絵図に載せられていた。

第五に，この絵図の作製年代を絞る際に手掛かりとなるのは，二重の市壁の建設(1710年代末)，ムハンマド・アリーによるモスク建設(1723年頃)，彼によるアトワー村での「城」風の建物の建築(1727年頃)である。以上に挙げた諸施設が描かれていることは，この絵図がおそらく1727年以後に作製されたことを示している。また，この絵図の示す景観および作製年代の下限は，ムハンマド・アリーの殺害とアトワー村の「城」の破壊の実行された年，すなわち1733年であろうと結論付けられる。

以上をふまえて，本絵図は誰によって作製されたのかについて若干考察してみたい。

まず，18世紀中頃にグジャラートの歴史である『アフマドの鏡』を著したアリー・ムハンマド・ハーンは関与しなかったと考える。彼はある「グジャラートとラージャスターン路程図」の作製者と見なされており，同図にはスーラトの二重の市壁も描かれている[79]。しかし『アフマドの鏡』では，1732年の内乱におけるイギリス人やオランダ人などのヨーロッパ人の果たした役割にはまったく言及していないことと，反乱で更迭された県知事を一貫してバフラーム・ハーンと呼び，スフラーブ・ハーンにはまったく言及していないこと[80]から，ヨーロッパの商館，埠頭，庭園，船舶等に注目している本絵図とは立場が大いに異なるからである。

また，イギリス商館員やオランダ商館員の絵図作製への関与も，もしそれがあったとしても，中心的なものではなかったと考える。本絵図ではヨーロッパの商館および対岸のスワリー付近の埠頭や園が描かれ，そこではイギリスの旗が一際高く掲揚されている。しかしイギリスの2商館のうち，国旗が掲げられているのは旧商館であり，新商館は黄色く塗られておらず，川際の狭いところに押し込められて描かれており，また内外壁間の埠頭も名前が記入されただけで，未完成な印象を受ける。それに対して確かにオランダ

やフランスの川岸の園は美しい庭園として描かれており，オランダの場合は，商館と庭園の双方に国旗が掲揚されているが，イギリスだけでなくオランダの場合も，北側の外壁の内側と外側に立地する，高さ10mものドーム型の墓廟を複数擁するそれぞれの商館の墓地がまったく描かれていない。またキリスト教の教会やチャペルはどこにも描かれていない。以上から，イギリスやオランダの商館の中心的な関与はあまり考えられない。ただし情報の提供程度はあったであろう。

さらに，本絵図における最も顕著な個人的建築物としてムッラー・ムハンマド・アリー邸や彼のアトワー村の新拠点が挙げられることから，絵図が彼の周囲の人々によって作製された可能性は十分に考えられる。しかし，彼はアトワー村に「城」を築き，人びとのアトワーへの移住を促していたので，彼が中心になってスーラト絵図を作製しようとする動機は少ないように思う。

他方，為政者(県知事や城守)による絵図作製の可能性は残る。当時すでに内壁には崩壊箇所もあったはずであるが，できたばかりの外壁と合わせて，二重の市壁で囲まれた港市スーラトの姿は整然と描かれている。ヨーロッパ船も入港する国際港市スーラトを誇りたい為政者であれば，これだけ詳細で全体的に正確な絵図を描くだけの情報と人材を集めることができたであろう。確かに1727年から33年にかけての時期のスーラトは特別の混乱期で，大洪水と3度にわたる県知事と商人たちとの傭兵を用いての内訌ゆえに，県知事とその周辺の人たちにこの絵図を作製する余裕があったか疑問なしとしないが，城守ベグラル・ハーンのように比較的長期間その地位にありつづけた人物もいる。おそらくは，城守にムハンマド・アリーやヨーロッパ商館員などが情報を提供したと考えるのが最も蓋然性が高いのではなかろうか。

おわりに

本絵図を読み解くうちに見えてきたのは，そのまとまった美しさに象徴される繁栄とその陰に垣間見られた混乱である。本スーラト絵図で最も目立つのは二重の市壁と言えるかもしれない。シンメトリックな外壁があるとないとでは，スーラトの絵図としての統一性は大きく異なる。この絵図の作製者

はその直前に建設された外壁(すでに「世界の避難所」と命名されていたかどうかはさておき)によってスーラトの都市の安全が確保されたと信じ，二重の壁に囲まれた港市スーラトの素晴らしさを顕彰する意味でこの美しい絵図を作製したのではなかろうか。そして製作者の意図したとおり，近世の国際港市スーラトの繁栄と国際交流の盛況ぶりは本絵図から十分にうかがえると言えよう。

しかし時代はインドの近世王朝ともいうべきムガル朝の末期に入っていた。ムガル朝の盛期には治安はある程度維持され，国際港市スーラトは市壁のない，ある意味で自由な都市であった。市壁が必要になったのはムガル朝が崩壊期を迎えたからである。その意味で，この絵図は世界の人々の集まる国際港市としてのスーラトを描いたと同時に，おそらくは作製者の意図にも反して，近世末期の混乱の始まりをも反映したものとなったと言えるのである。

1) 外壁の建設開始年について，当時のグジャラートについての歴史書である『アフマドの鏡』はスーラト県知事ハイダル・クーリー・ハーンによって1128(1716)年に開始されたとし，同年にスーラト一の商人ムッラー・アブドゥルガフールが死去したとする['Alī Muḥammad Khān, *Mir'āt-i Aḥmadī*, Syed Nawab Ali ed., 2 vols & Supplement, Baroda, 1927-28, 1930, Vol. 2, pp. 4-5, 8]。それに依拠して，コミッサリアトは外壁の建設開始年を1716年とし，数年後に完成とみている[Commissariat, M. S., *A History of Gujarat: With a Survey of its Monuments and Inscriptions*, Vol. 2, Bombay: Oriental Longmans, 1957, pp. 391-392]。他方，ダースグプタは，オランダ東インド会社文書(VOC文書)に基づいて，ムッラー・アブドゥルガフールの死を1718年1月3日のこととする[Das Gupta, A., *Indian Merchants and the Decline of Surat c. 1700-1750*, Wiesbaden: Franz Steiner Verlag, 1979, pp. 197-198]。したがってここではやや幅をとって，外壁の建設開始年を1710年代末としておく。外壁の完成年については，19世紀後半の『ボンベイ地誌』グジャラート編がハイダル・クーリー・ハーンの次の代のスーラト県知事のタハッウル・ハーンのときであると述べるが[*Gazetteer of the Bombay Presidency, Gujarat*, Bombay: Government Central Press, 1877, Vol. 2, p. 314(以下GBPと略称)]，『アフマドの鏡』にはそのような記述はない[*Mir'āt*, Vol. 2, p. 41をも参照]。

2) GBP, Vol. 2, p. 301.

3) 赤瀬浩『「株式会社」長崎出島』講談社，2005年，15頁。

4) Raychaudhuri, T. and I. Habib eds., *The Cambridge Economic History of India*, Vol. 1: c. 1200-c. 1750, Cambridge: Cambridge University Press, 1982, p. 171. 10万人説は

1663 年のポルトガル人ゴディーニョの説，20 万人説は 1700 年頃のイギリス人ハミルトンの説。
5) *The Plan of the City of Surat*（Surveyed by Lieutenants Adams and Newport, 1817）1820, IOR: X/2737, The British Library; Das Gupta（1979）, p. 29.
6) 長崎県史編纂委員会編『長崎県史 対外交渉編』吉川弘文館，1985 年，372-383 頁。
7) tarah はアラビア語やペルシア語の ṭarḥ（設計・図案の意）のことである。この点については，守川知子，木村暁両氏のご教示を得た。以下もこれらの言語については同様である（もちろん，最終的な責任は筆者にある）。
8) 逆にデーヴァナーガリー文字でのみ書かれた個所もあるが，それらは主に植物，水，船，道路などの普通名詞である。ただし，ごくわずかに固有名詞もある（ルスタム・パールスィーなど）。
9) Singh, Ch., "Early 18th-century painted city maps on cloth," *Facets of Indian Arts*, Skelton, R. *et al.* eds, London: Victoria and Albert Museum, 1986, pp. 185-192.
10) Bahura, G. N. and Ch. Singh, *Catalogue of Historical Documents in Kapad-dwara, Jaipur, Part II Maps and Plans*, Jaipur, 1990, pp. 4, 6, 9, 44, 45.
11) Gole, S., *Indian Maps and Plans: From earliest times to the advent of European surveys*, Delhi: Manohar, 1989, pp. 42, 43-44, 110, 164-165, 200-201.
12) Gole（1989）, p. 164.
13) ゴールは，同様に地名が先にペルシア語で書かれ，その後にデーヴァナーガリー語で書かれた絵図として，グジャラート州ヴァドーダラー市の Museum and Picture Gallery 所蔵の「グジャラートとラージャスターン路程図」という布製の大型の絵図（ジャイプール博物館蔵の同名の絵図とは別のもの）についてのメヘタの説を紹介している。メヘタは，その絵図にスーラト市の二重の市壁が描かれていることなどからこの絵図の作製年代を 1720 年から 1765 年の間と見なす［Gole（1989）, pp. 31, 114; Mehta, R. N., "An Old Map of Gujarat," *Reflections on Indian Art and Culture*, Bhowmik, S. K. ed., Department of Museums, Gujarat State, Vadodara: Department of Museum, 1983, pp. 165-169］。しかし，ゴール自身は，本章のスーラト絵図の作製年代を考察する際には，その二重の市壁の建設年についてまったくふれていない。
14) ゴールが例として挙げるのは，Ṣafī b. Walī Qazwīnī 著 *Anīs al-Ḥujjāj* に挿入された，地名表記もほとんどないデフォルメされた小さなスーラト図である［Gole（1989）, p. 162］。
15) 長島弘「18 世紀前半作成のムガル帝国港市スーラトの地図について」『長崎県立大学論集』40(2), 2006 年，91 頁。筆者は 2013 年 3 月にジャイプールの博物館で本絵図の再撮影を許可された。博物館関係者の厚意に感謝する。
16) ḥawīlī. ハヴェリーという語は今日のグジャラート地方の建物についてもよく使用される。布野修司・山根周『ムガル都市——イスラーム都市の空間変容』京都大学学術出版会，2008 年，352-361 頁参照。
17) 個人名を冠した高官の邸宅として，城の南の川岸近くに立地するアーシュール・ベグ邸がある。1817 年の地図（*The Plan of the City of Surat*）において，県知事公邸を含

むこの区域が彼の名を取ってアーシュール・ベグ・チャクラと呼ばれていることから考えて，彼が高官の一人であったことがうかがわれる．なお，チャクラまたはチャクロは大街区のことで，1817 年の地図や GBP などで内壁内の地域は 14 の大街区に区分されている．

18) Commissariat, M. S., *Studies in the History of Gujarat*, Bombay: Longmans Green & Co., 1935, pp. 6-7.
19) *Mir'āt(Supplement)*, p. 222; Saran, P, *The Provincial Government of the Mughals 1526-1658*, New York: Asia Publishing House, 1941, repr. 1973, p. 200.
20) Ovington, J., *A Voyage to Surat in the Year 1689*, Rawlinson, H. G. ed., London: Oxford University Press, 1929, pp. 130-131.
21) *Mir'āt(Supplement)*, p. 222; *Mir'āt*, Vol. 2, p. 8.『ボンベイ地誌』グジャラート編の第 2 巻では，注 1 でふれたタハッウル・ハーンが外壁を完成させて，「世界の避難所」と呼んだと書かれているが[GBP, Vol. 2, p. 314]，その出典は示されていない．
22) 詳しくは長島(2006)，101-102 頁参照．
23) 警備長官の管轄区域については，ここではスーラトとの関係で妥当と思われるサランの説に依拠しておく[Saran(1973), p. 193]．また Das Gupta(1979), p. 26 も参照．
24) *Mir'āt(Supplement)*, p. 222; Saran(1973), pp. 200-202.
25) Commissariat(1957), p. 173.
26) ヤークート・ハーン・スィーディー(またはスィーディー・ヤークート・ハーン)については，Das Gupta(1979), pp. 26, 260 および Commissariat, M. S., *History of Gujarat*, Vol. 3, Ahmedabad: Gujarat Vidya Sabha, 1980, p. 395 を参照．
27) Das Gupta(1979), pp. 26, 223; Surat Factory Records, India Office Records, G/36/16, British Library: 22 June 1732[以下この文書の Vol. 16 を SFR 16 と略称]．
28) khushkī は「陸上の」を意味し，「水上の」を意味する tarī と対をなす語である．それぞれペルシア語の khushk(乾いた)，tar(湿った)を原義とする．なお，長島弘「ムガル帝国スーラト港市のシャーバンダル」中近東文化センター編『東西海上交流史研究』3，1994 年，52 頁も参照．
29) 税関の隣のミーリ・バフル邸については，Das Gupta(1979), p. 23 参照．シャー・バンダル，税関長，海事警察長の三者の混同については，長島(1994), 48-56 頁も参照．
30) Thevenot and Careri, *The Indian Travels of Thevenot and Careri*, Sen, S. N. ed., New Delhi, 1949, pp. 21, 288, n. 8.
31)「ムグリーの隊商宿」と「ベーガムの隊商宿」の絵図での表記は，アラビア文字で Sarāy-i Mughlī, Sarāy-i Bīgham，デーヴァナーガリー文字で Mughlī-Sarāy, Sarāy Begham である．なお，ここでのデーヴァナーガリー文字での表記法は不統一である．
32) Hasan, N., "Mirzā 'Abd al-Raḥīm Khān," *Encyclopaedia Islam*, 2nd Series, Vol. 1. 彼の父はアクバル初期の摂政のバイラム・ハーンというイラン出身者である．アブドゥッラヒームのグジャラート州太守の任期については，差し当たり次を参照．Athar Ali, M., *The Apparatus of Empire: Awards of Ranks, Offices and Titles to the Mughal Nobili-*

ty 1574-1658, Delhi: Oxford University Press, 1985, pp. xxxiv, 5.
33) 本絵図中のこの隊商宿の立地場所については検討すべき課題があるが，この問題についてはを次参照。Nagashima, H., "The Factories and Facilities of the East India Companies in Surat: Locations, Building Characteristics and Ownership," *Asian Port Cities, 1600-1800: Local and Foreign Interactions*, Haneda, M. ed., Singapore: NUS PRESS and Kyoto: Kyoto University Press, 2009, p. 202.
34) Commissariat(1980), pp. 235-236.
35) 彼女が大火傷から回復したことを祝っての賜与であった['Abd al-Ḥamīd Lāhorī, *Pādshāh Nāmah*, Kabīr al-Din Aḥmad, A. and W. N. Lees eds., Bibliotheca Indica, Calcutta, 1866-72, Vol. 2, pp. 363, 397]。
36) Thevenot and Careri(1949), pp. 35-36.
37) この隊商宿については，Stavorinus, J. S., *Voyages to the East Indies*, Wilcocke, S. H. trans., London, 1798(repr. London: Dawsons of Pall Mall, 1969), Vol. 2, p. 477 参照。
38) Ovington(1929), p. 130. たとえば，1725年3月のある日に，イギリス商館のブローカーは城の広場で綿布と綿糸76梱分を船に積み込むために梱包したと報告している[SFR 11, p. 91(18 March 1725)]。
39) Survey Office, *References to the Plan of the City of Surat*(Executed by the Officers of the Revenue Survey Department, Goojerat, 1817), 1821, British Library 蔵(Shelfmark: X/2738)の Nos. B, E & F 参照。
40) バニヤーはヒンドゥー教徒(広義)の商人カースト(ジャーティ)を指す。19世紀末のセンサスではバニヤの6割はジャイナ教徒であった。長島弘「ムガル帝国下のバニヤ商人──スーラト市の場合」『東洋史研究』40(4)，1982年，86頁参照。
41) 7人のうち本文で取り上げない4人の氏名は次のとおりである。ブクハール・ラール・バーイ・シャーフーカール，ウマル・スィンディー，バサント・ラーイ，ムハンマド・サイイド・ナーホダー(絵図では「ナーウホダー」)。
42) 旧来のイギリス東インド会社(ロンドン[旧]東インド会社)に対抗して1698年に誕生した新会社。
43) SFR 6: 5 Nov. 1700. たとえば1733年6月30日の日記によれば，ミールザー・ザーヒドは，「新商館および旧商館内の2棟の倉庫」の家主であった[SFR 17: 30 June 1733]。なお，1728年に彼の船がベンガルからスーラトに到着している[SFR 13: 4 April 1728]。
44) フォスターは，ミールザー・ザーヒド・ベグについて，17世紀中葉におそらく40年近くにわたってシャー・バンダルであり，港市スーラトの「商人の王」と呼ばれた船主商人ハージー・ザーヒド・ベグ(1669年頃死去)の子孫であると見ている[Foster, W. ed., *English Factories in India*, Oxford: Clarendon Press, 1906-27, 1661-64(以下 EFI), p. 297]。これは確かに興味深い説であるが，さらに検討を要すると思われる[Nagashima(2009), pp. 197-199 を参照]。
45) Das Gupta(1979), p. 30. ただし，『アフマドの鏡』では，「家の近くに建てた」となっている[*Mir'āt*, Vol. 2, p. 148]。1817年の地図ではアリーの孫のムッラー・アブ

ドゥルファトフのモスクがバルヤーウ道（城の前のマイダーンから北の内壁の門であるバルヤーウ門まで北北東の方向に走る幹道）の西側に描かれている[*Plan* (1820)]。おそらくその後身と思われるモスクには現在，「ムハンマド・アリーが建設した金曜モスクである」とする，1135(1722/23)年という建設年の入った額が掲げられている。

46) 1724年8月1日，新県知事のルスタム・アリー・ハーンがムガル朝の王からの贈物を受領するためにアブドゥルガフール園まで迎えに出ている[SFR 11: 1 Aug. 1724]。

47) たとえば，市の東南のゴーピー・タラーウの南，外壁内の地にもムハンマド・アリーの名を冠した園があり，また自宅近くの川岸に「アブドゥルガフール門」がある。

48) オランダ商館の記録では，彼は1701年に17隻もの大洋航行船を所有。当時，2位の人物でも3隻を所有するにすぎなかった[Das Gupta (1979), pp. 287-288; VOC 1660, f. 964a-964b]。

49) *Mir'āt*, Vol. 2, pp. 4, 103, 109.

50) 『アフマドの鏡』やオランダ商館日記は「兄弟」としており[*Mir'āt*, Vol. 2, p. 104; VOC 2293, p. 703]，Das Gupta (1979), pp. 209, 252 も「兄弟」としている。他方スィングは『真実の鏡』に基づき，城守の「甥」(姉妹の子 *hamshīra zāda*)とする[Singh (1986), p. 274; *Mir'āt al-Ḥaqā'iq*, Bodl. Fraser 124, f. 422b]。当時のイギリス商館日記も「城守は県知事のおじ(伯父，叔父)」とする[SFR 13: 18 Aug. 1727]。

51) 以上の史実については，Das Gupta (1979), pp. 197-240; Commissariat (1980), pp. 517-531 を参照。

52) その部分の絵図は傷みが激しく，先の拙稿では「ムッラー・アブドゥルガフール園」と誤読していた[長島(2006), 98-99頁]。アラビア文字の名前の欠損箇所はデーヴァナーガリー文字の部分で補える。

53) 1727年8月9日のイギリス商館日記に「ムールナ・マフマド・アリー(Moolna Mahmud Allee)の新しい建物」とある[SFR 13: 9 Aug. 1727]。

54) ルスタム・マナクの Manak は，Manock, Manik などとも綴られる。

55) Commissariat (1980), pp. 425-441, 484, 497-500.

56) White, D. L., *Competition and Collaboration: Parsi Merchants and the English East India Company in the 18th Century India*, New Delhi: Munshiram Manoharlal, 1995, pp. 98-133.

57) パーラク家については，Das Gupta (1979), pp. 79-80 参照。1732年にイギリス商館のブローカーとなったジャガンナート・ラールダース(ラールダース・ヴィタルダースの息子)は，ヒンドゥー商人としては例外的に大きな馬小屋を持ち，兵士を指揮できたという[Das Gupta (1979), p. 79, n. 2]。

58) 当時の史料では Chellaby, Chalabbi, Chelebi などと書かれている[Das Gupta (1979), pp. 76-77]。

59) Das Gupta (1979), pp. 76-78, 201.

60) SFR 16: 22 June 1732.

61) 1817年の地図ではサーレフ・チェラビー邸とそのモスク，墓地が魚市場大街区(マチュリーピート・チャクラ)内の今日の市庁舎の裏(東)に立地している[*Plan* (1820)]。

62) Das Gupta(1979), p. 22. ただし，1720年代にもアフマド・チェラビーとムハンマド・アリーが他の商人たちと共同して県知事に請願したことがある。チェラビー家については，Afzal Khan, M., "The Chalebi Merchants at Surat 16th-18th Centuries," *Proceedings of Indian History Congress*, 40th Session, Waltair, 1979, pp. 408-418 をも参照。
63) 英商館の所在地の問題については，Nagashima(2009), pp. 194-203 を参照。
64) たとえば SFR 11: 25 Dec. 1724; 1 Jan. 1725; SFR 13: 25 Dec. 1727; 1 Jan. 1728.
65) フォスター説は1758年地図や1817年地図上のフランス商館の位置からの類推であろう。なお，Nagashima(2009), pp. 197-203, 210 を参照。
66) SFR 13: 6-8 Aug. 1727.
67) 当時のスーラトにおけるフランス商館と商館員の状況については，Ray, A., *The Merchant and the State: The French in India, 1666-1739*, Delhi: Munshiram Manoharlal, 2004, pp. 641, 646-647 を参照。
68) 1817年のイギリス人の人口調査では，スーラト市の人口の66.2％がヒンドゥー教徒(ジャイナ教徒を含む)，25.1％がイスラーム教徒，8.4％がパールスィー教徒であった[*Plan*(1820)]。
69) それらのほとんどは現存しており，イスラーム関連の宗教施設の生命力の強さを感じさせる。
70) 「アイダルース」は，絵図では「アイダルース」または「イードルース」と読めるアラビア文字表記がなされ(デーヴァナーガリー文字では「アダルース」)，2014年に訪問したときの同家の門扉には「エドルース(Edroos)」とアルファベット表記されていたが，ここではアイダルースに統一する。
71) 当時のスーラトのアイダルース家の当主サイイド・ザインについては，*Mir'āt*, Vol. 2, p. 148; SFR 16, pp. 52, 61; Das Gupta(1979), p. 224 を参照。ただし，SFR16, p. 52 では Siad Addruse, SFR, p.61 では Syed Zend(または Zaid)となっている。Zend や Zaid は Zayn の誤りと思われる。
72) *Mir'āt(Supplement)*, p. 65. アイダルース家の歴史については，栗山保之『海と共にある歴史——イエメン海上交流史の研究』中央大学出版部，2012年に詳しい。なお F. ハサンは，19世紀末に Shaykh Bahadur という人物が編纂したスーラトの歴史書である *Guldasta-i Sulaha-i Surat* に基づいて，スーラトのアイダルース派の歴史について，やや異なる史実を紹介している[Hasan, F., *State and Locality in Mughal India: Power Relations in Western India, c. 1572-1730*, Cambridge: Cambridge University Press, 2004, pp. 101-103]。
73) Das Gupta(1979), p. 224.
74) SFR 16: 22 June 1732. 「知能」と訳した箇所は，判読しがたく，この読みでよいか疑わしい。同日記は，このときザインが県知事たる「スフラーブ・ハーンとその家来は不信心者であり不信仰者であり，その醜悪な生活と非人道的な抑圧のために最も厳しい死に値する」と宣言したとも述べている[SFR 16: 21 July 1732, p. 61]。
75) Das Gupta(1979), p. 103. 逆に1713年にオランダ東インド会社が川岸にあった前県知事の邸宅を購入しようとしたときに，それに反対して市民を焚き付けて反対させた

サイイドたちのうちの一人がサイイド・サアドゥッラーであったという[Das Gupta (1979), p. 35]。
76) そのような宗教施設としては，まず内外壁間の地のゴーピー・タラーウの西にあるナウ・サイイド・モスクで，ここに「9人の殉教者たち」の墓といわれる9基の墓がある。他にもイードガーフ・モスク，ミルジャーン・シャーミー廟などが見られる。なお，シーア派のボーホラー派(特にダーウーディー派)の人たちが主に内外壁の間の地域に居住しており，ムッラー・アブドゥルガフール家がこの派に所属していたという説もあるが，本絵図ではこの派の人たちのモスクは描かれていない。
77) デーヴァナーガリー文字では「ガネーシャ・マタ」，つまり「ガネーシャの僧院」と書かれている。
78) *Anīs al-Ḥujjāj* の挿絵では3本マストの巡礼船が描かれている[Gole(1989), p. 162]。また長島弘「海上の道——15-17世紀のインド洋，南シナ海を中心に」歴史学研究会編『世界史とは何か』東京大学出版会，1995年，273頁参照。
79) 本章の注13の路程図はアリー・ムハンマド・ハーンの作製と見なされている[Mehta(1983), pp. 165-169]。
80) 以上の2点については，Commissariat(1980), pp. 526, 527を参照。

第8章 17〜18世紀初頭のインドにおける
アルメニア商人とイギリス東インド会社
――「1688年協約」をめぐって

重松 伸司

はじめに

　カスピ海と黒海の狭域を故地とするアルメニア人が，アルメニア高地からあるいはサファヴィー朝治下のイスファハーン南郊の新ジョルファー(New Julfa)から，遠距離・広域・巡回商人として内陸アジア各地で活躍したことは周知の史実である[1]。また，17世紀以降には，彼らはイギリス東インド会社に「随伴して」，インド洋・ベンガル湾・南シナ海に面する海域アジアで，様々な交易活動を行ってきたことも最近の研究で知られる[2]。

　この時代，西欧，西アジアそして南アジアの各地には，歴史上の大変動が生じていた。西欧においては，17世紀半ばから後半にかけて，英蘭両国間に，西欧・アジアにおける交易上の覇権を巡る激しい競合が繰り広げられることになる。その発端は，クロムウェル治下の共和政府の制定した，イングランド＝植民地間の輸送をイングランド船に限定する「航海法」(1651年)であり，西欧＝地中海＝アジア諸地域間の中継貿易を独占するオランダに対抗して争われた3次にわたる英蘭戦争(1652-54，1665-67，1672-74年)であった。西欧における中継交易拠点の争奪は，西アジアにおいては，地中海東部を圏域とする中継貿易「レヴァント交易」において，生糸交易を独占していたアルメニア商人を陸路から海上ルートに転換させて英蘭両国(東インド会社)のいずれが交易パートナーにつけるかという，いわば「中継交易商人」の争奪でもあった。

　南アジアの交易の覇権をめぐる争奪も緊迫していた。それはこの時代にお

いては，インドの香料・香薬・綿布といった特定の交易品の独占のみならず，その後の両海洋帝国による覇権の先行となる「港市・商館・租借地」(居留地)の獲得でもあった。実際，インドの東岸港市においては17世紀初めからオランダ東インド会社(VOC)が交易拠点を確保しており，他方，西岸港市では英蘭両国の東インド会社がほぼ同時に進出しており，その勢力は拮抗していた。そして，両国の東インド会社は，インドの港市・内陸都市のいずれにおいても拠点支配をねらっていた。

本章は，近世(17～18世紀)の南アジアを対象として，その内陸都市および沿岸諸地域で活躍したアルメニア人と，イギリス東インド会社(以下，適宜EICの略称をも用いる)との交易関係について考察を加える。なお，本文では特に注記しない限り，17～18世紀の南アジアについては「インド」という用語を，また，地名については基本的には英領期の表記・呼称を使うことにする。

1. 課題と史料

1. 課題と仮説

本稿の主たる関心と仮説は，以下の点である。

これまでの研究によれば，南アジアにおけるアルメニア人については，主に17世紀のアルメニア巡回商人の記録，アルメニア教会の所在地，アルメニア大司教勅令，アルメニア人墓誌・墓碑銘などの記録から，また18世紀以降は，EICの交易記録と英領植民地の統治報告書，貿易商会の会計簿と各地商議所報告，アルメニア実業家の名士録や聞き取り記録などから，アルメニア人の存在と彼らの諸活動が明らかになりつつある[3]。特に，生糸交易を巡るサファヴィー朝イラン，フランス・オランダ・イギリスなど西欧諸国の競合を巡って，旧来の説を批判的に再検討した上で，アルメニア商人の主体的な役割を再評価したI.バグディアンツの研究から学ぶところは大きい[4]。しかしながら，現在の研究段階においてなお明らかでない課題がある。それは，彼らの所在した南アジアの各地で，アルメニア人はいったいどのような職能をもち，いかなる経済活動を行い，また，彼らがどのような組織やネッ

トワークを形成し，それらはどのように機能していたのかといった疑問である。また通説では，17世紀以降，アルメニア人の多くはイギリス東インド会社に「随伴した」交易を行ってきたと見なされるが，「随伴的な交易関係(trading partnership)」とは，はたしてどのような関係であったのか，十分に明らかにされたとは言えない[5]。

　上記の疑問について考察を加えているなか，史料1(次頁)の巻頭の解説において，筆者の疑問に相即する指摘がなされているのを見いだした。

　本史料集は(中略)[17, 18世紀の]100年にわたる，強力なイギリス東インド会社と新ジョルファーのアルメニア人の商人集団との交易関係を表す刺激的な物語を伝えている。生糸と綿布の市場を握っていたアルメニア人のふところに，なんとか食い込もうと腐心していた東インド会社を巡って，両者の多彩で複雑な関係がたえずつづいていた。おそらくはどのような出来事よりも，この時期の経済的な風潮，競合的な互恵関係(competitive partnership)が，両者の交易関係を象徴しているのではないだろうか[6]。

　さて，このような疑問に対して，本章では17～18世紀初頭のインドにおけるイギリス東インド会社とアルメニア人の関係について考察する。
　第一には，EICにおけるアルメニア人の「地位と役割」である。
　EICはその交易活動において，アルメニア人に対していったいどのような活動や役割を果たすべきだと考えていたのか。他方，アルメニア人はEICに対して，彼ら独自の主体的な権益をどのように主張していたのだろうか。両者の微妙な関係，つまり「競合的な互恵関係」とはいったい何か。その実態を解き明かす手掛かりとして，東インド会社の交易関係公文書のうち，とりわけアルメニア人＝イギリス東インド会社の関係に決定的な影響を及ぼしたと考えられている「1688年協約」の具体的な内容を考察したい。
　第二に，アルメニア人の主たる「職能」と「EICとの関係」についてである。EICの交易関係文書のうちインドを対象とした文書に限定して，その中に詳細に言及されたアルメニア人の所在地とEICの拠点の空間的な位置と

その通時的な変動をトレースする。特に,「1688年協約」を境として,EICとアルメニア人の居留地にどのように顕著な変化が生じたのかを分析する。

第三に,「EICが基盤としたアルメニア商人の居留地と彼らの活動」についてである。EICの進出前あるいは進出直後のインドにおけるアルメニア人の居留地と彼らの活動を分析し,EICの基盤はアルメニア人の活動にあったのではないかという点を考察する。

2. 課題と史料

本章では,主に以下の2冊の史料集を扱う[7]。

 史料1:『17～18世紀初期のアルメニア商人とイギリス東インド会社』
 史料2:『古今インドのアルメニア人』

史料1は,イギリス公文書館所蔵の交易関係文書のうち,東インド会社とアルメニア人との交易に関する公文書集である。その中から約1世紀間(1617-1709年)の各種公文書(その種別については後述)265通を収録している。それらは1617年から年次ごとにまとめられており,一種の編年体史料集の体裁をとっている。各史料には年代順にタイトル番号(1～265)が付され,つづけて発信地(発信人),受信地(受信人),発信時期,手稿分類,通信種別,そして,本文(全文あるいは抄録)が収録されている。その内容は,主として,東インド会社ロンドン本社(取締役会)と各地商館の間,各地の商館同士,アルメニア人と東インド会社現地商館の間に交わされた通信文のほか,各地商館の業務報告,商務に関する約定,商務契約などである[8]。

史料1には,「取締役会詳録」「商館業務録」「商務指示書」「商務協定／協約書」「商務交信録」「商務約定書」「現地報告書」の7種類の交易関係公文書が計265通含まれている。これらの文書には,アフリカ,ペルシア(イラン),シリア,中央アジア,東南アジア,オーストラリア,西欧に関する様々な内容が含まれるが,本章では,そのうちインド(セイロンを除く)における活動を記した225通を扱う。

史料2は,カルカッタに在住したアルメニア人M. J. セート(1820-1900年)によって編纂・刊行されたインドのアルメニア人に関する抜粋史料集である。

第8章　17〜18世紀初頭のインドにおけるアルメニア商人とイギリス東インド会社　219

本史料集は，アルメニア人が所在ないし活動したインドの16の地域・都市（アーグラ，グワーリヤル，ファテフプール・シークリー，デリー，ラホール，カーブル，スーラト，ボンベイ，チンスラー，シャンデルナゴル，サイダーバード，モンギル，カルカッタ，ラクナウ，ダッカ，マドラス）ごとに，アルメニア人に関する史料を47章に編纂したものである。

その内容は，ムガル朝の年代記，勅許状，イエズス会文書，英・仏両東インド会社の交易文書，アルメニア人の日誌，アルメニア人の墓碑銘などである。これらは，カルカッタのアルメニアン・カレッジの教員であったセート自身が，19世紀末に収録した史料や実地調査記録である[9]。

2.「1688年協約」

1.「1688年協約」とは

17世紀末，有力アルメニア商人とEICの間に，両者の権利義務関係を規定する複数の協約が取り交わされた。史料1には，少なくとも3通のEIC＝アルメニア商人間の「協約書(agreement)」が収録されている[10]。これらの協約書のうち，最も重要なものは1688年6月22日にロンドンで締結された「交易協約書(trade agreement)」（文書No.112）である。それはロンドンの東インド会社本社と新ジョルファー出身で在ロンドンの有力アルメニア商人であるホージャ・パノス・カラーンタル[11]との間に結ばれたものである。本章では，本協約を「1688年協約」と略称し，協約が規定された文書そのものを「協約書」とする。この協約によって，EIC側は本格的にインドに進出し，特にベンガル湾岸域の拠点確保の契機をつかみ，アルメニア人側はEICによってインドにおける交易などの権益を認められたという，いわば画期的な協約であった。

協約への初期の言及は，以下で考察する史料2の第18章である。編者セートは7頁にわたって全文（写し）を紹介しており[12]，「EICが会社の憲章の中で認めたすべての権利について，EICおよびイギリスの商人と同等の内容をアルメニア人に与えることになった（中略）画期的な協約」と評価してい

る[13]。史料 2 で引用された協約書の原文は，1937 年時には，ロンドンのインディアハウス[14]の文書館に所蔵されていたものと考えられる[15]。1970 年にフランスで刊行されたアルメニア研究誌の論考では，協約書が存在したことは紹介されている[16]。

また，史料 1 の編者の一人 V. バラドゥーニーは，本協約書の存在を参考資料として指摘し，近世アルメニア交易史(17〜18 世紀初期)における意義について，「本協約書によって，EIC はイギリス商人がこれまで享受してきた特権のすべてを，アルメニア商人に与えるという前例のない方策をとった」と記述している[17]。しかし，どのような事項・内容が「従来のイギリス商人の特権」であり，「前例のない方策」であったのか，そして，既得のEIC 特権の譲渡が「これまでのアルメニア商人の権益」とどう関わるのかを明らかにはしていない。

さらにまた，南インド近世・近代交易史研究者の S. アラサラトナムは，その著書の中で，「1688 年 6 月，ロンドンで協議(negotiated)され，東インド会社ジョサイア・チャイルド[18]副総裁と卓越したアルメニア商人の指導者ホージャ・パノス・カラーンタルとの間で締結された協約によって，インドの全居留地におけるイギリス市民のすべての自由と宗教の完全なる自由をアルメニア人は得た」と明記している[19]。アラサラトナムはこの協約の史的意義について，端的に「インドの全居留地における」「イギリス市民のすべての自由と宗教の完全なる自由」を「(すべての)アルメニア人」に与えたと述べる。はたして，当時のイギリス市民の自由とは何か，宗教の完全なる自由とは何か，また，イギリスが与えたのはそれら 2 点だけであったのか。

「1688 年協約」については，上記いずれの論考もその歴史的意義を指摘しつつ，しかしその具体的・詳細な内容が明らかにされていない。そのため，EIC の権益と，アルメニア人商人に対して「譲渡した」(あるいは，新たに与えた)と見なされる特権の内容については，判断のしようがない。また，これらの論考が示唆するところは，本協約によって初めて，アルメニア商人の経済的・社会的・政治的権利が EIC によって保証され，この協約を契機として，アルメニア商人がインド(および東南アジア)への進出の契機を見いだ

第8章　17～18世紀初頭のインドにおけるアルメニア商人とイギリス東インド会社　221

したという点にある。しかし，そうした見解はイギリス側からの視点であり，歴史評価である。実態はそうであっただろうか。18世紀の「大英海洋帝国」のさきがけたるEICのもとに，アルメニア商人のインド・アジアにおける海洋交易が保護・維持されたのだろうか。以下，まずは「協約」の内容について具体的に検証する。

2.「1688年協約書」の内容

「1688年協約」は，主協約書1通と副協約書2通（便宜的に副協約書Ⅰ，副協約書Ⅱとする）から成る。これら3通の協約書（「1688年協約書」とする）にはいずれも，東インド会社総裁ベンジャミン・バサース，副総裁ジョサイア・チャイルド，および3名の評議員ウスター，ジョン・ムーア，ジョージ・バウンの署名が付されている。その主たる内容は，EICの影響下にあるアジア各地，特に在インドのアルメニア人の身分・地位・権利・交易商品・交易利権・取引条件などを詳細に規定したものである。

主協約書は，その趣旨・内容から判断して，七つの項目によって構成されている[20]。本章では，各内容を論者（重松）が便宜的にA～Gの段落に区分し，各段落ごとに主項目を付す。

AはEIC側の締結代表者5名とアルメニア人側の代表者たる有力商人1名との協定の頭書，Bは本協約の骨子たるアルメニア人の身分・地位・権利・義務に関する概括的規定，Cはアルメニア商人の主たる交易品目とEICの舶載条件，Dは関税，EはEIC商船へのアルメニア人乗客の乗船条件，Fはアルメニア商人の西欧における海洋交易の条件とEIC側のアルメニア商人に対する主たる権限規定，そして，Gは本協約書の結語である。

　　　　　文書No.112　「取締役会詳録（Court Minutes）」
　　　　　1688年6月22日　「交易協約書（Trade Agreement）」

〈主協約書〉
　A：　頭　書
　　東インド会社本社より関係各位へ。
　　我がEIC副総裁　ジョサイア・チャイルド准男爵閣下と，アルメニアの卓越

した商人にして，ペルシアはイスファハーンの住人なるホージャ・パノス・カラーンタルおよびロンドンのナイト，ジョン・シャルダン[21]閣下との間に行われてきた長きにわたる協議の結果に鑑みて，両名[パノスおよびシャルダン]はアルメニア人(Armenian nation)を代表して，我が副総裁に対し，インド，ペルシアさらにはイギリスを経由しての西欧向け交易を，アルメニア人が一手に担ってきたその詳細を提示してきた。もしアルメニア民族が我が社から特許を得，その結果として，アルメニア人が西欧との間の古きからの交易路を変更する意向を強く示せば，それは我が顧客の利益のみならずイギリス海運の増大にも大きく貢献することになろう。我が王国の公的な貿易および我が海運の増大と促進を常に切望するがゆえに，本事案に関するあらゆる条件について，真剣に討議した後，以下のごとく同意しかつ決議すべきと我々は考えるに至った。

B：骨　子

　第一に，アルメニア人(Armenian nacion)は向後，当 EIC が冒険商人(adventurers)や他のイギリス商人のすべてに付与するであろうあらゆる寛大な恩恵と同一のものを享受する。第二に，アルメニア人は向後，いついかなる場合にも，イギリス自由民(freeman)と同様の有利な条件で，EIC 船によってインドとの往来を行う自由な権利(free liberty)を享受する。第三に，アルメニア人は向後，EIC が統治するインドのいかなる都市・要塞・市街地においても自由に居住し，かつ土地・家屋の購入と売買を自由に行い，生来のイギリス人(Englishmen born)と同様にあらゆる公権を行使し，自らの宗教については，自由にして妨げなき儀式をつねに営む権利を有することとする。さらに，本協約でアルメニア人に譲渡されたあらゆる特権を完全に享受する権利は，向後 EIC の職務にある総裁が誰であれ，いかなる形においても妨げるものではないことを，我々はここに宣言する。また，アルメニア人は，EIC の請負商人や生来のイギリス人が負うべき課税以上のものを納めることはない。第四に，アルメニア人は，EIC 船や EIC が承認した自由交易船によって，EIC の要塞からインド，南海(South Seas)，中国あるいはマニラの諸港市へ航海し，かつ中国，マニラあるいは EIC の勅許の及ぶ域内にある諸港市においては，すべての自由イギリス人(free Englishmen)と同一の条件・税・船荷によって交易を行う任意の権利(liberty)を享受する。

C：交易品・船荷条件

　すべてのイギリス本国人は，船荷運賃および舶載料として，対外向け金地金については[商品の]2%，イギリス本国向けダイヤモンドおよび他の貴石について

は3％を支払う．これに対して，アルメニア人は，以下のごとく支払うべきことが本協約で宣言され同意された．すなわち，

1) 船荷運賃および舶載料として，対外向け金地金は3％，イギリス本国向けダイヤモンドは2％．
2) 珊瑚，琥珀玉6％，珊瑚，未加工琥珀，コチニール[22]，水銀，刀剣，全火器類，雑貨品，精製・未精製鉄，紙，筆記用具，イギリス産ガラスめがね・食器，ニュルンベルク陶器・製品については，舶載料10％および船荷運賃1トンあたり5ポンド．
3) 皮革全種，ヴェネチア産陶器・製品すべてについて，舶載料は無料，船荷運賃は1トンあたり6ポンド．
4) 舶載料については，各種の布・羊毛製品は12.5％，ただし船荷運賃とインドにおけるEICの関税を除く．
5) 鉛は10％の舶載料，1トンあたり3 libra［ポンドのことか］の船荷運賃．
6) 飲食用食糧品は，1トンあたり6ポンドの船荷運賃，ただし舶載料は無料．
7) 本国向け動産すべてについては，以下の方式で支払うこととする．すなわち，
・ダイヤモンド，真珠，ルビー，あらゆる種類の貴石，龍涎香は2％の船荷運賃，舶載料は上記に同じ．あらゆる種類の麝香は6％の船荷運賃と舶載料．胡椒は1ポンドあたり1ペニー，コーヒーは10％の舶載料と船荷運賃．ペルシア産生糸は1トンあたり21ポンドの船荷運賃．舶載料，関税，その他の課税は一切不要，ただし，2.5％の滞船超過料．
・ペルシア産作物および産品（禁輸品のカルマニア産羊毛を除く）は10％の舶載料およびEIC船と同額の船荷運賃，それ以外の支払いは一切不要．中国とインドの物品すべてについては，EICによる独占的な交易に限り，荷積み港の如何にかかわらず13％の舶載料とEIC船の支払い額を超える船荷運賃．

D：関　税

以下に述べるように，物品に対する関税，すなわちイギリス本国向けおよび海外向けのすべての物品については，EIC領の港市・都市あるいは他の港市・都市の如何を問わず，また，その積み出し・荷降ろしにかかわらず，送付状どおり，原価に対して5％の関税を東インドのEICに支払うべきこと．ただし，本条項ではすべての地金・ダイヤモンドおよび他の貴石，龍涎香，麝香およびペルシア産生糸は例外とする．

さらに，以下のごとく同意する．すなわち，海外向け全物品の舶載料および船

荷運賃は，前述したごとく，ロンドンのEIC向け物品の担保契約に従って，1ポンドあたり8.5ルピーでインドにおいて支払うべきこと。

また，我々は以下のごとく布告する。すなわち，会計処理の便宜上，東インドのEICに支払われるべき関税は，他の負荷金すなわち船荷運賃および舶載料とともに，積荷明細書毎に総額として一括し，積荷明細書の記載者に物品が配送される前に必ず支払われるべきこと。かつその総額は，上記の担保契約と異ならないこと。また，いったん関税が支払われた物品については，最初の支払地たるか東インド地方の他の港市・都市たるかを問わず，その物品の再輸出入にかかわりなく，関税を再度支払うことはない。

E： 乗船条件

EIC船の乗客はすべて，1ポンドあたり8.5ルピー換算で，12ポンドの海外向け乗船料を東インドで支払うこと。また，本国向け乗客は上記と同額のほかに，一人あたり8ポンドの食費を必ずロンドンで支払うべきこと。また，船長同席の食卓を囲む者は，一人あたり10ギニー（21シリング）を船長に支払うこと。しかし，従者については別途に食事を供されるが，船員と同額の食費を支払うべきこと。アルメニア人乗客については，海外か本国への渡航かを問わず，一人あたり1/4トンの範囲内で，衣類・家財・食料を無料で持参することが認められる。

F： 海洋交易の拡大条件

上記アルメニア人はこれまで，インドからトルコへの内陸路交易をペルシア，アラビア経由で専ら行ってきた。さらに今や，彼らはイギリス経由での大々的な交易を望んでいる。このことに鑑み，以下のごとく我々は布告し，同意する。すなわち，本物の送り状と積荷明細書に基づき，EICと同額の船荷運賃とともに，当該物品のロンドン価格の10％の舶載料を支払う限りにおいては，アルメニア人は東インドのいかなる物品であれ，いかなるイギリス向けのEIC船を利用しようと自由である。

さらにまたここに布告する。すなわち，上記のごとく［アルメニア人によって］託送された物品が，イギリス人の輸送によってトルコ，ヴェニスもしくは［イタリア］レグホン，もしくは，アルメニア人所有主もしくはその代理人が指示した託送地以外の，西欧の他の諸港市・都市に陸揚げされていないということが確認されるまでは，我がEICは上記宅送品を拘留・保有する権利を有する。

かつ，最後に，次のごとく布告し合意する。すなわち，
上記規定にかかわらず，トルコ向けの上記全物品については，船荷運賃および

原価(first cost)を 1 ポンドあたり 8 ルピーの換算額で差し引いた純益のうち，その 1/3 を所有者[アルメニア人]に対して支払う限り，我が EIC がそれら物品を当社の所有として保全することは合法的である。

G： 結　語

　EIC 総裁，副総裁および取締役会 3 名の署名のもと，1688 年 6 月 22 日のこの日，イギリス・スコットランド・フランスおよびアイルランドの守護者のお恵みによって，ジェームズ 2 世統治の第 4 年，EIC はこの協約を裁可した。

〈副協約書Ⅰ〉

　ロンドン東インド会社総裁および東インド会社より，関係各位へ。

　アルメニアの卓越した商人にしてペルシアはイスファハーンの住人なるホージャ・パノス・カラーンタルは，同人および他のアルメニア人によるイギリス船での交易を行うべく，我が EIC と協約を締結するに多大の労をとってきた。総裁および EIC はその労を多として，（ホージャ・パノス・カラーンタルの要請により），本協約書によって，同人が関税 10％と EIC 負担の通常の船荷運賃を支払う限りにおいて，同人とその家族に対してザクロ石の独占的な交易の権利を無償で与える。かつまた，我々は以下のごとく布告する。すなわち，この商品[ザクロ石]の交易については，EIC 自らが行うことはないが，他のイギリス人や異邦人(strangers)が将来において交易を行うことを妨げるものではない。

　EIC 総裁，副総裁および取締役会 3 名の署名のもと，1688 年 6 月 22 日のこの日，イギリス・スコットランド・フランスおよびアイルランドの守護者のお恵みによって，ジェームズ 2 世統治の第 4 年に。

〈副協約書Ⅱ〉

　ロンドン東インド会社総裁および東インド会社より，関係各位へ。

　東インドにおけるイギリス同朋(our people)との交易・通商をアルメニア人が切望していることに鑑み，我が支配下(under our jurisdiction)にある東インドの要塞諸都市において，アルメニア人の定住と[我らとの]共住を奨励すべく，本協約書によって以下のごとく布告し，許可し，かつ同意する。すなわち，

　アルメニア人たる者 40 人余が東インドの EIC のものたる要塞諸都市の住民となり，彼らが自らの宗教を自由に信ずるばかりでなく，割り与えられた一定の区画に彼らの信仰と神への奉仕を望みどおりに行うための教会を建てることが認められる。さらにまた，彼らは木造の教会を彼らの出費で建造し，望むならば，そ

の後，石材もしくは堅固な素材でもって，自らが望むように建造できる。さらにまた，宗教行事をとり行うべく招いた僧侶・司祭の維持費として，年間50ポンドを7年間与えることを，総裁およびEICは認めるものである。

　EIC総裁，副総裁および取締役会3名の署名のもと，1688年6月22日のこの日，イギリス・スコットランド・フランスおよびアイルランドの守護者のお恵みによって，ジェームズ2世統治の第4年に。

3. 「1688年協約」の意義

　3通の協約書によって，EICがアルメニア人に対して「協約」したと考えられる内容は何か。それらは，主協約書のBでまず要約され，さらにその詳細は，C～Fの各協約内容と2通の副協約書によって補足・説明されている。それらの要諦は以下の点にある。

　第1には，EICによるアルメニア人への基本的な権利の付与である。それはC，D，E，Fで詳細に記述されているように，イギリスの冒険商人や請負商人，他のイギリス商人(自由貿易商人)たちと同等の恩恵であり，具体的にはイギリスの居留地(商館・都市)における居住，土地家屋の購入・売買，渡航・往来の自由，「イギリス人」と同等の公権，財産保有そして信教に関する自由であった。とりわけ信教の自由については，さらに副協約書Ⅱによって教会の建設と司祭の招致に関する具体的な補助の内容にまで言及している。EIC領各地におけるアルメニア教会とそのキリスト教の意義については本章では触れないが，EICは，アルメニア人居住地におけるアルメニア教会の存在とその宗教的重要性を認識し，その保護が不可欠と見なしていたと考えられる。

　こうした様々な条項によって，17世紀末のイギリスはアルメニア人に対して「準イギリス人」としての地位・権利を容認したと考えられる。ここでいう「準イギリス人」とは，主協約書の史料用語でいえば，「生来のイギリス人(Englishmen born)」あるいは「自由イギリス人(free Englishmen)」「自由民(freeman)」である。「生来の」あるいは「自由なる」イギリス人については，少なくともこの協約では，イギリスの「国民」「公民」「民族」に関す

る明確な規定は示されておらず，EIC による「国民」規定の不明確・あいまいさが内包されたままである[23]。

　第 2 には，EIC によるアルメニア商人に対する自由交易権と特恵的な優遇措置の付与がある。その内容は，「B：骨子」が示すように，「自由イギリス人と同一の条件・税・船荷によって交易を行う任意の権利」であり，具体的には，「C：交易品・船荷条件」で詳述されるように，各種品目に対する船荷運賃（船価重量と搬送距離）・舶載料・関税に関する優遇条件であった。ただし，これらの条件は，EIC 総督の交替にかかわらず保障されると明言しているが，基本的には EIC の影響下にあるインドの居留地のアルメニア人を対象とするものであった。

　第 3 には，アルメニア人の交易品，交易圏の EIC への取り込みがある。「C：交易品・船荷条件」に記された交易品の品目は以下のとおりである。

　　宝石・金属・奢侈品：金地金，ダイヤモンド，珊瑚，琥珀，龍涎香，麝香，コチニール，鉄，水銀，鉛
　　武器：刀剣，火器
　　雑貨品：紙，筆記用具，めがね，食器，陶器
　　皮革，羊毛製品，生糸
　　嗜好品：胡椒，コーヒー

　このような交易品目のリストから，アルメニア商人の交易品の多様性が見られるとともに，それらの交易を協約で「保護」することによって，EIC がアルメニア商人の交易品を「囲い込む」意図がうかがわれる。交易品のみならず，さらには，アルメニア商人の保持していた海洋交易圏の包摂をも意図したと考えられる。

　「F：海洋交易の拡大条件」では，アルメニア商人による EIC 船の利用とインド産品の交易の自由を与え，かつトルコ・イタリアにおける交易の優遇措置を保障する内容となっている。ただし，EIC は，アルメニア商人による対トルコ交易については，低利低額の補償金でアルメニア商人の交易品に対する担保を確保するなど，その権限を巧妙に制限している。さらには，東南

アジアでアルメニア人が独占していた交易圏を EIC の支配下に置く動きが見られた。

　第4には，交易圏の東南アジア，東アジアへの拡大の意図である。「B：協約骨子」の第4項に明らかなように，EIC 支配下にある港市・交易品について，アルメニア商船の権益を守ることであった。

　本協約が締結されて36年後の1724年，マドラスの商館記録に初めてアルメニア人富裕商の名前が挙げられている。それはマニラから到来したホージャ・ペトルスである。当時マニラとの交易は専らアルメニア商人の手にあり，彼らは西欧からの商品をオランダ商船に舶載し，かつ東洋の商品をフランスの支配下にあったポンディシェリーや他の港市に運んでいた。そうしたアルメニア商人の商行為に対して，EIC 総督は非難している[24]。

　第5には，イギリスによる公的な権利保障の明記である。主協約書のA：頭書とG：結語，および2通の副協約書の構成から明らかなように，本協約はイギリス（および国王）を代表する EIC が，アルメニア人を代表する有力商人ホージャ・パノス（本協約では Coja Panous Calendar と表記される）に対して与えた協約であり，「B：骨子」の冒頭にあるように，総裁の何者によるかにかかわらず，17世紀末のイギリスによるアルメニア人に対する公的な権利保障としての意義をもつものであった[25]。

4. 有力アルメニア商人ホージャ・パノス・カラーンタル

　ところで，協約書に登場する有力商人ホージャ・パノスとは，いったいどのような人物であったのか。とりわけ，副協約書Ⅰでは，当人およびその家族に対する「ザクロ石交易の無償付与」という特権を明記している。1680年代当時の国際交易にあっては，ザクロ石は宝石として貴重かつ高価な商品であったが，ここでは，ザクロ石そのものの交易品としての価値についてではなく，当時のアルメニア人を代表するアルメニア商人個人に対する EIC の特権付与が重要となろう。

　史料1の文書265通には，85名のアルメニア商人（Khoja/Coja）について，のべ480回言及されている。これらの商人の中で，「ホージャ」なる有力商

人に与えられた称号[26]をもつ者は多い。また，Panos (Panous)，Callendar (Caldarentes) など同一呼称・類似呼称の人名も多いが，彼らが同一の系譜に連なる者かどうかは不明である。これら多くの有力商人の中で，とりわけ文書 112 の協約書記載の商人ホージャ・パノス・カラーンタルは，史料中では様々な表記[27]で 45 通に言及されており，85 名の商人の中でも最有力であったと考えられる。この人物は，「たまたま甥のホージャ・イスラエル・サルハドとともにロンドン滞在中に，EIC とアルメニア人の権利・地位について協議・協約することになった」という[28]。史料 2 の第 18 章「ホージャ・パノス・カラーンタル」では，先述した「1688 年協約」の紹介の後に，アルメニア側の協約締結者である "Kalandar" [カラーンタルのこと] について言及している。それによれば，「ジョルファー (イスファハーン) 出身でスーラトに定住，その唯一の息子の墓はスーラトのアルメニア人墓地にあり，その墓碑によれば 1695 年 3 月 6 日没」とある。セートによれば，「カラーンタル当人についてはその出自・生没年・没地など不明な点が多く，その墓はスーラトにはなく，滞在地のロンドンかあるいはジョルファーで没したのではないか」と推定している[29]。

本章では個々のアルメニア商人の組織・権限・交易活動・ネットワークの分析を主眼とするものではないが，少なくとも，ホージャ・パノスがイギリスとの協議においてアルメニア人を代表し，かつ在インドのアルメニア商人に対して，その影響力を行使し得るほどの権限と統率力をもつ人物であったとは推察し得る。

3. イギリス東インド会社の居留地とその通時的変動

1. アルメニア人の職能

「1688 年協約」に表記されている「アルメニア人 (Armenian nacion)」とは，いったいどのような人びとだったのか。史料 1 は，EIC に関連したアルメニア人の役割・業種と，それらに言及した文書数を記録している。

すなわち，アルメニア人がEICとの関連で従事した職種は6業種，それらに言及した文書数は114通であり，その内訳は，EIC特約生糸仲買商（3通），通事（6通），船主（1通），商館現業員（7通），傭兵（2通），そして交易パートナー（95通）であることから，当時のアルメニア人の主たる業務が交易であったことが明らかになる[30]。協約成立後の1692年，EIC本社はボンベイ副総官宛の文書で，アルメニア人傭兵の徴募を打診したが，これに対してパノスは否定的な回答をしている[31]。結局，その後もEICのもとで傭兵として雇用されたアルメニア人は少なく，また，アジア交易においてアルメニア人が武装商人やあるいは武装商船を擁したこともほとんどなかった。「商」（交易）を重んじ，「武」（軍役）を避けることがアルメニア商人の本分たることを示唆している。

ところで，交易を主たる職能としたアルメニア人たちは，インドのどの都市・地域で活動していたのか。その地理的分布と通時的な変動を以下に考察する。

2. インドにおけるイギリス東インド会社の居留地とアルメニア人の所在

表8・1は17世紀初頭から18世紀にかけて，イギリス・EICが拠点とした都市群である[32]。この表から，EICが1世紀間にインドで拠点を置いた主要な商館・要塞・居住区など「居留地」の分布が明らかとなる。それらは内陸部の都市5，西岸の港市13，東岸の港市16である。

また，史料1には，EIC／アルメニア人の共同居留地および各都市における交易関係が記録されている。それらは，インド北西部および北中部の内陸都市11，インド両岸（アラビア海に面したマラバールおよびベンガル湾に面したコロマンデル）の港市23，そしてインドの広域にわたる地域名4である。

表8・2は，史料1の全265文書のうち，アルメニア人の所在・活動について言及した文書数を都市・地域群ごとにまとめたものであり，カッコ内に各地の資料数を示す。ただし，文書中で表記が異なるものの，その内容から判断して同一都市と考えられる場合には，それらを1ヵ所と見なすことにする。同一文書の中にアルメニア人に関して言及された地名が複数含まれる場

第8章 17～18世紀初頭のインドにおけるアルメニア商人とイギリス東インド会社　231

表8・1　インドにおけるイギリス東インド会社の居留地(17世紀初頭～)

インド内陸都市	インド西岸港市	インド東岸港市
Agra(1614-34) Patna(1656-) Burhanpur(1616-21) Malda(1676-97) Rajapur(1637-81)	Laharibandar(1635-62?) Ahmadabad(1614-60) Cambay(1660-?) Broach(1660-90?) Surat(1612-) Bombay(1664-) Dabhol(c1637-40) Karwar(1640-44, 1660-80) Bhatkal(c1638-40, 68-70c) Tellicherry(1682-) Cotacuna(1669-75) Calicut(1664-) Anjengo(1684-)	Dacca(1660-88) Hoogly(1652-86) Calcutta(1685-) Pipli(1624-80?) Pipli(1624-80?) Hariharpur(1633-42) Balasore(1650-84) Vizaagapatam(1684-) Naraspur/Madapallam(1680-) Viravasaram(1634-63) Masulipatam(1610-26, 1632-86) Nizampatam/Petapoli(1620-88) Armagaon(1626-38) Madras(1640-) Kunimedu(1682-90) Teganapatam/Ft. St. David(1684-) Port Novo(1682-)

表8・2　インドにおけるイギリス東インド会社／アルメニア人の居留地

インド内陸都市(32)	インド西岸港市(184)	インド東岸港市(53)	インド広域(57)
Sind(4)[Multan?] Kashmir(2)[Srinagar?] Lahore(3) Delhi(3) Agra(11) Burhanpur(1) Aurangabad(1) Benares(3) Patna(8) Bihar(1) Deccan(3)[Hyderabad?]	Ahmadabad(5) Broach(1) Surat/Swally(104) Bombay(58) Karwar(4) Malabar(1)[Calicut?] Quilon/Quyland(11)	Rajmahar(1) Hugli(2) Calcutta(2) Vizagapatam(1) Narsapur(1) Madapollam(1) Masulipatam(3) 　＝Metchlepatam(3) Petapoli(1) Pulicat(1) Madras 　＝Fort St. George(30) St. Thome(1) Tegnapatam(2) 　＝Fort. St. David(3) Tevenapatam(1)	India(28) Gujarat(1) Bengal(25) Coromandel(3)

・カッコ内は史料1中の文書数。　・同一地であるが異なる表記による都市名は＝で表す。
・都市名は史料中の表記に準じる。　・[　]内は筆者による注記。

合があるので，総数は225とはならない。なお，本章でいう「居留地」とは，史料中ではFort, Factory, City, Town, Settlementなどと表記されている用語の総称である。それらは必ずしも，現地の王朝や領主層によってEICやアルメニア人に対して治外法権や居住権などを公的に安堵された「一定の所領」ではなく，加えて交易・商用などのために彼らが一時的に所在した地域も含む。

　表8・1と表8・2に示したEIC／アルメニア人の居留諸都市の分布と，インドの内陸・西岸・東岸の都市・港市群およびそれらに関する文書数，報告内容から，17～18世紀インドにおけるEICとアルメニア人のそれぞれの交易圏や影響力について，どのような状況が考えられるのか。

　EICが重視していたのはインド西岸港市（文書総数184通）であり，とりわけスーラト（104通）は，EICにとっては枢要な交易都市であった。近世以前からのアラビア海交易，ポルトガル支配以降のインド洋交易において，オランダ・フランス・ポルトガルによる中継交易に対抗する上で必須の港市であり，そのため早くも1612年に商館を設置している。しかし，西岸ではEICの拠点都市（13ヵ所）に比してEIC／アルメニア人の共同居留地は少ない（7ヵ所）。ここからは，インド西岸におけるアルメニア人の交易圏は狭く，かつその影響力は必ずしも大きくはなかったと考えられる。

　内陸都市については，ムガル朝との政治・経済的な勢力関係の上で，アーグラとパトナが重要であった。両都市はインド北部を東西に展開するヒンドゥスターン平原を舞台とする内陸交易を扼する要地[33]であり，またムガル朝の政治的要衝でもあった。EICの内陸拠点は，国際交易上の拠点となる西岸港市より少ないが（5ヵ所），EIC／アルメニア人の共同居留地（11ヵ所）は多い。

　また，東岸港市については，EICの居留地（16ヵ所）とEIC／アルメニア人共同居留地（13ヵ所）とはほぼ同じである。カルカッタからコロマンデルにかけてのインド東岸は，17世紀までは西欧勢力にとって未開地であり，オランダ・フランス・イギリス・デンマークの商館が点在する中で，EICのその後の商館建設とベンガル湾交易圏の拡大にアルメニア人が先導を果たし

第 8 章　17〜18 世紀初頭のインドにおけるアルメニア商人とイギリス東インド会社　　233

たのではないだろうか。

　いずれにせよ，EIC の上記居留地の分布から，少なくとも 17〜18 世紀初頭の 100 年間に，インドにおいて EIC が拠点としたほぼ全域にアルメニア人が所在したことが明らかとなる。とりわけ，西岸港市のスーラト，ボンベイ，内陸都市のアーグラおよび東岸港市のフォート・セント・ジョージ(マドラス)には，その文書数から見て，EIC とアルメニア人との交易関係の緊密さがうかがえる。

図 8　17〜18 世紀の南アジア　　注：旧英領期の地名表記による。

3. 居留地の通時的変動

EICがアルメニア人に「認めた」対インド交易の品目・税率・条件，あるいは地位・居留条件などについて，「1688年協約」は重要な画期であった。この協約を契機に，居留地にはどのような変動があったのだろうか。

表8・3は，17世紀の100年間におけるEIC／アルメニア人共同居留地の分布を示したものである。交信文書数から見れば，スーラトはこの1世紀間を通じて持続的にEIC交易における枢軸港市の位置を占めていた。17世紀後半からは，要塞と商館の築造(1668年)を契機として，ボンベイにEIC交易の重心が移り，1660年以降の40年間は，ボンベイがスーラトとともに重要な交易拠点に転じている。だがスーラトが17世紀EIC交易の中心であったことは変わらない[34]。

協約締結前後の1650-1690年におけるEICの活動空白期を境に，顕著な傾向が見られる。すなわち，17世紀前半においては，EIC／アルメニア商人の交易の重心は，スーラトを別として依然としてインド内陸部北西部の諸都市にあった。しかし，「1688年協約」前後の時期を境にして，内陸部の交易重心は，北西部のスィンド，ラホールなどから，ベナレス，パトナなど北東部，北東南部に移動している。さらに，港市マスリパタムを除いて，これまでまったく南インドに存在しなかったEIC／アルメニア人共同居留地がコロマンデル沿岸の南北に出現する。

「1688年協約」を契機として，EICとアルメニア商人による交易の重心は，インド西岸港市および内陸北西部から，しだいにインド東岸および内陸北東部の諸都市へと移動しつつあったことがうかがわれるのである。

4. 17世紀におけるアルメニア人の活動

史料2は，編著者セートがインド各地で収集，記録した各種の史料に，翻訳・注釈・解説を加えた一種の史料注解集である。それらには，EICのアルメニア関係史料とは異なった視点からの，アルメニア人側の見解や史実が含まれており，イギリス進出前後のインドにおけるアルメニア人の状況をう

第 8 章　17〜18 世紀初頭のインドにおけるアルメニア商人とイギリス東インド会社　235

表 8・3　イギリス東インド会社／アルメニア人居留地の通時的変動 (1610-1710)

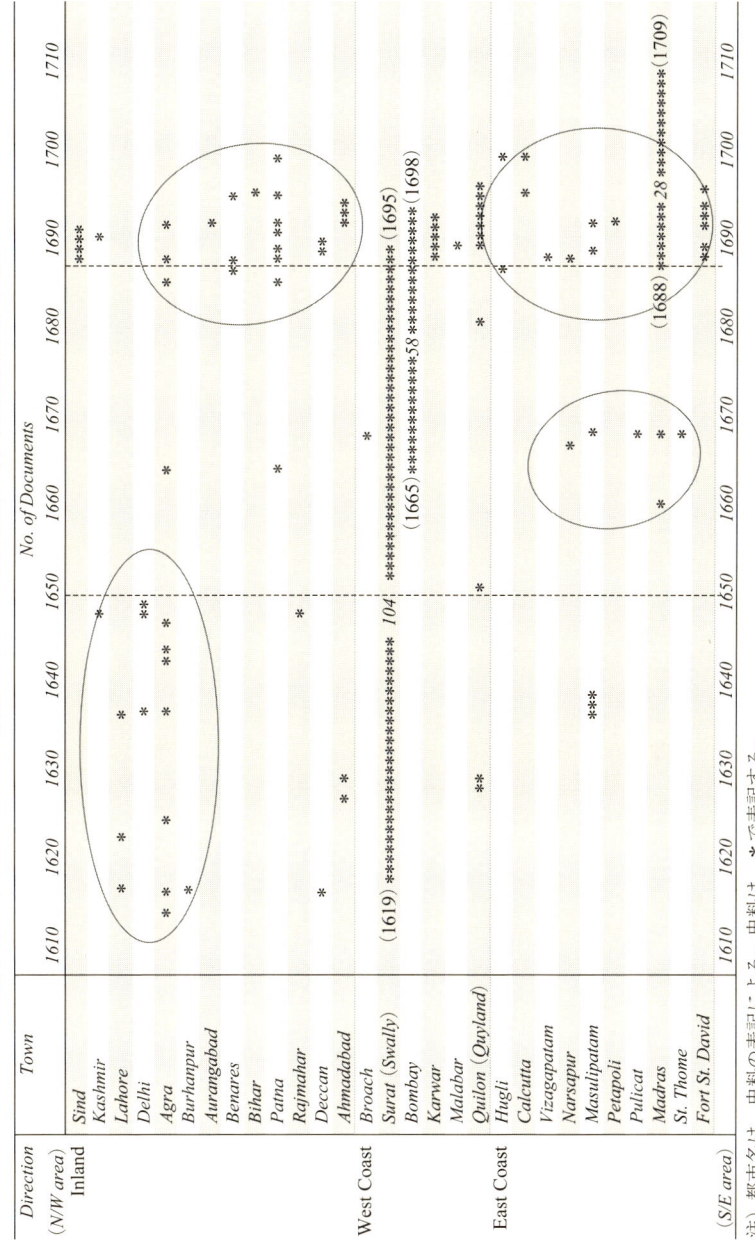

Direction	Town	1610	1620	1630	1640	1650	1660	1670	1680	1690	1700	1710
(N/W area) Inland	Sind									****		
	Kashmir									*		
	Lahore		*	*	*	*				**	*	
	Delhi		**	*	***	**		*		**	** *	
	Agra		**	*	***					*		
	Burhanpur		*							**	** *	
	Aurangabad									*** **	**	
	Benares							*				
	Bihar									**		
	Patna					*		*		***	***	
	Rajmahar									**		
	Deccan		*									
	Ahmadabad			**								
West Coast	Broach	(1619) ******************************** 104										
	Surat (Swally)					****************************** (1695)						
	Bombay						(1665) ****************** 58 ************** (1698)					
	Karwar									*****		
	Malabar								*	*		
	Quilon (Quyland)			**								
East Coast	Hugli									*	**	
	Calcutta										**	
	Vizagapatam									*	*	
	Narsapur							**		**		
	Masulipatam				***			**		*		
	Petapoli							*				
	Pulicat									**	*	
	Madras								(1688) ******* 28 ************* (1709)			
	St. Thome									**	***	
(S/E area)	Fort St. David									*		

注：都市名は，史料の表記による。史料は，＊で表記する。

かがう一つの手掛かりを与えてくれる。以下，セートの解説に従って，インドにおけるアルメニア人の状況をいくつかの都市を挙げて考察する。

1. ラホールの事例

16〜17世紀頃，ラホールに滞在し布教に従事していたイエズス会神父の存在に着目したセートは，それら神父に関する記録のうち，ジェローム・ザビエル神父による1604年9月6日付アーグラ発の書簡を引用して，17世紀初期のアルメニア人の状況を描いている。

ラホールの貧しいアルメニア人たちは，ワインの販売を生業としていたが，当時の［ムガル］太守がこの生業を嫌悪していたため，しばしばトラブルに見舞われている。私は太守の迫害を避けるため，アルメニア人にこの商売をやめるよう説得した[35]。

さらにまた，ピネイロ神父による1609年8月12日付ラホール発の書簡を次のように引用している。

ムガル太守はラホール在住のキリスト教徒を皆殺しにすると脅したが，そのとき，23人ほどのアルメニア商人たちがおり，彼らはてんでに城門をくぐって逃散した。何たること，彼らには殉教の志がなかったようだ[36]。

ムガル朝の夏の宮殿であり商都として繁栄していたラホールには，かつてアルメニア人の居留地（colony）があったとセートは述べ，その後につづけて18世紀半ばのアフマド・シャー（在位1748-54年）の簒奪によりすべての痕跡は消滅したが，「中央博物館［所在不明］に残る4基の墓石のうち1基には，1601年の刻文が判読できる」と指摘している[37]。

パンジャーブ地方は古来，インドと西アジアとの接点であり，とりわけラホールがムルターンとともに西アジア＝インド＝ヒマラヤ間の内陸交易の要衝であった。ここに引用された書簡に現れるアルメニア人商人が，中央ア

ジア経由で南下した巡回商人の一部であったのか，あるいは，イラン，アフガニスタン経由の商人であったのかは定かではない。周知のように，サファヴィー朝治下のアルメニア人は，アッバース1世(在位1587-1629年)の1605年に，アラス河畔のジョルファー村からイスファハーン南郊地区(新ジョルファー)に移住してきた人びとであった。ただし，セートによればラホールのアルメニア商人は，イスファハーンの新ジョルファー出身者ではなく，それ以前にすでにアルメニアから到来してきたアルメニア人であった[38]。

イギリスがパンジャーブに本格的な交易(その後は軍事)活動を展開するのは19世紀初めのことであり，この地を併合したのは1849年である[39]。19世紀以前には，イギリス人の探検家や旅行者がもたらす断片的な情報のみであった。こうした情況と上記のイエズス会神父の報告を照合すれば，次のように考えられる。すなわち，イギリス人の本格的進出の200年も以前の16～17世紀には，すでにアルメニア商人は少人数ながら定住し，ワインなどを扱う小規模の商業を営んでいたということである。

2. アーグラの事例

史料2にはまた，インド各地に点在するキリスト教徒の墓と墓碑に関する記録が収録されている。以下はそのうちアーグラに残る墓碑をセートが紹介したものである。

1611年に築造されたアーグラの大霊廟は，北インド最古のキリスト教墓苑と考えられる。そこには，敬虔で富裕なアルメニア商人ホージャ・マルティローズの墓碑があり，2枚の砂岩壁板にはペルシア語とアルメニア語の銘文が刻まれている。その碑文について，アーグラ考古局によるペルシア語刻文から英語への翻刻があるが，セートは人名記述に大きな誤りがあることを指摘した上で[40]，フューラー博士によるアルメニア語から英語への訳を次のように引用している。

この墓に眠る者，ジョルファーのピールバーシーの息子にして敬虔なるマルティローズなり，アルメニア暦1060年アーグラにて逝き(後略)。

セートはこの銘文をもとに，さらに次のように解釈する。すなわち「アルメニア暦元年は西暦551年であり，したがってアルメニア暦1060年すなわち西暦1611年には，ホージャ・マルティローズなる商人が逝去していることから，遅くともそれ以前からアルメニア商人がこのアーグラに所在していたと考えられるのだ」と[41]。

さらにまた，セートは当時の航海記録によって17世紀当初のアーグラにおけるイギリス人に関する記録とアルメニア人の存在を明らかにしている。それは1609年のイギリス船長ホーキンスの日誌である[42]。その概要は次のとおりである。

イギリス王ジェームズ1世のムガル君主宛親書を携えたウィリアム・ホーキンスは，帆船ヘクター号によって1608年8月24日スーラトに到着，滞在中には，スーラト太守によってムガル君主への献上品であったすべてを安値で奪い取られたが，やっと1609年2月1日にスーラトより陸路アーグラに向けて出発，4月16日に帝都アーグラにてジャハーンギール(在位1605-27年)に拝謁する。王の厚誼を受けてアーグラに滞在中，その命によって，ホーキンスは宮廷の一女性と結婚することになる。この女性の父が先代アクバル(在位1556-1605年)の恩寵を受けたアルメニア人宰相ムバーラク・シャーであった。ジャハーンギールはホーキンスに対して軍馬400頭扶持の位階と年間3200ポンド相当の扶持を与えた。さらにまた，ホーキンスへの恩顧として，EICに対して初めてスーラトに商館の建設を勅許した。だが，当時スーラトでの交易権を独占していたポルトガル太守の強固な反対によって勅許は認められなかった。1611年11月2日，ホーキンスはイギリスへの帰国を余儀なくされ，その帰途船上で死亡する[43]。

ムバーラク・シャーなるアルメニア人の出自，アクバルとの出会いの経緯，ムバーラクとEICとの関係について，それらの実態は，セートの分析からは明らかではない。また，ホーキンスとムガル宮廷のアルメニア人女性との通婚が，直接的にイギリスとムガル朝との親交の契機になったかどうかも定かではない。しかし，1609年からホーキンスによるスーラト商館建設への尽力があったこと，帰国翌年の1612年，ジャハーンギールがEICに対して

スーラト，アフマダーバード，キャンベイにおける商館の建設を認めていることから，17世紀初頭のムガル朝がEICに対しても友好的であり，少なくともそうした友好関係の仲介・維持にアルメニア人宰相，およびその娘とホーキンスとの通婚が一助となったことは想像できる。

セートは史料2の第9章「アーグラにおけるアルメニア語碑文」の末尾に，アーグラの教会墓地に存する1611～1927年の総数112基のアルメニア銘文の一覧を記録している。そこには，EICが進出した1630年代までに所在したと考えられるアルメニア人の物故者の墓碑13基が確認される[44]。1611～1630年の墓碑13基には，司祭の墓碑が3基（1614, 1616, 1630年）含まれる。これらからアルメニア人家族の規模・家族構成や職種，到来の時期は具体的には明らかにならないが，定住者がいたことは明らかである。

3. スーラトの事例

史料2にはスーラトに関するアルメニア人の記録が，他の諸都市に比べて非常に少ない。その事情は不明である。だが，英・蘭両墓地に隣接するアルメニア人墓地に一人の女性の墓の記録が存在する。セートが紹介する墓碑は簡略にこう刻している。

この墓地に眠りたるはマリナスなる女性，司祭ウォスカンの妻なり。ソロモンの伝え通り，夫ウォスカンの花冠たりしと。アルメニア暦1028（1579）年11月15日昇天す[45]。

この墓碑から以下の点を読み取りうる。すなわち，マリナスなるアルメニア女性が夫たるアルメニア人司祭とともに，1579年までスーラトに居住していたこと，そしてアルメニア人司祭の存在は，アルメニア教会とその信者たる複数のアルメニア人が存在していたことを示唆する。

以上がインド内陸部・西岸の主要都市におけるEIC進出前のアルメニア人の居留地と彼らの所在である。では，インド東岸におけるEIC進出前後の居留地の状況はどうであっただろうか。

4. サントメおよびプリカットの事例

 16世紀後半から17世紀末までのインド東岸は，ポルトガル・オランダの両海洋帝国の抗争下にあった。その拠点は，東岸北部のネガパタム，マスリパタム，そしてマドラス北部のプリカットとマドラス南郊のサントメであった[46]。

 1626年，EICはマドラス北部プリカット湖の北岸アルマガオンに商館を設け，その商館長フランシス・デイがマドラスに上陸したのは1639年のことである。数家族のタミル漁民と，フランスのカプチン派宣教師2名のみが住む一漁村に，イギリス人はもちろんアルメニア人も居住していなかった。本格的に要塞商館が建設されたのは1641年である。しかし，マドラスの南郊サントメには，すでに16世紀以前からポルトガルの居留地の一角にアルメニア人居住区が存在していた[47]。

 プリカットおよびサントメにおけるアルメニア人の存在については，1512年から1561年にかけてインドに滞在していたと考えられるポルトガル人ガスパル・コレイア(1563年頃没)の残したサントメに関する記録からうかがうことができる[48]。コレイアは，ポルトガル人による聖トーマス伝承に関する探査報告をもとにして，以下のように明らかにしている。

 1507年，ゴア駐在ポルトガル総督ドム・フランシスコ・デ・アルメイダは，マラバールの現地キリスト教徒数人から，聖トーマスの建屋もしくは聖堂が，いまだコロマンデル沿岸に存しているとのうわさを聞いた。総督がその調査のために差遣した四人のうち二人は亡くなったが，残り二人の生存者は，ある報告を持ち帰り，それはポルトガル国王に回送された。その10年後[1517年]に，ディオン・フェルナンデスとバスティオン・フェルナンデスなる二人のポルトガル人がマラッカからプリカットに到来し，そこで数人のアルメニア商人から[聖トーマスの]建屋について聞き及んだ。そこで，彼らは7リーグほど先の現地に足を運んで，きわめて古い建造物を発見した。それは中央廊と翼廊をもつ教会のような建物であり，梁と屋根が架けられている。(以下，建造物の説明)[49]

ポルトガルはコモリン岬経由で南インド東岸での交易拠点を模索していた。サントメはマドラスの中心部から2km南の一地区であり，古代ローマの船の寄港地であった。ポルトガルが正式にこの地を領有するのが1522年，以来EICによるマドラス商館建設の1640年まで，アルメニア人は，アルメニア人居住区においてポルトガル人と交易を行っていたと考えられる。

EICとの関係において重要なことは，先に詳述した「1688年協約」の締結の年，マドラス市参事会が組織され，以降EICの商館交易では，アルメニア商人がマドラス市参事会のメンバーとして活動していたことである[50]。

5. カルカッタの事例

最後に，カルカッタのアルメニア人墓碑は，1894年8月，セート自身がセント・ナザレ教会で発見したもので，これがカルカッタにおける最も初期のアルメニア人墓碑と考えられる。

こはレザビーベ，慈悲深き故スーキアスの妻の墓なり。15年ナカの月21日［1630年7月21日］，永遠の日に向けてこの世を去れり[51]。

フーグリ河口デルタの一角カーリーカタ(カルカッタ)にEICの一員，チャーノックが到来したのは1686年であったが，交渉の成果を得られなかった。その後，ベンガル太守からEICがデーヴィッド要塞の許可を得るのが1696年のことであり，本格的に彼らがベンガルで活動を開始するのは，1702年以降のことである。要塞建設の時期，ベンガルではスバ・シングの反乱が起こっていた。1697年6月，アルメニア商人ホージャ・サルハドがEICの交渉代理人として，反乱鎮圧の指揮をとったムガル朝将軍ザバダーシュ・ハーンのもとに差遣された。ムガル朝との交渉の結果，EICの要塞建設と交易活動が認められたという[52]。

これらの事例に鑑みるに，イギリスが本格的にカルカッタに進出する重要な手掛かりを与えたのがアルメニア商人であり，しかもその半世紀も前にはすでに，ベンガル地方にアルメニア人が居住し活動していたと考えられる。

おわりに

　「1688年協約」はアルメニア人側に何をもたらし，アルメニア人にとってこの協約はどのような意味を持ったのだろうか。協約書の内容から，以下の事実が明らかになる。

　イギリス東インド会社は在外イギリス人——EIC社員，請負商人，冒険商人たち——と同等・同種の権利・地位・身分を，在インドのアルメニア人たちに保障した。それは具体的には，インドの居留地における居住権，土地売買の自由，「公民」の権利であった。そしてまた，EICの勢力下にある港市間の往来と航海の自由，舶載商品の許認，船賃・関税の優遇措置であった。また，協約書に列記された多種多様な交易商品のリストに見られるように，従来，アルメニア商人が行ってきた交易品と交易活動の，いわばEICによる「追認」あるいは「お墨付き」であった。

　そのことは従来の所説，すなわち，アルメニア商人によるレヴァント交易における独占的な生糸交易をイギリスに迂回させることと，イギリス商人が参与することだけが本協約の目的ではなかった。協約書の「B：骨子」の第4項の文言に巧妙に刷り込まれているように，EICの狙いは，インド，南海（東南アジア海域），中国での交易の拡大であり，インドから東南アジア・東アジアへの海域支配の拡大というEICの交易戦略の転換であったと考えられよう。その端緒はEIC居留地の変動から明らかである。

　「1688年協約」を境にして，EICの交易拠点は大きく変わる。すなわち，「協約」以前の，インド内陸の北西部都市とインド西岸の港市から，「協約」以後のインド内陸東部およびインド東岸港市への交易重心（居留地）の移動である。17世紀半ば以降，オランダ・ポルトガルを駆逐したEICは，カルカッタ＝マスリパタム＝マドラス＝ネガパタムといったコロマンデル沿岸の南北に展開する港市群を拠点に，ベンガル湾＝マラッカ海峡＝南シナ海への覇権拡大を目指した。17世紀初頭にはすでにインドに定住していたと考えられるアルメニア人をEICの影響下に置くことによって，その意図は実現に向かったのではないか。

EICによる特恵的な関税やEIC商船の利用，あるいは多様な交易品の「承認」は，アルメニア人側にとっては「新たな権限の付与」を意味しなかった。それらは既存のアルメニア商人が保持していた様々な交易権益であり，新たに分与を求めるEIC側からの「要請」であった。それが会社のいう新たな交易関係＝「随伴的な交易関係」であった。EIC進出の当初から，インドの内陸・沿岸各地には，人数の多寡，職掌の違いはあれ，アルメニア人の定留する地域と彼らの交易・布教活動があった。EICはそれらを拠り所に，アルメニア人の権利保障と保護を名分として，勢力を拡大していったと考えられる。その具体的な有りようが「随伴的な交易関係」であったと言える。17～18世紀におけるEICの勢力拡大と海洋帝国の布石には，アルメニア人の交易活動とその拠点(居留地)への依存が一つの大きな要素であったと考えられる。

〈付　記〉
　本章は2014年9月20日の北海道大学での科学研究費によるシンポジウム「人の移動・移住とその記録――陸と海の近世アジア」および2015年4月25日の立教大学「海域学」プログラムにおける講演をもとに執筆したものである。シンポジウムの主催者で本書の編著者でもある北海道大学大学院文学研究科の守川知子氏，立教大学「海域学」プログラム代表の上田信氏，様々なコメント・批判をいただいた参加研究者の方々，本稿執筆に際して大きな刺激を受けた島田竜登氏(東京大学人文社会系研究科)の批判的コメントにも心から感謝したい。アルメニア語の史料を独自に解読することはできなかったが，今後，新たな研究者によって解明されることを切望している。

1) フィリップ・カーティン，『異文化間交易の世界史』(田村愛理・中堂幸正・山影進訳)NTT出版，2002年(原著 Curtin, P. D., *Cross-Cultural Trade in World History*, Cambridge University Press, 1984)。訳者山影進の「解題」論文では「交易離散共同体は，我々の目に入る実体としての個々の共同体(地域社会，〇〇街)の集合を指すのではなく，各地に散らばるそのような共同体を結節点とする大きなまとまりを指す概念である」(15頁)と要約している。同書第9章「17世紀の陸上交易：ヨーロッパ－東アジア間のアルメニア商人」で，アルメニア商人についておそらく初めて trade

Diaspora / trading Diaspora（交易離散共同体）なる用語・概念を用いたカーティンは，「アルメニア人共同体としてのアイデンティティを保ち，故郷とのさらに密接な連絡を復活させることにより，アルメニア人としての自覚を時々回復させることができた居留地」の存在を明らかにし，こうした各地に点在する居留地・交易地を結ぶ文化的結合，社会的状況を交易離散共同体という概念で理解している［カーティン（2002），255，270 頁］。また，アルメニア正教が社会結合の一大要素と考えられていた「交易離散共同体」の中で，「イスラーム教への改宗者」たる少数者の存在と意義に関する考察は，アルメニア史研究に一石を投じるのではないかと思う［守川知子「地中海を旅した二人の改宗者――イラン人カトリック信徒とアルメニア人シーア派ムスリム」長谷部史彦編著『地中海世界の旅人――移動と記述の中近世史』慶應義塾大学言語文化研究所，2014 年，257-284 頁］。

2) Aslanian, S. D., *From the Indian Ocean to the Mediterranean: The Global Trade Networks of Armenian Merchants from New Julfa*, University of California Press, 2010; Lombard, D. and J. Aubin eds., *Asian Merchants and Businessmen in the Indian Ocean and the China Sea*, New Delhi: Oxford University Press, 2000; Sarkissian, M., "Armenians in South-East Asia," *Crossroads, An Interdisciplinary Journal of Southeast Asian Studies*, 3(2/3), 1987, pp. 1-33.

3) *Armenian Merchants*（注 7 参照），pp. 95-163; Arasaratnam, S., *Merchants, Companies and Commerce on the Coromandel Coast 1650-1740*, Oxford University Press, 1986, pp. 95-163; Chaudhuri, K. N., *The Trading World of Asia and English East India Company, 1660-1760*, Cambridge University Press, 1987, pp. 198, 209, 225.

4) Baghdiantz-McCabe, I., *The Shah's Silk for Europe's Silver: The Eurasian Trade of the Julfa Armenians in Safavid Iran and India（1530-1750）*, Scholars Press, 1999.

5) 「随伴的な交易関係（trading partnership）」とは，史料中の用語ではなく，史料 1 の編者が序章論文の研究史概説においてカーティンの概念を援用し，索引に付した用語であるが，その明確な説明はない［*Armenian Merchants*（注 7 参照），pp. xvii, xxviii-xxix］。しかし，従来の研究・通説では，「イギリス・EIC に従属しながら，アジア交易を行ってきたアルメニア商人」という文脈が一般的であった。こうした通説的文脈を再検討することが本章の課題でもある。

6) *Armenian Merchants*（注 7 参照），p. v.

7) 史料 1 は，*Armenian Merchants of the Seventeenth and Early Eighteenth Centuries: English East India Company Sources*, Baladouni, V. and M. Makepeace eds., American Philosophical Society, 1998 である。また史料 2 は，*Armenians in India from the Earliest Times to the Present Day*, Seth, M. J. ed., Self-Publication, 1937, repr. Calcutta: Asian Educational Services, 1992 である。なお，本章では後者は 1937 年初版の復刻版（1992 年版）を用いる。

8) 本史料集の末尾には索引が付されており，その項目は，通信文中に記録されたアルメニア人名，アルメニア商人に関する EIC の見解，アルメニア人の職能，競合するオランダ・フランス東インド会社，アルメニア人所在地，東インド会社関係者人名，

アジアへの輸出品目，イギリスへの輸入品目，商船名，通貨・度量衡名である。本史料の底本は手稿であるが，編者者によって校訂が加えられ，活字化されている。校訂済みの本史料集にもなお手稿原本に見られる誤記・併記が混在しているが，それらについては，さらに筆者(重松)による校訂を示すこととする。
9) 史料の中には，ペルシア語やアルメニア語の原文史料を含み，その多くは，英語に翻訳されているが抜粋が多い。本章ではこの史料を対象とするが，将来さらに専門研究者によってこれら史料とアルメニア語，ペルシア語原文史料との対校を加えられることを望みたい。
10)「1688 年交易協約書」(史料 1 No.112),「1694 年スーラト協約書」(史料 1 No.176) および「1695 年ボンベイ協約書」(史料 1 No.212) の 3 通である。
11) 史料中では Khwaja P'anos K'alant'ar や Coja Panous Calendar と記される。なおカラーンタルは，15 世紀頃には西アジアの様々な社会集団(都市・地方・部族)の長として支配者に認められており，彼らとの「仲介者」の役割を果たしていた ["Kalāntar," *Encyclopedia Iranica*]。
12) *Armenians in India*, pp. 233-239.
13) *Armenians in India*, pp. 231-232.
14) 本来はインド人留学生の寄宿舎として，ロンドン北部に建てられたが，20 世紀初めには多くのインド人民族主義者のたまり場となった。
15) *Armenians in India*, p. 233.
16) Ferrier, R. W., "The Agreement of the East India Company with the Armenian Nation 22nd June 1688," *Revue des etudes arméniennes*, 7, 1970, pp. 427-443.
17) *Armenian Merchants*, p. xxii.
18) EIC 重役としてのジョサイア・チャイルドについては，以下の論文に詳しい。西村孝夫「サー・ジョサイア・チャイルド論」『大阪府立大学経済研究』31, 1964 年, 79-101 頁。
19) Arasaratnam(1986), p. 158. なお，アルメニア商人の表記は元史料とは異なる。
20) 本史料は，イギリス公文書館所蔵の No. B/39, pp. 133B-135A である。
21) ジョン(フランス語ではジャン)・シャルダンが「1688 年協約」でアルメニア人商人側の代理人となった理由は不明。1674 年前後にシャルダンがイスファハーン滞在中に両者が誼を通じたことが背景にあろう[羽田正『冒険商人シャルダン』講談社学術文庫, 2010 年, 142-143 頁]。
22) 羊毛・生糸などの赤色染料となるコチニール貝殻虫。
23) その後，大英帝国の支配拡大の中で，「英国臣民(British Subjects)」とは何かについて，その身分・地位・権利規定は不明確なままであり，後に大英帝国植民地領の民族問題を惹起することとなる。英領インド，アフリカ，香港，セイロンなど英領植民地における「臣民」の帰属問題は，20 世紀後半までつづいたことは明らかである[重松伸司『国際移動の歴史社会学——近代タミル移民研究』名古屋大学出版会, 1999 年, 18, 23-24 頁]。
24) *Armenians in India*, p. 581.

25) 本協約者には，有効期限が明記されていない。国王の名の下に発効する形式であるが，一種の「紳士協定」とも考えられる。1858 年に EIC が解散したのち，大英帝国下に入ったアルメニア人に対して，こうした保障が有効性をもったか否かは，新たな研究課題である。

26) Coja, Khoja, Cogee, Khwāja など様々に表記されるこのペルシア語は，学者，教師，著述家，富裕商などの尊称である。17 世紀後半の John Fryer の旅行記 (*A New Account of East India and Persia*) には，当時最も裕福なアルメニア商人はペルシア人によって Cogee (Khoja)「ホージャ (コジャ)」という称号で呼ばれていたとされる [*Armenian Merchants*, p. xxvi]。また，ムガル朝では，アルメニア人たちは，イギリス時代の Sir に相当する「アーガー (Agah)」「ホージャ (Khojah)」の称号を保持していたという [*Armenians in India*, p. 204]。

27) Cojapanous Calendar, Calender, Callendar, Coja Panous Kalendar, Cojee Panure Callendar, Coja Fanos Callender, Coja Panous Callender, Coja Fannuse, Auga Pa Panous Callender など。

28) 甥のサルハド (Sarhad) は後にインドの富裕な商人兼外交官として名をあげることになる [*Armenians in India*, p. 231]。

29) *Armenians in India*, p. 244.

30) Arasaratnam (1986), p. 158; *Armenian Merchants*, p. xxiii.

31) "Letter from the Court of Directors in London to Deputy and Council of Bombay, 26, January 1692," *Armenians in India*, pp. 240-241.

32) Schwartzberg, J. E. ed., *A Historical Atlas of South Asia*, Oxford University Press, 1992, p. 50, plate VI. B.2.

33) Chandra, M., *Trade and Trade Routes in Ancient India*, Abhinav Pub., 1977, pp. 22-23.

34) スーラトにおける各コミュニティの分布については，長島弘による詳細な分析がある。なかでもオランダとともに，EIC が枢要な位置を占めていたことが明らかとなる [長島弘「18 世紀前半作成のムガル帝国港市スーラトの地図について」『長崎県立大学論集』40 (2)，2006 年，89-132 頁]。

35) *Armenians in India*, p. 201.

36) *Armenians in India*, p. 201.

37) *Armenians in India*, p. 202.

38) 1609 年にアルメニア在住のアルメニア修道士 (archimandrfite) Joseph から新ジョルファーの富裕な商人 Khojah Waskan 宛の書簡に「わが兄弟の Sikandar がラホールの国へ交易の旅に出てよりすでに 8 年 (後略)」という記述があり，ラホールには城塞の近傍に壁で囲われたアルメニア人専用の居住区があったと考えられる [*Armenians in India*, p. 204]。

39) イギリス進出の契機と状況については，イギリス側から見た同時代史料としてカニンガムの従軍記がある [Cunningham, J. D., *A History of the Sikhs, from the origin of the nation to the battles of the Satlej*, Delhi: S. Chand, 1849, repr. 1966]。

40)「ペルシア語の「アルメニア人 Khwajeh Mortenepus」は間違いであり，アルメニア

第 8 章　17〜18 世紀初頭のインドにおけるアルメニア商人とイギリス東インド会社　247

人の名ならば，ラテン語の「Martin」からアルメニア語に転訛した「Martinus, Martyrose」でなければならない」と修訂している[*Armenians in India*, pp. 102-105]。

41) *Armenians in India*, pp. 102-104.
42) Prasad, R. C., *Early English Travellers in India*, Delhi: Motilal Banarsidass, 1965, Chapter IV, pp. 82-100.
43) *Armenians in India*, pp. 96-99.
44) 筆者はアーグラでの刻文の現存状況と刻文銘を確認していない。本章ではセートの記録に従って，リストを表記する[*Armenians in India*, pp. 122-123]。なお，以下の No.3 と No.9 は墓碑銘がまったく同じであり，同一名の複数の息子がいた可能性もあるものの，おそらくはセートの記載ミスではなかろうか。年号はアルメニア暦のあとカッコで西暦を示す。1. 1060(1611)年レオン・ビトリスの息子アガ・ムラド没。2. 1062(1613)年サトゥールの息子バシュクーム，アーグラに没。3. 1062(1613)年アミール・ハーンの息子ザカリヤー，アーグラに没。4. 1063(1614)年ジョルファー出身のタサレの息子アスヴァツァトール師没。5. 1064(1615)年アティル・アシャの息子エガタ，アーグラに没。6. 1065(1616)年メクタール師，アーグラに没。7. 1065(1616)年ジョルファー出身のアクーブの息子スーキア，アーグラに没。8. 1065(1616)年ジョルファー出身のホージャ・スールタヌーンの息子カマルベグ没。9. 1069(1620)年アミール・ハーンの息子ザカリヤー，アーグラに没。10. 1072(1623)年ポゴスの息子ペトルス没。11. 1076(1627)年サファル没。12. 1076(1627)年マケルティッチの息子サファル没。13. 1079(1630)年スーキアス師没。
45) *Armenians in India*, pp. 225-226.
46) 重松伸司『マドラス物語——海道のインド文化誌』中央公論社，1993 年，135-160 頁。
47) 重松(1993)，137-139 頁。
48) ポルトガル人歴史家ガスパル・コレイアは 1497 年から 1550 年にかけて，4 巻の記録に，サントメに関して言及している[Correa, G., *Colleccão de Monumentos inéditos: Lendas da India, 1858-1866*, Lisbon: da Academia Real das Sciencias, Vol. 1, p. 739, Vol. 2, pp. 722-787, Vol. 3, pp. 419-424, Vol. 4, p. 112; Love, H. D., *Vestiges of Old Madras*, New York: AMS Press, 1913, repr. 1968, Vol. 1, p. 287]。
49) *Vestiges of Old Madras*, Vol. 1, pp. 287-289.
50) 重松(1993)，194-196 頁。
51) *Armenians in India*, p. 419.
52) *Armenians in India*, p. 420.

第9章　近世バタヴィアのモール人

島田竜登

はじめに

　1619年，オランダ東インド会社はアジアでの最高拠点をバタヴィアに設けた。このバタヴィアこそ，東南アジアを代表する近世植民都市である。会社によって開発され，発展を見たのであったが，1799年の会社解散後，バタヴィアはオランダ本国政府のコントロールの下に置かれたオランダ領東インド植民地を支配するための現地最高拠点となった。オランダの植民地支配拠点としてのバタヴィアは太平洋戦争で1942年に日本軍が進駐し，占領するまで続いた。日本の敗退後にはジャカルタと名を変えてインドネシア共和国の首都となる。近世に開発が開始された植民地都市が現在まで拡大しつづけている好例となっている。

　そもそも，近世植民都市とは，世界史上の近世期，すなわち，大航海時代が幕を開け，アメリカ大陸を巻き込んで世界の一体化が進む15世紀末から18世紀にかけて，ある地に外来勢力が至り，そこに植民の意図をもって建設した都市のことである。たいていはヨーロッパ人勢力が作り出したと考えられてはいるが，そればかりではない。現在のベトナム南西部のハーティエンのように，中国人が東南アジアに建設し，支配を行った都市もある。いずれにせよ，経済活動の展開が地理的に広域化し，密接化しはじめたことが近世植民都市建設の下敷きとなっていたのであった。

　バタヴィアの場合は，第一に，オランダ東インド会社のアジア内での最高拠点として重要であった。オランダ東インド会社は，ヨーロッパとアジアと

の貿易を目的に1602年に設立された。アジアから胡椒といった香辛料などのアジア産物をヨーロッパ市場に供給することを本来の目的とし，この買付けのためにオランダ本国からは銀がアジアに向けて輸出されていた。こうしたヨーロッパとアジアとを結ぶヨーロッパ・アジア間貿易がオランダ東インド会社の基礎的なビジネスであり，アジア産物を仕入れてヨーロッパへ輸送するための中間拠点としてバタヴィアが必要とされたのであった。しかし，オランダ東インド会社にはもう一つの業務があり，それはアジア域内貿易であった。東アジアから東南アジア，南アジアを経て西アジアに達する海域アジア各地に商館を設け，それら商館の間の域内貿易にも乗り出していたのである。このアジア域内貿易の中心拠点もバタヴィアにあり，結局，バタヴィアはヨーロッパ・アジア間貿易ならびにアジア域内貿易というオランダ東インド会社の二大事業の拠点となっていたのであった。

　このバタヴィアは商業上，重要であったばかりか，歴史学研究上，もう一つの重要な事例研究の対象でもある。近世植民都市の一つであるバタヴィア社会は，マルチ・エスニック的要素を特徴としており，これが異文化交流などを扱う研究者を魅了するのである。都市を支配するのはオランダ人，より正確にいえばオランダ東インド会社であったが，彼らは混血児を含めたところでも，数の上ではマイノリティーに過ぎなかった。半数を占めたアジア人奴隷のほか[1]，自由人の中にはヨーロッパ人やヨーロッパ系混血児に加えて，中国人やマレー人，さらには「モール人」と呼ばれる人びとも居住していた。また，制度上，ジャワ島の現地人たるジャワ人とスンダ人はバタヴィアに存在していないことになっていた。これは17世紀にオランダ東インド会社がバタヴィアとその近郊地帯の支配を固めるために，バンテン王国(1526-1813年)やジャワのマタラム王国(16-18世紀)といった現地政権との約定を結び，現地政権側の支配下にある人びとがオランダ東インド会社領に逃げ込むことを防ぐためであった。だが，実態としては，彼らは都市バタヴィアに流入することもあったし，都市自体が拡大し，旧来からその地に居住する現地人を都市人口に計上せざるを得なくなることもあった。いずれにせよ，時の経過とともに彼らの人口数は増加していった。

第9章 近世バタヴィアのモール人

　バタヴィアに居住した人びとは，オランダ人をはじめとしたヨーロッパ人ばかりでなく，アジア人もまた「外来者」であった，というのが近世バタヴィアを見る最も重要な視角である。居住者はなにもオランダ人だけでなく，都市住民のほとんどすべてが移住者とその系譜を持つ人たちなのであった。オランダ東インド会社がバタヴィアの都市的発展を意図するとき，オランダ本国からの移民供給だけでは足りず，アジア人の移住も必要としたのである。このアジア人の移住を促すため，バタヴィアの政庁は移住アジア人を優遇する必要が生じ，そこで採用されることになったのがアジア人の民族別の自治を一定程度認めることであった。

　会社は 1619 年にバタヴィアに拠点を置くことを決定したが，同年，バタヴィア政庁は当地の中国人社会の頭目であったベンコン（蘇鳴崗）をカピタン（kapitan）と称する役職に任命し，彼のもとで中国人社会の一定の自治を認めた。中国人社会内部での民事事案を中心に，オランダ東インド会社の従業員や他の民族居住者がかかわらない案件に限り，自治を認めたのである。他のアジア民族集団にもカピタン制に基づく自治が認められたため，中国人社会の自治をより高度なものとして保証することが必要になり，17 世紀半ばにはカピタンの上に位置する地位にあるとされたマヨール（majoor）の地位を中国人社会のトップに与えた。中国人社会は高度な自治権を 17～18 世紀という近世期に保持したのであった[2]。さらに，バタヴィア市の統治はバタヴィア政庁が直接行うのではなく，バタヴィア市参事会が取り扱ったが，この市参事会の構成員には，オランダ東インド会社の従業員やヨーロッパ系の自由市民が参加したばかりか，中国人社会の有力者もメンバーに任ぜられていた。近世植民都市バタヴィアは多民族が共生してゆく場であり，その共生の手段として民族別の自治，さらには緩やかな民族別居住区の設定がなされていたのであった。

　さて，バタヴィアの移住アジア人は後述するように多種多様であった。しかし，その一部を構成した「モール人」という存在が一体何であるかはこれまでの研究ではほぼ等閑視されてきた傾向にある。これまで言及したように，バタヴィア在住の中国人（華人）については多くの研究があり，また近年では

バタヴィア在住の奴隷に関する研究も増えてきた。一方,「モール人」については,未だ漠然としている傾向は否めない。基本的には西南アジアからのムスリム移住者をバタヴィアではオランダ語で「モール人」と称したのである。とはいえ,ムスリムであるとしても,それは西南アジアからのムスリムのことだけを呼ぶのか,あるいはインドネシア諸島にいるムスリムも含むのか否かは定かではなく,また,西南アジアからの移住ムスリムだとしても,どのような形でバタヴィアに居住していたかも詳らかとはなっていない。

本研究は,現在のインドやイランといった西南アジアと東南アジアとの歴史的関係を,特に近世期において考察することを目標に,そのための一考察として近世バタヴィアのモール人について予備的に考察する。この研究は,同時に次の問題とも関係する。

第一に,海域アジアの貿易史研究を一層,進展させる可能性がある。すなわち,これまでの研究はオランダ東インド会社や中国人などによるアジア域内貿易史研究が中心であった。一方,本研究は,オランダ人などのヨーロッパ人や中国人以外の貿易史研究を進める上での前提となる,東南アジアにおける他地域からのアジア人移住者に着目する。東南アジアに限れば,華人貿易の研究はこれまで豊富に蓄積されてきたが[3],その他のアジア人による近世東南アジアとの貿易についてはこれまでほとんどなされてこなかったからである。

第二には,近世期における東南アジアと西南アジアの関係史研究上の意義である。前後の時代と比べて,近世東南アジアと西南アジアとの関係を扱った先行研究はことのほか少ない。強いて挙げれば,シャム(タイ)のアユッタヤー朝におけるイラン人に関する研究であろう。17世紀のアユッタヤー朝ではイラン系の移住者に対して国王が高位の官職を授け,彼らはアジア域内の貿易に従事し,当時,アジアで最も有力であった貿易手段であるオランダ東インド会社のアジア域内貿易に対抗できる存在になっていた[4]。このようなシャムの場合はもとより,ほかの東南アジアでも近世期に西南アジアからの移住者がどのような立場にあったのかを知ることはきわめて重要である。総体として,東南アジアとアジア西部との連鎖を明らかにすることで,環シ

ナ海貿易ネットワークとインド洋貿易ネットワークの結節点としての東南アジア・マラッカ海峡付近(バタヴィアも含む)を解明する手掛かりとなるであろう。特に18世紀について明らかにするならば，南アジアから東南アジアにかけてのアジア船舶による貿易は16～17世紀と比べ停滞したのかどうかという海域アジア史における一大問題の解決に資することになる[5]。

　第三の点は，海域アジア全般に関してのインド・イラン系の人びとの果たした役割を考察することである。F. ラックとJ. ヴァン・クレイは，東南アジア商業においてイラン人の役割はヨーロッパ語の史料では不明瞭であるという。なぜならキリスト教徒の記録者は大部分のムスリムに対して敵意を持ってモール人と述べ，彼らをテュルク人ないしはペルシア人といった言葉で表現することは稀であったからだというのである[6]。この指摘に関連して，イランから南アジア，東南アジアを経て日本までの近世海域アジア全般に関しては，これまで長島弘によって先駆的に研究が進められてきた。たとえば，長島は，「鎖国」時代の1672年に設置された長崎唐通事のうちの一家であるモウル通事に着目する。氏の問題とするところは，このモウル通詞の「モウル」とは，インド・ムガル朝のムガル(莫臥爾)なのか，それともオランダ語の「モール人」に由来するものなのかを問うことである。実際，モウル通事はペルシア語を学んでいたことが長島によって明らかにされている[7]。17世紀にシャム在住のイラン人の日本貿易に対応するためであったのであろうが，いずれにせよ，インド・イラン人の問題を近世期の汎海域アジア史において取り組むことは重要であろう。

　ところで，本章は，オランダ語の記録，特にオランダ東インド会社のバタヴィア政庁記録に見られる「モール人(M(h)oor，複数形はM(h)orenであり，英語の「ムーア人(Moors)」に対応する)」とは何かを検討するものではあるが，あわせて，「コージャ(Koja)」と呼ばれる人びとについての考察も同時に行うこととする。というのも，17～18世紀に「モール人」がバタヴィアで居住していた地域は現在プコジャン(Pekojan)と呼称される地域だからである。ちなみに中国人地区はプチナン(Pecinan)と呼ばれる。したがって，プコジャンは「コージャ」の居住する地域ということになる。もっ

とも，この「コージャ」が何を意味するのか，マレー語ないしは現在のインドネシア語の言語学的研究においても，判然としてはいない。最も確かそうな一例として，オランダ王立言語・土地・民俗学研究所の借用語辞典には，以下のごとき説明がある。マレー語やインドネシア語におけるコージャ（Khojah）とは富裕な商人のことであり，特にインド人ないしはペルシア人の富裕な商人を意味する。語源はペルシア語の khwāja である。インドネシア語では別に koja や kuja とも表記される[8]。ちなみに，ペルシア語のホージャは旦那，紳士・先生などの意で，お偉方への敬称としても使われる。

なお，現在のインドネシアにおいては，アラブ人地区がプコジャン（地区）と呼ばれる。プコジャンはジャカルタ（バタヴィア）のほか，バンテン，スマランなどにも現存する。ただし，歴史的にみて，当初からアラブ人地区であったとは言い難い。もっとも，ムスリム居住地区であったことは間違いない。いずれにせよ，後述するように，「モール人」と「コージャ」は近世バタヴィアではほぼ同義語として用いられたようであるため，あわせて本章の検討課題とする。

1. 先 行 研 究

バタヴィアのモール人を主対象とした先行研究はこれまでになく，バタヴィアを歴史的に分析するにあたってモール人は断片的に叙述されること，つまり，バタヴィアに関する研究において数行から数ページで説明されることがこれまで一般的であった。バタヴィアのモール人が研究対象とされなかったことは，19世紀以降のハドラマウト出身アラブ人移住者とその末裔の活動を対象とする研究が多数存在することと対照的であると言えよう[9]。

バタヴィアのモール人について検討するにあたっては，まず，どのような事柄でも，ジャワ史研究者がなによりも最初に参照することの多いT. S. ラッフルズの『ジャワ誌』を紐解いてみよう。19世紀初めにジャワを占領したラッフルズによれば，ジャワのモール人は次のように説明される。

第 9 章　近世バタヴィアのモール人　255

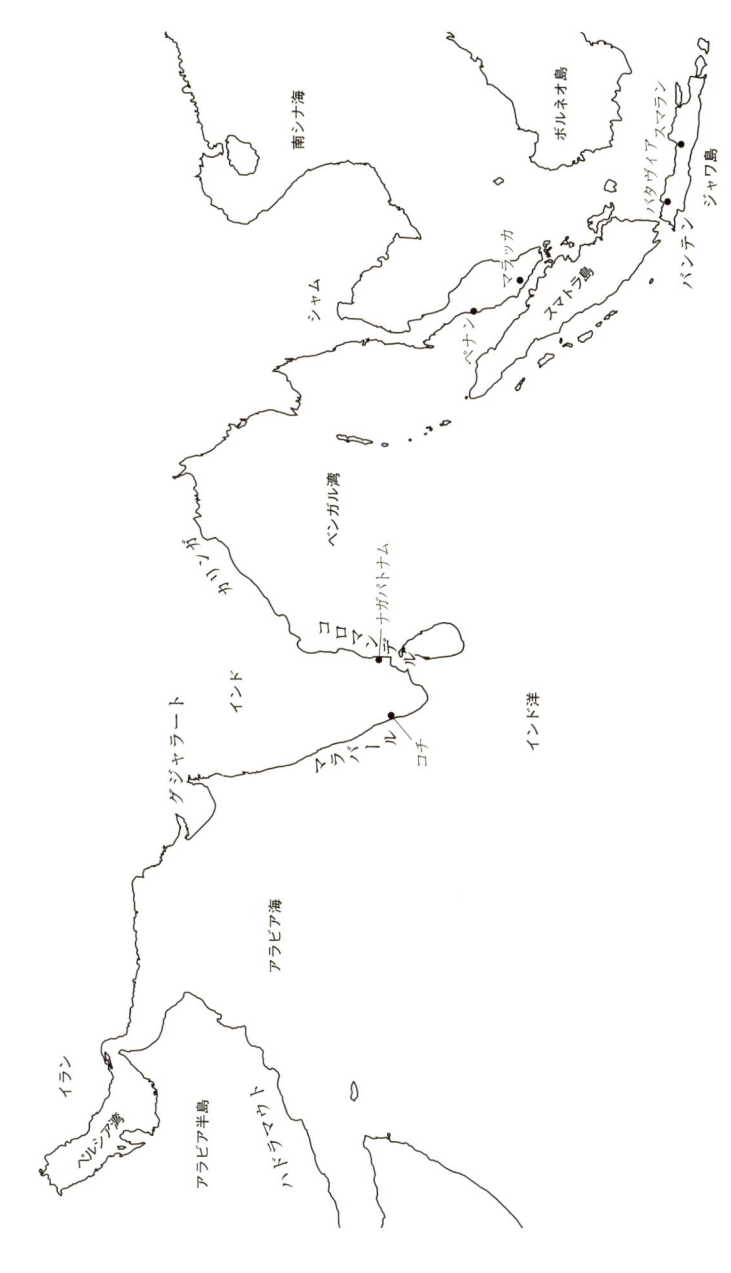

図 9　西南アジアから東南アジアにかけて

コロマンデルとマラバールの海岸の原住民がジャワに居住しており，たいていモール人と呼ばれている。彼らはかつて広範に存在した移住者にその系譜を持つようである。オランダの独占が確立し，昔は非常に大きな規模で行われていたと考えるに値するインドとの原住民の貿易は今や完全になくなっている。かなりの数にのぼる貿易船は現在もなおコロマンデル海岸からスマトラ，ペナン，マラッカにやってくるが，彼らはジャワを頻繁に訪れることはもはやない。[10]

　すなわち，モール人とはインド亜大陸のコロマンデル海岸ないしはマラバール海岸の出身者を系譜に持つ人びとであり，かつては彼らによってジャワと貿易がなされていたが，現在はスマトラ，ペナン，マラッカ(ムラカ)に限られるという。また，ホージャについては，「ホージャ(Khójas)とはコロマンデル海岸の原住民を指し示す用語である」と述べている[11]。つまり，ラッフルズに従う限り，19世紀初頭のバタヴィアでのモール人とは，コロマンデルやマラバールの出身者とその末裔であり，ホージャはコロマンデル出身者のことであった。モール人について言えば，かつてはジャワとの貿易も行っていたが，19世紀初期にはすでにジャワとの貿易は行わなくなり，一方，スマトラ島やペナン島，それにムラカとの貿易は行っていたということである。
　一方，F. デ・ハーンはバタヴィアのモール人について，バタヴィア市建設300周年を記念した『いにしえのバタヴィア』の中で概括的かつ要領よく一節にまとめている[12]。そこで示されたポイントは以下のごとくである。

　1)バタヴィアのモール人はパコジャン(プコジャン)地区に居住していた。もともとはモール運河(Moorse gracht)沿いに居住しており，1633年に西側の市壁の外の地区に移動した。
　2)現在，このパコジャン地区はハドラマウト出身のアラブ人地区となっている。
　3)モール人とアラブ人は異なる。1828年には，それが法的にも明示されるようになった。

4) モール人は，本来，コロマンデル海岸のパリアカッタの北にあるカリンガ(Clingen, すなわち Kalinga のこと)のムスリムという意味であった。

5) モール人と，非ムスリムである異教徒(Jentieven)との対比的な表現はよく看取される。

6) バタヴィアでは，マラバール海岸出身者もモール人とされる。

7) コージャとは，本来，単にグジャラートからの商人という意味であった。これはバニヤー人(Benjanen)が，ヒンディー語で，もともとは単に商人を意味するのと同じことである。

8) モール人のカピタンが 1753 年に任命された。1774 年にはカピタンより上級であったマヨールが任命された。

デ・ハーンによれば，モール人とはコロマンデルないしはマラバール出身者とその末裔のことであり，ムスリムであると捉えている。一方，コージャは本来，グジャラートに系譜を持つ商人であると説明している。この点，ラッフルズとは若干，認識が異なるが，結局のところ，モール人やコージャというものは，言葉の由来をひとまずおけば，コロマンデル，マラバール，グジャラート出身のムスリム商人であるということには間違いない。デ・ハーンのその他の指摘については，本章後段で検討するが，いずれも否定するだけの史料はなく，ほぼ正しいものと考えることができよう。

19 世紀までのバタヴィア都市史に関する様々なテーマについて，デ・ハーンの研究は現今の研究者によって大きな信頼を勝ち得ているように，現在のオランダ東インド会社史研究においても，「モール人」の定義は基本的にデ・ハーンの研究に依拠しているようである。たとえば，H. デ・ヨンへはデ・ハーンの先の研究に言及しつつ，コージャとは本来，グジャラートからの移住者を意味し，後にはコロマンデル海岸ならびにマラバール海岸からの移住者も含むようになったとし，コージャとモール人を言い換え可能な同義語としている[13]。

ところで，20 世紀にオランダ東インド会社文書を利用した会社史研究を大きく前進させた F. W. スターペルは，オランダ東インド会社文書のうち，

バタヴィア政庁の年次報告書の出版にあたって用語集を作成していった。その用語集では，モール人については，「Moren：ムハメダン教徒（イスラーム教徒）の一般的名称であり，特に前インド[西南アジア地域]のムハメダン教徒のことを指す。これはポルトガル語では Mouros である。Getieven の項を見よ」とあり，「Getieven：前インドのヒンドゥー教徒を指す名称として一般的に使われる。モハメダン教徒である Moren と対をなす。これはポルトガル語の Gentio，すなわち異教徒のことである」と説明している[14]。こうした叙述は，先に検討したデ・ハーンと異なるところは基本的には存在しない。

ちなみに，オランダ東インド会社文書では一般的に，モール人（Moren）とムハメダン教徒（Muhametanen）とはお互いに別の言葉で示される。バタヴィアで記述された文章である場合，Moren は南アジアから到来したムスリムであり，東南アジア人ムスリムをムスリムであると強調する場合には「ムハメダン教徒」と呼んだのである[15]。一般的に，ムハメダン教徒という表現の方が概念が大きく，モール人という表現は，バタヴィアで記された場合には，その対象とするところは「西南アジアのムスリム」ということになる。

2. 島嶼部東南アジアにおける西南アジアからの来航商人

17〜18世紀のバタヴィアで用いられたモール人という呼称は，西南アジアからのムスリム商人，特にアラブ人ではなく，インド・イラン系の商人であるということを前項で確認したが，そもそもバタヴィア建設以前の東南アジア地域において，インド・イラン系商人の来航や移住はありふれたことであった。たとえば，1511年のポルトガル占領以前に存在したムラカ王国（1400頃-1511年）の事例をトメ・ピレスの叙述に従って見てみよう。

マラカには4人のシャバンダール（シャー・バンダル）がいる。かれらは市の役人で，それぞれの管轄に従ってジュンコの船長を応接する人々である。（中略）グザラテ[グジャラート]人のシャバンダールは他の誰よりも重要であ

る。またブヌア・キリン，ベンガラ，ペグー，パセーのシャバンダール，ジャオア，マルコ，バンダン，パリンバン，タンジョンプラ，ブルネイ，ルソンのシャバンダール，シナ，レケオ，シャンシェオ，シャンパのシャバンダールがいる。人々はマラカに来た時にはそれぞれの国籍によって商品あるいは贈物を持って出頭する。（中略）

　カイロ，メッカ，アデンの人々は1回の季節風ではマラカに到着することができない。またペルシア人，オルムズ人，ルーム人，トルコ人，およびアルメニア人のようなこれと同類の人々は，季節にグザラテの王国に多量の高価な商品を携えて来る。かれらはグザラテ王国に来てから，この国の船に仲間を集めて乗り込む。かれらはこのような仲間を大勢集める。かれらは上記の諸国からカンバヤにグザラテで価値のある多量の商品を携えて来る。（中略）カンバヤに運び，同地で価値ある[商品を]売り捌き，すでに述べたような仲間を集めて他の[商品を]マラカへ運ぶ。（中略）グザラテからマラカには毎年4隻の船が来る。（中略）

　マラバル人はかれらの仲間をボヌア・ケリンで集める。それはシュロマンデルとパレアカテである。かれらは仲間を組んで行く。だがその仲間の名前はケリン人で，マラバル人ではない。（中略）マラバル人はかれらの仲間をパレアカテで集めてグザラテの商品を携えて行く。シュロマンデルの人々はケリンの質の悪い衣服を携えて来る。毎年3,4隻の船がマラカに行く。（中略）ケリン人はナルシンガ王国の人々で，異教徒である[16]。

　インド洋世界とシナ海世界を結ぶネットワークの結節点であったマラッカの港市国家ムラカ王国には4人の「シャバンダール」と呼ばれる人物がおり，それぞれが出身地や文化の近い商人たちを統括していた。シャー・バンダルというペルシア語が，本来持っている港の長官という意味から離れ，移住者集団の長の意味で使われているのである。上の記述からは，4人のシャバンダールのうち，インド洋を通じて西南アジアとかかわるシャバンダールは2名いたことがわかる。第一にはグジャラート出身のシャバンダールであり，彼はマラバールを除く，アラビア海方面の商人たちを統括していた。

もう一つの西南アジアにかかわるシャバンダールは，主にベンガル湾地域出身の商人たちを管轄していた。具体的には，マラバール，コロマンデル，ベンガルのほか，ミャンマーのペグーやスマトラ島のパサイ出身の商人を対象としたのである。このうち，コロマンデルのケリン人については一神教を守る人びとではないと説明されている。つまるところ，この史料ではケリン人はムスリムではないと説明されていることになり，このベンガル湾地域からの商人を束ねるシャバンダールはムスリム商人以外も統括していたことになる。

また，16世紀末のバンテン王国の事例は，オランダ人による初めての喜望峰を越えての航海であったコルネリス・デ・ハウトマンによる第一次航海（1595-97年）の記録に示されている。16世紀初頭にムラカ王国がポルトガルに滅ぼされて以降，ジャワ島西北部に位置するバンテン王国は，かつてのムラカ王国がもっていたインド洋世界とシナ海世界を結ぶ結節点としての役割を引き継ぐことになった港市国家の一つである。

　　　ペルシア人――ジャヴァではコラソネ（ホラサン[イラン北東部のホラーサーンのこと]）人と呼ばれている――は，一般に宝石や薬剤を商って暮らしているが，すぐれて分別のある，しかも愛想のよい人々であるから，かれらとは十分手堅い取引をすることができる。かれらはまた，外国人に非常な好意を寄せており，この点においても，（そこで商売をしている）目先のきかない他のいずれの民族にも勝っている。
　　アラビア人とペグー人はおおむね，海路を都市から都市へと商品を運んで交易を営んで来る者たちであり，シナの商品を買い入れて周辺の島々の物産と交換し，またシナ人が胡椒の買付けに来ることになると，胡椒も買い入れる。
　　マラヨ（マライ）人とキリン人は冒険貸借，つまり航海に出る人々に利息をとってその資金を貸すことを業としている商人である。
　　グザラテ人は貧しい者たちであるから，たいてい水夫として使われていて，冒険貸借業者から金を借りるが，しばしばむぞうさに借り受ける。

これら外国人の商人は，図にも見られる通り，綿織物をまとい，頭にターバンを巻いている。かれらは，バンタンに来ると，女を買い入れて昼も夜もかしずかせ，帰国の途につくとき，これを売り渡す。ただし，2人の間に子供があるときは，女は自由にしてやるが，その子は一緒に連れて行く。この場合，子供を売ることは許されないからである。女は，別の男と結婚して所帯を持つ[17]。

この記録ではイラン人(ペルシア人)を商売に優れたものとして描いており，グジャラート人については貧しい水夫であると述べられている。先に検討したムラカ王国の事例では，グジャラート人は4人のシャバンダールの一人となり，アラビア海方面からの商人を束ねる役割を果たしていたとあるが，バンテン王国の事例でのグジャラート人は貧しい水夫として描かれているのである。もちろん，二つの記録にはおよそ100年の開きがあり，かつまた海域アジアにポルトガルが勢力を誇る以前と以後という差もある。そのため，100年ほどでグジャラート人の立場が有力な貿易商人としての地位から貧しい水夫といった立場へと大きく変化したと考えられなくもない。ただ，それは推測にすぎず，明確に言えることは，16世紀を通じてグジャラート人は有力貿易商人であったり，水夫を数多供給できたりするなどという点で，国際商業の面や海運の面で大きな役割を果たしていたということである。時代と場所により，西南アジアからの商人の立場にも変化があったことは明確であり，次項でのバタヴィアのケースも慎重に分析する必要があろう。

3. バタヴィアのモール人人口

さて，バタヴィアのモール人の実態に迫るために，人口データの分析を行ってみよう。バタヴィア政庁は毎年，バタヴィアの人口調査の結果を集計し，本国に報告していた。現在，17世紀末から18世紀末にかけてのバタヴィアの人口データがオランダ国立公文書館(Nationaal Archief(NA))のオランダ東インド会社文書(Archief van de Verenigde Oost-Indische Compagnie

表9・1 バタヴィアの人口(1699年と1769年)

1699年

	ヨーロッパ人	メスティーソ	マルデイケル	中国人	モール人・異教徒	マレー人・ジャワ人	モール人
市 内	1,783	670	2,407	3,679	330	277	−
郊 外	475	507	5,515	4,395	−	−	945
合 計	2,258	1,177	7,922	8,074	330	277	945

	マレー人	アンボン人	ブギス人・マカッサル人	バリ人・マカッサル人	奴隷	合計
市 内	−	−	−	260	12,505	21,911
郊 外	2,222	719	6,045	15,649	13,216	49,688
合 計	2,222	719	6,045	15,909	25,721	71,599

1769年

	ヨーロッパ人	メスティーソ	マルデイケル	中国人	モール人・異教徒	マレー人・ジャワ人	モール人
市 内	1,271	861	898	2,220	354	646	−
郊 外	388	363	4,306	26,064	−	−	1,377
合 計	1,659	1,224	5,204	28,284	354	646	1,377

	異教徒	マレー人	アンボン人	バンダ人	ブギス人	マカッサル人	ブトン人
市 内	−	−	−	−	−	−	−
郊 外	180	1,404	227	113	4,274	3,461	328
合 計	180	1,404	227	113	4,274	3,461	328

	マンダル人	スンバワ人	ティモール人	バリ人	ジャワ人	奴隷	合計
市 内	−	−	−	−	−	9,163	15,413
郊 外	757	579	97	13,398	35,917	21,635	114,868
合 計	757	579	97	13,398	35,917	30,798	130,281

出典：Raben(1996), p. 95.

(VOC))で確認することができる。

　まず，17世紀前半の人口を見てみよう。この時期にはまだバタヴィアの年ごとの民族別人口報告がなされていなかったため，断片的な記録に基づくしかない。たとえば1632年については市内人口がわかっており，この年のバタヴィア市内の総人口は8,060人であった。その内訳は，オランダ東イン

ド会社の従業員が1,730人，ヨーロッパ系の自由市民が638人，在住中国人が2,390人，ポルトガル系アジア人の解放奴隷であるマルデイケルが495人，在住日本人が83人，その他奴隷が2,724人である[18]。すなわち，この時点では自由商人としてのモール人はバタヴィアに存在していなかったことになり，わずかにオランダ東インド会社の現地人従業員ないしは奴隷としてモール人が存在していたかもしれない状態にすぎない。

　17世紀末になると，先述のとおり，かなり精度の高い民族別人口統計が入手可能となる。表9・1は，R. ラーベンによるバタヴィア人口の研究によるものであり，1699年と1769年の民族別の人口を示している[19]。ここでいう市内人口とは，1632年時点と同様に，市壁の内部の人口であり，郊外人口とは市壁の外側，すなわち，当時は郊外地域を意味するオンメランデン（Ommelanden）と呼ばれた地域の人口である。1699年における総人口は71,599人であり，そのうち市内人口が約22,000人であった。モール人について言えば，市内ではインド系の「異教徒」も含む数値が「モール人・異教徒」という項目立てのもと記録に残されている一方，郊外では，モール人と，この「異教徒」は別々のカテゴリーに分かれて記載されている。ヨーロッパ人は少数派で，ヨーロッパ人に混血児であるメスティーソを加えても1割にも満たず，70年後の1769年に至っては，総人口130,281人中2,883人（混血人を含む）と2％ほどであった。しかし，彼らに関しては，市内に居住する比率が高く，他の民族は郊外に居住している割合が高いという，ほかとは異なる特徴がある。また，総人口のうち奴隷の占める割合が非常に高いことがこの都市の特色となっていた。

　さて，本題の西南アジア系の人々であるモール人と「異教徒」について具体的に検討しよう。1699年においては市内に居住する「モール人・異教徒」は330人であり，一方，郊外に居住する「モール人」が945人，「異教徒」は統計上ゼロであった。1769年のケースでは，市内居住の「モール人」が354人で，郊外の「モール人」が1,377人，「異教徒」が180人であった。ここからわかることとしては，第一に，彼ら西南アジアからの移住者は郊外に居住する比率が高いことである。これは17世紀前半にモール人が市壁の

表9・2 バタヴィアの人口(1835年)

	キリスト教徒・ユダヤ教徒	現地人	中国人	モール人・アラビア人	奴隷	合計
市　内	2,889	41,283	18,262	564	3,266	66,264
郊　外	439	170,821	14,250	7	407	185,924
合　計	3,328	212,104	32,512	571	3,673	252,188

出典：ANRI: Batavia 338/3 bijlage 1.

外側にある現在のプコジャン地区に移動し，集住したことに由来していると言えるだろう。第二には，推測の域を出ないが，西南アジアからの移住者の多くはムスリムであり，モール人としてカテゴライズされていたということである。

　19世紀初めに，バタヴィアの都市圏は拡大したため，19世紀の人口統計では「市内」というカテゴリーが意味する地域は拡大し，「市内」人口に市壁の外側の居住者も含まれるようになった。そのため，18世紀までは郊外人口に含まれていたプコジャン地区の居住者たちは，19世紀の人口統計では「市内」人口に計上されることとなる。このような区分を理解した上で，19世紀前半の人口，具体的には1835年におけるバタヴィアの人口統計を見ると次のごとくとなる（表9・2）。まず，「キリスト教徒・ユダヤ教徒」については，市内2,889人，郊外439人の計3,328人，「現地人（inlanders）」が市内41,283人，郊外170,821人で計212,104人，「中国人」が市内18,262人，郊外14,250人で計32,512人，本題の「モール人・アラビア人」が市内564人，郊外7人で計571人，その他「奴隷」が市内3,266人，郊外407人で計3,673人であった。合計すると，市内人口66,264人，郊外人口185,924人であり，総合計が252,188人であった[20]。総人口は17世紀以来，7万，13万，25万と拡大の傾向にあったが，モール人に関していえば千数百人から半減しており，19世紀前半の彼らの人口は18世紀に比して低下したのだと断言することができる。

　次にモール人の時代変遷と人口について，他の年代の人口統計をも活用してより細かく検討することにする。オランダ東インド会社がバタヴィアを支

配した 17～18 世紀の人口データでは，バタヴィア市の人口は，先述のとおり，市内人口と郊外人口に分けて記載されている。主に，モール人の居住区は市壁の外側にあった現在のプコジャン地区であったから，モール人人口の大多数は郊外人口として把握されることになる。実際，郊外人口のうち，モール人の人口は，1691 年に 447 人，1701 年に 2,975 人，1710 年に 487 人，1720 年に 477 人，1730 年に 453 人，1740 年に 712 人，1750 年に 774 人，1760 年に 984 人，1770 年に 1,465 人，1780 年に 937 人，1790 年に 853 人であった[21]。17 世紀末に急増し，3,000 人近くに達したが，すぐにモール人人口は減少し，1710 年から数十年間は 500 人弱程度で推移した。しかし，1740 年以後には再び上昇に転じ，1770 年には 1,500 人弱となるも，以後は下降に転じるという推移をとった。

男女比については 1774 年の事例を検討してみよう[22]。この年，バタヴィアの市外人口は 108,215 人であった。このうち，モール人の数は 1,528 人であり，インド系異教徒数は 397 人であった。モール人 1,528 人の内訳は，大人の男が 481 人，女が 418 人であり，一方，子供は 14 歳以上の男が 149 人，女 168 人で，14 歳未満が男 173 人，女 139 人であった。この数値から判断すると，成人人口について若干男性が上回るものの女性人口が少ないというほどでもないこと，また，未成年の男女差もほぼ同数であることがわかる。これはモール人が家族を形成し，子供をもうけてバタヴィアに居住していたことが推測できる数字である。

以上，本章ではバタヴィアの「モール人」をインド系の西南アジア出身者であり，主としてムスリムであると確認し，さらに彼らの人口推移を確認してきたが，18 世紀後半以降，とりわけハドラマウトからのアラブ人が東南アジアに流入したとされる[23]。バタヴィアの場合も同様にして 18 世紀からアラブ人の流入があったと考えられるが，特に民族区分としてモール人とは区別されたのは 19 世紀に入ってからであった。ジャカルタのインドネシア国立公文書館(Arsip Nasional Republik Indonesia(ANRI))には 19 世紀バタヴィアの人口統計がいくつか残存している。この残存する人口集計表を見る限り，遅くとも 1821 年以降，バタヴィア人口集計ではアラブ人がモール人

と区別されている[24]。この時期において西南アジアからの移住者の民族別把握として，アラブ人という呼称とベンガル人という呼称が登場し，モール人，アラブ人，ベンガル人という三つの区分が人口統計上，成立したと考えられる[25]。逆に言うと，この時点までは「モール人」の項目に若干の「アラブ人」が入っていた可能性もあるものの，19世紀初頭以前の「モール人」の主体はアラブ人ではなかったことが明らかである。その後，1858年以降では，「アラブ人」と「モール人・ベンガル人」は区別して集計されている。この1858年時点ではすでにアラブ人はモール人と比較して多数派となっていた[26]。同年にはバタヴィア全体で「アラブ人」が595人に対して，「モール人・ベンガル人」は292人に過ぎなかったのである。

19世紀半ばにはすでにモール人の人口は減少し，バタヴィアにおいてもアラブ人が西南アジアからの移住者としては多数を占めるようになった。インド・イラン系の「コージャ／ホージャ」たちが暮らしたであろうプコジャン地区は，まさしくモール人からアラブ人が主流をなす街区へと変化していったのであった。

4. バタヴィア居住モール人の職業と自治

バタヴィアに居住するモール人には二つのタイプがあった。一つは定住の上，商業を営むモール人家族であり，もう一つはオランダ東インド会社に船員として雇われていた人びとである。

第一のタイプであるモール人商人は海上貿易に従事するほか，バタヴィア市内での商業にも従事していた。G. B. スーザによれば，インド・コロマンデル海岸におけるオランダの最重要拠点であったナガパトナムとバタヴィア間で18世紀を通じてモール人による貿易が行われていたという[27]。さらに，バタヴィアには有力商人としてオランダ東インド会社が会社商品をバタヴィアで売却する際に，入札参加の資格を与えられていたモール人もいたのであった。1750年に入札参加資格を付与されたモール人商人としては，モホンメト・ミラ・ダウト (Mohonmeth Mira Dauwt)，マホメト・レーベ (Mahometh Lebe），アサン・ニナ・ダウト（Assan Nina Dauwt），アブー・バカル・ダウト（Aboe Bakar Dauwt）という4名の人物名が記録されている[28]。

　第二のタイプのモール人は，オランダ東インド会社の船員であった。オランダ東インド会社は，アジア人をオランダ東インド会社船の船員として雇用していた。その形態は，イギリス東インド会社が会社船の船員として雇用していたアジア人船員，すなわちラスカル（lascar）に近いと言えよう[29]。

　オランダ東インド会社が雇用したアジア人船員の一角を占めたのはグジャラート出身のモール人船員たちであり，彼らは基本的にはムスリムであった。もっとも，最近の研究ではアジア人船員の主要構成であったモール人について，そのカテゴリーの中にアジア系ポルトガル人を含めていたとする見解も発表されている[30]。ただし，その場合は，各船員個人に対してあえてポルトガル人の血をもつアジア人を意味するトゥパス（Toepas）と付記したので，やはりモール人は基本的にはムスリムであったと見なす方が自然であり，ムスリムでない場合だけ，それを船員名簿に明示することにしていたと考えるべきであろう。

　このモール人船員についてはオランダ東インド会社の記録は様々な情報を提供する。17世紀の段階からモール人船員はオランダ東インド会社に雇用されていた。そもそも，オランダ東インド会社は，ヨーロッパ人船員のほかに，多数のアジア人船員を用いていた。モール人のほかにも，ジャワ人や中国人などの船員がおり，たいていは前貸金を与えられ，雇用されていたのであった[31]。オランダ東インド会社にとって，アジア人船員はヨーロッパ人船員よりもコストが低く，言葉や文化の違いを考慮しても，経済的には非常に魅力的であったのである。しかし，M.ファン・ロッスムの研究によれば，1710年代にはオランダ本国の重役会である17人委員会が，宗教の異なるモール人を船員とすることを忌避し，モール人をオランダ東インド会社の船員とすることを禁止した[32]。とはいえ，人員不足はいずれ問題になる。1743年に総督に就任したグスタフ・ウィレム・ファン・イムホフは下級船員不足からモール人の使用を再開する。おそらくは1740年に発生したバタヴィア等での華人反乱の結果[33]，中国人船員を利用できなくなったからと推

測できよう。

　グジャラート出身のモール人船員たちは，同じくモール人の掌帆長たるサラン (sarang, ペルシア語の sarhang すなわち大佐・軍長官のこと) の管理の下に 10 名以下程度の人員で組織されていた[34]。1775 年 3 月 24 日付のバタヴィア政庁の布告には，モール人船員 1 人あたり 1 ヵ月の食料配給規定が記されている[35]。すなわち，米 50 ポンド，砂糖 1 ポンド，タマリンド 1 ポンド，塩 1 ポンド，乾燥魚 2.5 ポンド，アラク酒 3 カップ (kan)，その他現金 2 ギルダー 8 ストイバー分の食料というものであった (1 アムステルダム・ポンドは約 495 グラム)。一方，ヨーロッパ人船員の場合には，米 40 ポンド，豆 10 ポンド，塩魚 2 ポンド，塩付豚肉 2 ポンド，アラク酒 4.5 カップ，オリーブオイル 4 包 (mutje)，アジア製の酢 0.5 カップ，砂糖 2 ポンド，タマリンド 2 ポンド，塩 3 ポンド，ケープ産ワイン 1 カップ，その他，現金 2 ギルダー 8 ストイバー分の食料と規定された。全体としてモール人への支給食料はヨーロッパ人と比較して量は少なかったが，個別食糧について見るとさらに興味深いことがわかる。ムスリムであるモール人には，塩漬豚肉，すなわちベーコンは支給されず，その分，魚の配給が多かった。一方でアラク酒については，ヨーロッパ人のみならず，本来は酒が禁じられるムスリムであるモール人にも支給されていたのであった。

　ところで，彼らモール人船員はオランダ東インド会社船に職務として乗船することで各地に渡航することになったが，そこで生じる会社にとっての問題は私貿易を行いかねないということであった。渡航の際，一定の個人荷物を持ち込むことはできたため，商品となり得るものを他の地域に持ち込み，上陸中に取引を行ってしまい，結果として私貿易を行う可能性があった。この私貿易の問題はモール人船員に限ったことではなく，会社船に搭乗する商務員や船員全員に共通する問題であって，会社が最も警戒したことの一つであった。実際，ヨーロッパ人のほかに，バタヴィア政庁はモール人船員の私貿易も禁止する政策をとっていた[36]。これは逆に言えば，船員による私貿易が存在したということにほかならない。

　なお，モール人船員に関連して，オランダ東インド会社は船員以外にも，

港湾作業員としての雇用も行っていた。特にバタヴィア港にある小型船造船所（werf）での職務があり，艀用の小型船を建造する作業は会社に雇用されたモール人が従事していたと言われる。

　さて，実際にバタヴィアに居住するとなると，基本的に第一のタイプの商業移民が中心となるが，彼らには一種の民族別自治の特権が与えられていた。まず，彼らモール人の居住地域は特定の地域に集中していた。デ・ハーンが述べるように，1633年以前にはモール人はバタヴィア市内，すなわち市壁の内側に集住していた。その集住地は市内西部のモール運河沿いであったという[37]。だが，1633年には一部の富裕なモール人を除いて多くのモール人は市壁の外に移転した。市の西部で市壁に接する地帯が，モール人地区（Moorisch Quartier）であり，それこそはすなわち現在のプコジャン地区である。このプコジャン地区には17〜18世紀という会社の支配時代に建てられたモスクが現在も存在する[38]。最も古いモスクは1648年創建のマスジド・アルアンショール（Al-Anshor）であり，マラバール海岸から移住したムスリムの寄進によって建てられたと伝えられている。また，同じくプコジャン地区にはマスジド・カムプン・バル（Kampong Baru）とマスジド・アンナウィール（An-Nawir）がある。前者は1748年に建立され，19世紀以降には英領インド人が集まるモスクとなった。後者のモスクは1760年にさかのぼり，サイイドのアブドゥッラー・イブン・フサイン・アイダルースがいたという。

　自治については，中国人に次いで初めて本格的に認められたのがモール人集団であった。1753年5月，グジャラート人のアブー・バカルが初めてモール人カピタンに任命された[39]。なお，このアブー・バカルは，『バタヴィア布告集』1751年7月9日條にあるバタヴィア生まれのモール人アブー・バカル・ダウトのことと考えられる[40]。つづいて，1774年には，モール人カピタンであったアブー・バカル・ダウトがマヨールに任命された。実に，中国人社会のみに認められていた自治制度であるマヨール制度が，中国人社会に次いでモール人集団にも認められたことになる[41]。このとき，アブドゥッラー・ダウド（Abdulla Dauwd）がカピタンに，パタン・モハマト・

ニナ (Patan Mochamat Nina) がカピタンに次ぐ職位であったロイテナント (luitenant) に任命される[42]。

　さらに，オランダ東インド会社はモール人に対する特権として，モール人専用の病院を1751年に設立した[43]。この病院ではモール人に対して半額での診療を行った。しかしながら，このモール人病院は，1780年の第4次英蘭戦争勃発の影響で，1785年には早くも閉鎖の憂き目にあう。この戦争は海域アジアでも行われ，イギリスはオランダ東インド会社の船や商館に対して攻撃を仕掛けた。1794年に戦争は終結したが，アジアでもオランダはひどい敗北を喫し，南アジアにおける様々な商業基盤を失うことになった。セイロン島の各所にあった多数の商館のほか，コチ (コーチン) に代表されるマラバール海岸の商館もイギリスに奪取された。また，コロマンデル海岸におけるオランダ東インド会社の最大拠点であったナガパトナムの商館も失った。加えて，オランダ東インド会社はその船舶を多数喪失し，船舶不足に陥ったのである。オランダ東インド会社はヨーロッパ・アジア間の遠距離貿易のほか，アジア域内貿易にも積極的に参入していたが，船舶不足は，このアジア域内貿易に基盤を置くオランダ東インド会社の存在そのものを危うくすることになったのである。

　この船舶不足と貿易の停滞による資金不足により，結局のところ，モール人船員を雇用する必要が薄れ，モール人船員を優遇する必要はなくなった。そのため，モール人病院は，約30年という比較的短い期間で閉鎖されたのである[44]。

おわりに

　本章では近世植民都市であるバタヴィアにおけるモール人について検討を行った。17〜18世紀において，バタヴィアはオランダ東インド会社によって支配され，開発がなされ，そして都市は拡大していった。この都市開発はオランダ人ばかりではなく，様々な移住アジア人によって成し遂げられたのであり，その意味で，このマルチ・エスニック社会が共生を模索したさまは研究者の興味をそそる対象である。しかし，アジア人移住者の中で，モール

人については，その存在の重要性に比して先行する研究はほとんどなかったと言えよう。本章は，「モール人」という呼称は，バタヴィアで用いられる限り，西南アジア，特にインド系ムスリムを指し示す民族カテゴリーであり，彼らはバタヴィア多民族共生社会の中で独特の地位を占めていたことを明らかにした。

そもそも，オランダが東南アジアに進出する以前から，東南アジアでは，インド系やペルシア系のムスリム商業ネットワークが存在し，アラブ系商人よりも重要な存在であった。こうしたことが17～18世紀という本章の対象とする時期にも形を変えつつも継続していたのである。アラブ人の存在がモール人と比べて大きくなるのは，バタヴィアの事例でいえば19世紀を待たなければならず，それ以前に西南アジアとバタヴィアを人的に結びつけたのがモール人なのであった。

近世バタヴィアにあっては，商人として居住したモール人がいた一方，オランダ東インド会社船の船員として滞在するモール人もいた。特に1740年に発生した華人反乱ののちには，オランダ当局はモール人を積極的に利用する方向性を打ち出した。そのため，18世紀後半には，バタヴィアにおける中国人社会に次ぐ高度な自治権が認められたし，当局はモール人病院を設立するという優遇策をとったのである。

たしかに，人口数でみれば，バタヴィアの総人口のうちモール人が占める割合はきわめて小さい。数の上では中国人とは比較にはならないほどである。しかしながら，長期的視野に立つと，17～18世紀のバタヴィアにおけるモール人の存在は見過ごすことはできないであろう。16世紀以前においては，インド・イラン系商人は東南アジアできわめて重要な存在であった。彼ら自身が東南アジアとの貿易を行っていたし，東南アジアの港市ではシャバンダールといった高位の職を得るグジャラート人もあった。17世紀に入ると，ジャワの場合，イラン人の存在は薄くなり，また，インド人ムスリムが自ら西南アジアとの貿易を行うことも少なくなった。オランダ東インド会社が大規模なアジア域内貿易を行ったからである。だが，インド人ムスリムはオランダ東インド会社船の船員としての存在価値を見いだされ，その結果，

バタヴィアには一定程度のモール人社会が存在することができた。もっとも1780年から1784年にかけての第4次英蘭戦争の結果，オランダ東インド会社が南アジアで多数の商館をイギリスに奪取され，インド洋海域での貿易が停滞を余儀なくされると，モール人をバタヴィアで優遇する必要も失われ，モール人の人口も19世紀にかけて停滞していかざるを得なくなったのである。

1) 蘭領インドの奴隷制度は1860年1月1日まで続いた。バタヴィアのアジア人奴隷については，島田竜登「近世植民都市バタヴィアの奴隷に関する覚書」『文化交流研究——東京大学文学部次世代人文学開発センター研究紀要』26，2013年，33-42頁を参照。
2) Heuken, A. SJ, *Historical Sites of Jakarta*, seventh edition, Jakarta: Cipta Loka Caraka, 2007.
3) たとえば，Blussé, L., *Strange Company: Chinese Settlers, Mestizo Women, and the Dutch in VOC Batavia*, Dordrecht: Foris Publications, 1986 がある。
4) アユッタヤーにおけるイラン系移住者については，Marcinkowski, M. I., *From Isfahan to Ayutthaya: Contacts between Iran and Siam in the 17th Century*, Singapore: Pustaka Nasional, 2005; 守川知子「サファヴィー朝の対シャム使節とインド洋——『スレイマーンの船』の世界」『史朋』46，2013年，1-34頁；島田竜登「17・18世紀におけるアユッタヤー朝のアジア域内貿易とオランダ東インド会社——『スレイマーンの船』との関連で」『史朋』47，2014年，1-16頁等を参照。また，アユッタヤー都市史の範疇で在住イラン人に関する論考としては，Chularatana, J., "Muslim Communities during the Ayutthaya Period," *MANUSYA: Journal of Humanities*, 10(1), 2007 がある。
5) この問題に関しては，長島弘「インド洋とインド商人」羽田正編『岩波講座世界歴史14 イスラーム・環インド洋世界』岩波書店，2000年，141-168頁を参照。
6) Lach, D. F. and E. J. Van Kley, *Asia in the Making of Empire*, Chicago: The University of Chicago Press, 1993, Vol. 3, p. 1184.
7) 長島弘「『訳詞長短話』のモウル語について——近世日本におけるインド認識の一側面」『長崎県立国際経済大学論集』19(4)，1986年，長島弘「『訳詞長短話』(第五巻)モウル語復元試論」『長崎県立国際経済大学論集』20(1)，1986年。
8) Jones, R., *et al.* eds., *Loan-words in Indonesian and Malay*, Leiden: KITLV Press, 2007.
9) Van den Berg, L. W. C., *Le Ḥadhramout et les colonies arabes de l'archipel indien*, Batavia: Imprimerie du Government, 1886; de Jonge, H., "A Divided Minority: The Arabs of Batavia," Grijns, K. and P. J. M. Nas eds., *Jakarta-Batavia: Socio-cultural Essays*,

Leiden: KITLV Press, 2000 など．
10）Raffles, T. S., *History of Java*, second edition, London: John Murray, 1830, Vol. 1, p. 83.
11）Raffles（1830）, Vol. 2, p. 168.
12）De Haan, F., *Oud Batavia*, Batavia: Kolff, 1922, Vol. 1, pp. 486-487.
13）De Jonge（2000）, pp. 143-144.
14）Stapel, F. W. ed., *Pieter van Dam's Beschryvinge van de Oostindische Compagnie*, Vol. 3, 's Gravenhage: Martinus Nijhoff, 1943, pp. 589-591
15）たとえば，1766年10月24日の布告（van der Chijs, J. A. ed., *Nederlandsch-Indisch Plakaatboek, 1602-1811*, Vol. 8, Batavia: Landsdrukkerij, 1891, pp. 167-169）．
16）トメ・ピレス『東方諸国記』（生田滋ほか訳注），岩波書店，1966年，448-462頁．
17）ハウトマン，ファン・ネック『東インド諸島への航海』（渋沢元則訳，生田滋注），岩波書店，1981年，187-189頁．
18）Raben, R., "Batavia and Colombo: The Ethnic and Spatial Order of Two Colonial Cities 1600-1800," unpublished PhD thesis, Leiden University, 1996, p. 86.
19）Raben（1996）, p. 95.
20）Arsip Nasional Republik Indonesia（ANRI）: Batavia 338.3 bijlage 1.
21）Nationaal Archief（NA）: Archief van de Verenigde Oost-Indische Compagnie（VOC）: 1489, 1642, 1783, 1936, 2152, 2482, 2752, 2972, 3252, 3562, 3870.
22）NA: VOC 3391.
23）Van den Berg（1886）.
24）ANRI: Batavia 338.3.
25）モール人のほか，アラブ人，ベンガル人という区分が登場したのは1824年の人口統計からである（ANRI: Batavia 338.3）．
26）ANRI: Batavia 350.2.
27）Souza, G. B., *The Survival of Empire: Portuguese Trade and Society in China and the South China Sea 1630-1754*, Cambridge: Cambridge University Press, 1986, pp. 133, 137.
28）Van der Chijs, J. A. ed., *Nederlandsch-Indisch Plakaatboek, 1602-1811*, Vol. 5, Batavia: Landsdrukkerij, 1888, p. 646.
29）イギリス東インド会社船のいわゆるラスカルについては，Jaffer, A., *Lascars and Indian Ocean Seafaring 1780-1860: Shipboard Life, Unrest and Mutiny*, Boydell Press, 2015 を参照．
30）Van Rossum, M., *Werkers van de wereld: Globalisering, arbeid en interculturele ontmoetingen tussen Aziatische en Europese zeelieden in dienst van de VOC, 1600-1800*, Uitgeverij Hilversum: Verloren, 2014, pp. 220-224.
31）Van Rossum（2014）, pp. 220-224.
32）Van Rossum, M., "A "Moorish World" within the Company: The VOC, Maritime Logistics and Subaltern Networks of Asian Sailors," *Itinerario: International Journal on*

the History of European Expansion and Global Interaction, 36(3), 2012, pp. 42-43.
33) 華人反乱については，Remmekink, W., *The Chinese War and the Collapse of the Javanese State, 1725-1743*, Leiden: KITLV Press, 1994 を参照。
34) スーラト出身船員の事例（ANRI: Hoge Regering 677, p. 565 [Generale resolutie: 19 juli 1770]）。
35) Van der Chijs(1891), pp. 931-932, 24 maart 1775.
36) Van der Chijs(1891), p. 25, 3 mei 1765.
37) De Haan(1922), Vol. 1, p. 486.
38) Heuken(2007), pp. 192-194.
39) 『開吧歴代史記』（ライデン大学所蔵）。この点に関しては，京都大学の岩井茂樹教授にご教示いただいた。
40) Van der Chijs, J. A., ed., *Nederlandsch-Indisch Plakaatboek, 1602-1811*, Vol. 6, Batavia: Landsdrukkerij, 1889, p. 72.
41) Van der Chijs(1891), p. 867, 1 julij 1774.
42) ANRI: Hoge Regering 1059, p. 504 [Net-generale resolutie en -incidenteel- net-secrete resolutie: 5 juli 1774].
43) ANRI: Hoge Regering 613, p. 160 [Generale resolutie: 16 februarij 1751].
44) Bruijn, I., *Ship's Surgeons on the Dutch East India Company: Commerce and the Progress of Medicine in the Eighteenth Century*, Leiden: Leiden University Press, 2009, p. 117.

人名索引

あ 行

アイダルース　　205, 269
アウラングゼーブ　　185, 203
アーガー・ムハンマド・アスタラーバーディー　　10, 13, 14, 16
アクバル　　6, 52, 96, 132, 194, 238
アッバース1世　　237
アブドゥッラザーク・ギーラーニー　　10
アブドゥッラヒーム　　52
アブドゥルガフール　　197, 198
アブドゥルカリーム　　71, 73, 74
アブドゥッラヒーム・ハーニ・ハーナーン　　194
アフマド2世　　38
アフマド3世　　93, 94, 106, 107
アフマド・シャー　　236
アフマド・スィルヒンディー　　62
アフマド・チェラビー　　200, 205
アリー・アーディル・シャー1世　　42
アリー・ムハンマド・ハーン　　206
アリー・レイス(セイディー・)　　89
イゥティマードッダウラ　　4
イサーミー　　35
イスハーク・ベグ・ヤズディー　　194
イスマーイール　　40
イスマーイール(シャー)　　129, 130
イブラーヒーム・アーディル・シャー2世　　43
イブン・バットゥータ　　20, 21
ヴァウクス　　201
ヴァーズィフ(カーリー・ラフマトゥッラー)　　75, 76, 80
于華玉　　154, 155, 159
ウバイドゥッラー・ハン　　128, 134, 136
エヴリヤ・チェレビー　　113, 114
エフレーモフ, フィリップ　　67, 74
オーヴィングトン, J　　190, 196
王廷掄　　164

か 行

艾南英　　166, 167, 170, 173
艾容　　166
何楷　　168, 170
郭之奇　　163, 171
何万化　　160, 169
何望海　　166
魏忠賢　　172
ギヤースッディーン・ムハンマド　　45
クロムウェル　　215
ケンペル　　11, 20
黄光　　165, 166
弘光　　159, 163, 171
江士登　　167
耿精忠　　155
黄宗羲　　167
黄通　　154, 156, 158
黄道周　　158, 159, 160, 171, 174
呉煌甲　　163
呉之屏　　169
胡宗仁　　166
コレイア, ガスパル　　240

さ 行

サアディー　　21
サイド・アリー　　202
サイド・アリー・タバータバー　　43
サイド・サアドゥッラー　　202, 203, 205
サイド・ザイン　　202, 203, 205
サイド・ブルハン　　97, 108, 109
蔡秋卿　　167, 168
サリーム・マーザンダラーニー　　10, 20
ジェームズ1世　　238
ジェームズ2世　　225, 226
ジャアファル・サーディク(イマーム)　　66
シャイバーニー・ハン　　125-129, 134, 136, 139
ジャイ・スィング　　187

シャイフ・サフィー　43, 50, 52
シャージャハーン　6, 194, 195
佘昌祚　165, 166
シャー・ヌールッディーン　38
シャー・ハサン・ミールザー　94
ジャハーン・アーラー・ベーガム　195
ジャハーンギール　6, 52, 238
ジャーミー　38
シャームラード　62-72, 79
シャー・ラズィーウッディーン　138-143
ジャラールッディーン　34
シャルイー　76
シャルダン，ジャン　3, 13, 23, 222
朱一貴　156
周嬰　165, 166
シューシュタリー　10, 11, 16
徐胤鉉　165, 173
シールヴァーニー　73
崇禎帝　154
スバ・シング　241
スフラーブ・ハーン　206
スライマーン・シャー　96, 97, 105
スライマーン・シャー・ミールザー　130, 131, 134
スルターン・アフマド3世　93, 94, 106, 107
スルターン・アフマド・ハン　126
スルターン＝クリー　38
スルターン・サイード・ハン　125, 129-131
スルターン・フサイン・ミールザー　126
スルターン・マフムード・ハーン(ハン)　95, 103, 126
スレイマーン(シャー)　4, 19
スレイマン1世　89, 90, 100, 110
セイディー・アリー・レイス　89
セリム1世　130
曾異撰　167, 170, 173
孫昌裔　168
ソンタム　9

た 行

ダーニヤール・ビー　62, 67
タフマースプ(シャー)　5, 98, 106, 132
チャイルド，ジョサイア　220, 221
チャーノック　241
陳燕翼　167, 173
チンギス・カン　61
陳元綸　167
陳玄藻　171
陳子龍　156, 167
陳肇曾　167, 173
デ・アルメイダ　240
鄭郊　171
鄭芝龍　157, 158
デイ，フランシス　240
鄭鳳来　159
ティムール・スルターン　128
鄭和　21
テヴノー　194, 195
デ・オルタ　42
デ・ハウトマン，コルネリス　260
デ・バロス　41
董謙吉　167
トゥースィー(ホージャ・ナスィールッディーン)　78
ドゥースト・ムハンマド　98, 110
董養河　167, 168, 173

な 行

ナーセレ・ホスロー　140
ナーディル・シャー　61
ナーラーイ　10-14, 19, 25
ナレースワン　9
ニザームッディーン・アフマド　42
ニザーム・シャー　44, 45
西徳二郎　75, 79

は 行

パーイスングル　46
ハイダル・スルタン　105
バイラムアリー・ハーン　67, 70
バサース，ベンジャミン　221
ハサン・アリー・ホラーサーニー　10, 11, 13
ハサン・ベグ　46
ハドゥム・スレイマン・パシャ　89
ハニコフ　73
パノス・カラーンタル　219, 220, 222, 225, 228, 229

人名索引　277

バフマン　35
バフラーム・ハーン　206
バーブル　123-135, 143
バラク・ハーン　97, 98, 104-111
バルバロス・ハイレッディン　90
バーンズ　72
ヒズル　44
ピネイロ　236
ビームジー・パーラク　199
ピーリー・レイス　89
ピレス，トメ　39, 41, 42, 258
フォールコン　12
フサイン　64, 65
フズーニー・アスタラーバーディー　48
フダーワンド・ハーン　189
フブ・ニガール・ハニム　125
フマーユーン　95, 96, 107, 109, 125, 128, 130-135
フムーリー　70
ブルハーン・ニザーム・シャー2世　43
ベグラル・ハーン　195, 206, 207
ペトルス　228
ペンコン(蘇鳴崗)　251
方祖玄　165, 166, 173
ホーキンス，ウィリアム　238
ホスロー・シャー　126

ま　行

マジュヌーン(ムッラー・ジャハーンギール・ブハーリー)　76, 80
マフムード・ガーワーン　3, 5, 37, 38, 44
マフムード・グルジスターニー　42, 45
マフムード・シャー　40, 42
マリク・カーフール　35
マリク・ジャラールッディーン　92
マルコム，ジョン　68
ミーリー　64
ミール・ジュムラ　3
ミール・バーキル・ダーマード　78
ミール・イーサー・タルハン　94, 95, 102, 109
ミールザー・アバー・バクル　142
ミールザー・ザーヒド　197
ミールザー・ハイダル　123-151

ミールザー・ハン　128
ミールザー・ムハンマド・フサイン　125-128, 134-137
ムッラー・ムハンマド・アリー　197-207
ムバーラク・シャー　238
ムハンマド　69
ムハンマド2世　48
ムハンマド3世　40
ムハンマド・カースィム・フィリシュタ　43
ムハンマド・サーリフ・チェラビー　200
ムハンマド・フサイン・ハーン　70
ムハンマド・ヤアクーブ　63, 68, 71
ムムターズ・マハル　195
ムラト2世　45
ムラト・レイス　89
メフメト2世　45
モハンマド・ハーシェム　66

や　行

ヤークート・ハーン・スィーディー　191, 205
兪彦　166
ユースフ　39-52
ユーヌス・ハン　125
余光　165, 169
余颺　165, 167, 169, 170, 173

ら　行

雷羽上　159
ラフィーウッディーン・シーラーズィー　46
ラールダース・ヴィタルダース・パーラク　199, 205
藍鼎元　157
李向旻　153, 174
李世熊　153-181
李長倩　161
劉廷標　167
隆武(帝)　154, 157-162, 174
ルスタム・(マナク・)パールスィー　198, 199, 205
ルベール　12, 13, 20, 25
レザー(イマーム)　69, 99

地 名 索 引

あ 行

アーグラ　131-133, 187, 219, 232, 233, 236-239
アスタラーバード　10, 14-16
アデン　259
アトワー村　198, 206, 207
アナトリア　37
アバダーン　92
アフマダーバード　94, 106, 111, 203, 239
アム川　67, 97, 98, 101, 141
アユッタヤー　9-17, 21, 23
アルダビール　43
アルボルズ山脈　18
アレッポ　90
安海　157
アンディジャーン　129
イエメン　205
イスタンブル　90, 94, 100, 106, 111
イスファハーン　7, 8, 16-19, 25, 44, 46, 215, 222, 225, 229, 237
ヴィジャープル　3
ウラ・テペ　125, 133
エディルネ　100

か 行

カイロ　259
カヴィール砂漠　18
カーシャーン　8, 44
カーシュガル　129-133, 142-144
カシュミール　123, 131, 132, 133
カズヴィーン　7, 8, 9, 16, 99, 106, 111
カスピ海　7, 15, 19, 37, 98, 215
カスレ・シーリーン　99
カフカース(コーカサス)　42
カーブル　96, 103, 106, 111, 126-129, 131, 133, 143, 219
カリンガ　256
カルア・イ・ザファル → ザファル城
カルカッタ　218, 219, 232, 241, 242
カルバラー　64
カンダハール　18, 24, 95, 103, 105, 128, 131-133
カンバーヤト(キャンベイ)　190, 239
キプチャク草原　98
ギーラーン　7-10, 14, 15, 37, 38
グジャラート　4, 24, 34, 35, 47, 89, 92-94, 100, 107, 109, 131, 185-187, 194, 197, 203-206, 257, 261, 267, 271
グルバルガ　42
グワーダル　92
クンドゥズ　96, 105, 126, 133
揭陽　163, 166
ケルマーン　7, 18, 92
建昌　155, 169, 170, 172
建寧　162, 163, 170, 171
杭州　21, 168, 170-173
コチ(コーチン)　17, 270
コヘスターン　138
ゴール　21
コロマンデル　14, 230, 232, 236, 240, 242, 257, 254, 256, 259, 260, 266, 270

さ 行

サーヴァ(サーヴェ)　41, 44-46
サーガル　46
ザファル城(カルア・イ・ザファル)　97, 124, 129, 130, 133, 137, 141-143
サブザヴァール　99
サマルカンド　62, 70, 97, 98, 104-109, 111, 125-129, 133-136
サントメ　240, 241
ジャイプール　186, 187
シャットル・アラブ川　92
シャフリサブズ　97, 126, 133
シャム　3-31, 252, 253
ジャワ　250, 260, 267, 271
シューシュタル　7, 15, 16
順昌　168
漳州　156, 170, 173

地名索引　279

シーラーズ　7, 8, 15, 16, 21, 44, 46
シールヴァーン　98
新ジョルファー　215, 217, 219, 229, 237
スィーラーフ　17
スィンド　94, 95, 101-106, 109, 234
スマトラ島　260
スマラン　254
スーラト　17, 18, 93, 106, 108, 111, 185-233, 238, 240
スリーナガル　132
スワリー村　200, 206
セイロン島　15, 20, 21, 270
宣城県　170
泉上里　134, 153-156, 158, 161, 163
蘇州　154, 168, 172, 173

た 行

タシュケント　97, 104, 125, 126
ダッカ　219
タッタ　95, 109
ダッレギャズ　68
タービー川(タープティー川)　189
タブリーズ　8, 9, 99
ダーボール　44
チェンナイ(マドラス)　15, 17, 219, 228, 233, 240-242
潮州　163, 166, 167, 171-173
ディーウ　89, 92, 93, 107
汀州　153-181
ディヤールバクル　46
デカン(デカン高原)　4-6, 9, 23, 24, 33-58, 140, 185
テナッセリム　14, 17
テヘラン　7, 41
デリー　18, 35, 47, 95, 96, 111, 130-133, 219
トルキスタン　60, 80, 97, 104

な 行

ナウサーリー　199, 205
長崎　185, 186, 204
ナガパトナム　266, 270
南京　163, 166, 170-173
ニーシャープール　68, 99

寧化県　153, 154
ネガパタム　240, 242

は 行

バグダード　99, 110-112
バスラ　17, 18, 89, 90-93, 99, 111, 112
バタヴィア　249-274
バダフシャーン　96, 105, 123-151
パタン　94, 109, 197
バッカル　95, 103-106, 109, 111
パトナ　232, 234
ハドラマウト　202, 203, 256, 254, 265
ハマダーン　99
鄱陽湖　174
バルフ　105, 140
パンジャーブ　236
バンダレ・アッバース　17, 18
バンテン　254
ヒヴァ　80
ヒサール　97, 126, 129, 133, 137
ビージャープル　44
ビーダル　47
閩江　164, 170
ヒンドゥークシュ山脈　96, 106, 133, 134, 143
ヒンドゥスターン　12, 14, 20, 24, 130, 232
武夷山　171
福州　163
フーゼスターン　16
福建　153-181
フッタラーン　95, 97, 105, 137, 140
ブハラ(ブハーラー)　59-85, 97, 98, 101, 104, 108-111, 124, 128, 133, 136, 141, 144, 203
プリカット　240
北京　154
ペグー　260
ペップリー　10, 13, 17
ベナレス　234
ヘラート　18, 126, 128, 133, 136
ベンガル　14, 16-19, 24, 131, 197, 215, 219, 230, 232, 241, 242, 259, 260, 266, 267
莆田　163, 165, 166, 169, 171-173

ホラーサーン　　7, 9, 10, 15, 16, 18, 19, 24, 60, 68-71, 78-80, 98-101, 126, 128, 136, 260
ホラズム　　64, 97, 98, 101, 104, 106, 108, 110
ホルムズ　　17, 41, 44, 89, 92
ポンディシェリー　　228
ボンベイ → ムンバイ

ま　行

マクラーン海岸　　92
マーザンダラーン　　7, 10, 14-16
マシュハド　　8, 18, 68, 69, 76, 98, 99, 106, 111
マスカット　　15, 17, 89, 92
マスリパトナム（マスリパタム）　　14, 234, 240, 242
マドラス → チェンナイ
マニラ　　222, 228
マラーター　　185, 191, 206
マラッカ（ムラカ）　　17, 240, 242, 253, 256
マラバール（海岸）　　17, 18, 230, 240, 254, 256, 257, 259, 269, 270
マルヴ → メルヴ

マーワラーアンナフル　　61, 62, 67, 97, 109
南シナ海　　215, 242
ムラカ → マラッカ
ムルターン　　18, 95, 236
ムンバイ（ボンベイ）　　17, 199, 219, 233
メッカ　　15, 22, 188, 194, 195, 259
メディナ　　78, 194
メルヴ（マルヴ）　　59-85, 129
メルギー　　10, 13, 14, 17

や　行

ヤズド　　7, 18, 38
ヤルカンド　　130-134, 144

ら　行

ラクナウ　　219
ラダンプル　　94, 109
ラホール　　95, 96, 103, 105, 106, 111, 131-133, 219, 234, 236
ラール　　46, 47
ルート砂漠　　18
廬山　　174
ロップリー　　10-14, 17, 19

事項・書名索引

あ 行

アイダルース　202, 203, 205
アクコユンル　37, 46-50
『アクバル諸章』　42, 45, 48-50, 125
『アクバル・ナーマ』　125
『アジア史』　41, 49-51
アシュタルハーン朝（ブハラ・ハン国）　61, 74
アーシューラー　12, 13, 76, 99
アーディル・シャーヒー朝　35-43, 46, 48, 52
『アーディル・シャーの勝利』　48
アフマド・シャーヒー朝　35, 93, 189
『アフマドの鏡』　190, 191, 197, 206
『アミールたちの事績』　5, 6
アユッタヤー朝　4, 9, 10, 13, 14, 19, 24, 252
アラブシャーヒー朝　98
アルグン朝　94
アルメニア人　25, 215-248, 259
イエズス会　11, 187, 219, 236, 237
イギリス東インド会社（EIC）　17, 25, 186, 188, 197-201, 215-248, 267, 270
イスマーイール派　124, 138, 139, 140-144
『イブラーヒームの花園』　43-51
イマード・シャーヒー朝　35
『インディアの薬草，薬種，および薬学諸事項に関する対話』　42
ヴィジャヤナガル王国　34
ウズベク　61
英蘭戦争　215, 270, 271
オスマン朝　40, 43, 45, 49, 50, 63, 89, 96, 97, 99, 107-114
オランダ東インド会社（VOC）　11, 216, 249-274

か 行

カピタン　251, 257, 269
カプチン派　240
カラコユンル　37, 49, 52
『寒支歳紀』　153-181
『寒支初集』　153, 159, 162
『寒支二集』　153
キズィルバシュ（クズルバシュ）　39, 65, 110
郷試　161
郷紳　155, 165, 168, 172
グジャラート王国　189
クズルバシュ → キズィルバシュ
クトゥブ・シャーヒー朝（ゴールコンダ王国）　3, 5, 16, 25, 35, 37, 38
グルジア人　14, 49
『敬神の宝庫』　64
航海法　215
康熙『寧化県志』　153, 154, 156
抗租反乱　154, 156
『寇変紀』　153-156
『寇変後紀』　153, 154, 156
滸墅関　168
ゴーピー・タラーウ　204
ゴールコンダ王国 → クトゥブ・シャーヒー朝

さ 行

サファヴィー朝　4-39, 49, 52, 60, 64, 90, 98, 99, 106, 108-111, 114, 129-132, 144, 215, 216, 237
シーア派　5, 13, 25, 38, 39, 52, 59-85, 140
シヴァージー　185
『史上のロスタム』　66
『事績の明証』　43, 45
『シャー・ナーマ』　35
ジャイナ　196, 205
シャイバーン朝　90, 97, 109, 114, 125, 133
シャー・バンダル　21, 192, 194, 258, 259
十二イマーム派　52, 60, 62, 76, 140
『春秋渉録』　157, 158
『諸王の勝利』　35

『諸王の事録』　46-51
『諸国鏡』　90, 102, 111-113
スーフィー　8, 38, 62
スール朝　51, 132
『スレイマーンの船』　4, 9, 10, 13, 15, 23, 24
スンナ派　59-85, 140, 144
『千年史』　125

た 行

タキーヤ　64-66, 70-73, 79, 80, 140
タタール人　3, 14
タミル人　240
『ターリーヒ・ラシーディー』　123, 132, 140, 143
タルハン朝　94
チェルケス人　43, 44, 49, 50
地方士大夫　153, 154, 173
長関　154, 155, 158, 159
ティムール朝　38, 125-128, 133, 134
デリー・スルターン朝　34
『天下路程』　164
トゥグルク朝　34
トゥパス　267
『東方諸国記』　39, 48-50

な 行

ナクシュバンディーヤ（ナクシュバンディー教団）　62, 137, 140, 203
ナーホダー　21
ニィマトゥッラーヒーヤ　38
ニザーム・シャーヒー朝　5, 35, 38, 43, 140
ニザール派　124, 139, 140, 144

は 行

ハウィーリー　188, 195, 196
バート　94
バニヤー　196, 199, 200, 205, 257
ハバシュ　37, 47, 191
バフマニー朝　3, 5, 35-47, 50
『バーブル・ナーマ』　52, 123, 125

ハラジー朝　34
バリード・シャーヒー朝　35, 37
パールスィー　198, 205
バンテン王国　260, 261, 250
ヒズル　51, 52
ヒンドゥー　196, 199, 200, 202, 204, 258
ファールーキー朝　35
『フィリシュタ史』　125
復社　167, 173
ブコジャン　253-256, 264, 269
ブハラ・ハン国 → アシュタルハーン朝
フランス東インド会社　200, 201
文社　165, 167
ボーホラー派　197
保民会　156

ま 行

マタラム王国　250
マムルーク朝　189
マヨール　251, 257, 269
マレー人　11, 250
マンギト朝　59-85
ムガル朝　3-31, 33, 35, 42, 52, 90, 95, 114, 123, 130, 185, 191, 194, 195, 208, 219, 232, 236, 238, 242, 253
ムジャッディディーヤ　62, 64, 65
ムラカ王国　258, 259, 260, 261
モウル語　21, 22, 253
モグーリスターン・ハン国　125
モール人　11-14, 20, 24, 249-274

や 行

『訳詞長短話』　22

ら 行

ラージプート　94, 102
ラスカル　267
『離騒』　163
『旅行記』　113
稟膳生　160
レヴァント交易　215, 242
ローディー朝　51
露土戦争　63

執筆者紹介 (執筆順)

守川知子(もりかわ ともこ) [第1章] ＊編著者
　1972年生まれ
　北海道大学大学院文学研究科 准教授，博士(文学)
　単著に『シーア派聖地参詣の研究』(京都大学学術出版会，2007年)，共著および論文に「地中海を旅した二人の改宗者——イラン人カトリック信徒とアルメニア人シーア派ムスリム」(長谷部史彦編『地中海世界の旅人——移動と記述の中近世史』慶應義塾大学言語文化研究所，2014年)，「サファヴィー朝の対シャム使節とインド洋——『スレイマーンの船』の世界」(『史朋』46号，2013年)などがある。

真下裕之(ました ひろゆき) [第2章]
　1969年生まれ
　神戸大学大学院人文学研究科 准教授，修士(文学)
　論文に「一六世紀前半のグジャラートとポルトガル——港市ディーウをめぐる諸関係」(『東洋史研究』53巻4号，1995年)，「インド・イスラーム社会の歴史書における「インド史」について」(『神戸大学文学部紀要』38号，2011年)，「17世紀初頭デカン地方のペルシア語史書 Taḏkirat al-Mulūk について」(近藤信彰編『近世イスラーム国家史研究の現在』東京外国語大学，2015年)などがある。

木村　暁(きむら さとる) [第3章]
　1975年生まれ
　筑波大学人文社会系特任研究員，修士(文学)
　共著および論文に「中央アジアとイラン——史料に見る地域認識」(宇山智彦編『地域認識論——多民族空間の構造と表象』講談社，2008年)，"Sunni-Shi'i Relations in the Russian Protectorate of Bukhara, as Perceived by the Local 'Ulama" (Uyama Tomohiko ed., *Asiatic Russia: Imperial Power in Regional and International Contexts*, London: Routledge, 2011)，「ウズベキスタン伝存の西徳二郎書簡をめぐって」(『アジア・アフリカ言語文化研究』88号，2014年)などがある。

今松　泰(いままつ やすし) [第4章]
　1963年生まれ
　京都大学大学院アジア・アフリカ地域研究研究科 客員准教授，博士(学術)
　共著に「ガザーと聖者，その記述と観念——エヴリヤ・チェレビーの『旅行記』から」(赤堀雅幸・東長靖・堀川徹編『イスラームの神秘主義と聖者信仰』東京大学出版会，2005年)，『イスラーム神秘思想の輝き』(山川出版社，2016年)などがある。

間野 英二（まの えいじ）［第5章］
　1939年生まれ
　龍谷大学客員教授，京都大学名誉教授，日本学士院会員，文学博士
　単著に『中央アジアの歴史　草原とオアシスの世界』（講談社現代新書，1977年），『バーブル・ナーマの研究』（全4巻，松香堂，1995，1996，1998，2001年），『バーブル　ムガル帝国の創設者』（山川出版社，2013年），訳書にバーブル著『バーブル・ナーマ　ムガル帝国創設者の回想録』（全3巻，平凡社東洋文庫，2014，2015年）などがある。

三木　聰（みき さとし）［第6章］
　1951年生まれ
　北海道大学大学院文学研究科 特任教授，博士（文学）
　単著に『明清福建農村社会の研究』（北海道大学図書刊行会，2002年），『伝統中国と福建社会』（汲古書院，2015年）などがある。

長島　弘（ながしま ひろむ）［第7章］
　1944年生まれ
　長崎県立大学名誉教授，修士（文学）
　論文に「ムガル帝国下のバニヤ商人──スーラト市の場合」（『東洋史研究』40巻4号，1982年），「17世紀におけるムスリム商人の日本来航について」（『東西海上交流史研究』1号，中近東文化センター，1989年），「ムガル帝国スーラト港市のシャーバンダル」（『東西海上交流史研究』3号，1994年）などがある。

重松 伸司（しげまつ しんじ）［第8章］
　1942年生まれ
　追手門学院大学名誉教授，博士（文学）
　単著に『国際移動の歴史社会学──近代タミル移民研究』（名古屋大学出版会，1999年），『マドラス物語──海道のインド文化誌』（中公新書，1993年），訳書にJ. A. デュボア著，H. K. ビーチャム編『カーストの民──ヒンドゥーの習俗と儀礼』（平凡社東洋文庫，1988年）などがある。

島田 竜登（しまだ りゅうと）［第9章］
　1972年生まれ
　東京大学大学院人文社会系研究科 准教授，Ph. D.
　単著に *The Intra-Asian Trade in Japanese Copper by the Dutch East India Company during the Eighteenth Century* (Leiden and Boston: Brill Academic Publishers, 2006)，共編著に『アジア経済史研究入門』（名古屋大学出版会，2015年）などがある。

移動と交流の近世アジア史

2016 年 3 月 25 日　第 1 刷発行

編著者　　守　川　知　子
発行者　　櫻　井　義　秀

発行所　北海道大学出版会
札幌市北区北 9 条西 8 丁目　北海道大学構内（〒060-0809）
Tel. 011(747)2308・Fax. 011(736)8605・http://www.hup.gr.jp

アイワード／石田製本　　　　　　　Ⓒ 2016　守川知子
ISBN978-4-8329-6817-2

書名	著編者	体裁・価格
ペルシア語が結んだ世界 ——もうひとつのユーラシア史——	森本一夫編著	A5判・二七〇頁 価格 三〇〇〇円
日本の中央アジア外交 ——試される地域戦略——	宇山智彦・C・レン編著	A5判・二一八頁 価格 一八〇〇円
多様性と可能性のコーカサス ——民族紛争を超えて——	廣瀬徹也編著	A5判・二四八頁 価格 二八〇〇円
近代東北アジアの誕生 ——跨境史への試み——	前田弘毅編著	A5判・四〇〇頁 価格 三二〇〇円
ティムール朝成立史の研究	左近幸村編著	A5判・三五二頁 価格 三五二〇円
明清福建農村社会の研究	加藤和秀著	A5判・五七四頁 価格 一〇〇〇〇円
	三木聰著	

〈価格は消費税を含まず〉

北海道大学出版会